RECHERCHES

ET

CONSIDERATIONS

SUR

LES FINANCES

DE FRANCE.

TOME CINQUIEME.

RECHERCHES

ET

CONSIDÉRATIONS

SUR

LES FINANCES

DE FRANCE,

Depuis 1595 jufqu'en 1721.

TOME CINQUIEME.

M. DCC. LVIII.

RECHERCHES

ET CONSIDERATIONS

SUR

LES FINANCES

DE FRANCE,

Depuis 1595 jusqu'en 1722.

ANNÉE 1713.

« N a vû, par le détail des
» expédiens de Finance aux-
» quels on a été obligé d'a-
» voir recours pendant les
» années précédentes, que des moyens
» forcés, pour fournir à des dépenses
» immenses, épuisoient toujours de
» plus en plus les ressources de l'Etat;
» cependant la guerre continuoit, il
» falloit de nécessité faire de nouveaux

» projets pour les dépenſes de la Cam-
» pagne de 1713.

» On avoit fait différens arrange-
» mens pour donner du crédit aux aſſi-
» gnations en exécution de la Déclara-
» tion du 12 Septembre 1711, dans
» l'eſpérance d'une paix prochaine. On
» ſe propoſoit de mettre les choſes dans
» la regle ordinaire, & de faire payer
» par les Gardes du Tréſor Royal di-
» rectement, les Tréſoriers de l'extraor-
» dinaire des guerres & autres, partie
» en argent ou en aſſignations, tant ſur
» les fonds reſtans libres des années
» 1712 & 1713, que par avances ſur
» les années 1714 & 1715.

» Ce projet ne put être exécuté en-
» tierement ; on fut obligé d'avoir re-
» cours aux Banquiers pour continuer
» de faire des remiſes pour le payement
» des troupes : ils prirent occaſion de de-
» mander des eſcomptes & des intérêts
» ſur les aſſignations qui leur avoient
» été remiſes par les Gardes du Tréſor
» Royal.

» On s'appliqua à rechercher les
» moyens d'éviter cette perte ; & ſur
» un Edit du mois de Janvier 1713,
» portant affranchiſſement de tailles,
» que dans la ſuite on ne jugea pas à

» propos d'exécuter , on engagea les
» Receveurs généraux de faire des avan-
» ces montant à neuf millions six cent
» huit mille trois cent vingt livres , dont
» ils ont été remboursés fur leurs recou-
» vremens ordinaires.

» On fit convertir les affignations
» données aux Tréforiers & aux Ban-
» quiers , en billets des Receveurs gé-
» néraux pour le total ou pour les deux
» tiers au moins , afin d'éviter les ef-
» comptes & les gros intérêts.

» On avoit fait des traités pour les
» vivres , & on avoit dépofé dans les
» Places frontieres de Flandres , pour
» deux cent trente mille livres de grains,
» & à proportion en Alface & en Dau-
» phiné.

» La paix avec l'Angleterre, les Etats
» de Hollande , la Pruffe & le Roi de
» Sicile , fut fignée le onzieme Avril;
» mais la guerre continuoit avec l'Em-
» pereur & l'Empire. Il fallut porter
» toutes les forces fur le Rhin. On prit
» Landau & Fribourg ; mais il fallut faire
» une nouvelle dépenfe pour faire paffer
» en Alface les bleds dépofés dans les
» magafins de la frontiere de Flandres ,
» & en acheter du côté de l'Alface ,
» pour faire fubfifter plus de cent cin-

» quante mille hommes pendant la cam-
» pagne.

» Il falloit auffi trouver de nouveaux
» fecours d'argent. On aliéna au Pre-
» vôt des Marchands & Echevins de
» Lyon le tiers des droits de la Ferme
» du tiers-fur-taux & quarantieme de
» Lyon , & autres en dépendans ,
» moyennant deux millions cent foixan-
» te mille livres , qui furent payées en
» argent.

La création de cinq cent mille livres
» de rentes fur les tailles au denier dou-
» ze avoit réuffi , & les fix millions de
» livres , auxquels montoit le principal
» avoient été payés en argent. Cette
» conftitution étoit une efpece d'em-
» prunt ; le capital devoit être rem-
» bourfé en treize années. On avoit en-
» gagé le Clergé en 1710 & 1711 à faire
» de pareilles conftitutions , pour le ra-
» chat de la fubvention ou capitation
» & du dixieme. Le Public s'étoit por-
» té avec empreffement pour en faire
» l'acquifition.

» Ces raifons déterminerent à faire
» une feconde aliénation de cinq cent
» mille livres , & fur les deux fols pour
» livre de la taille , par un Edit du mois
» de Juillet 1713 ; elle fut bien-tôt rem-
» plie.

» On en fit une troisieme au mois
» d'Avril, qui fut remplie avec empreſ-
» ſement.

» Il eſt facile de comprendre com-
» bien tous ces expédiens étoient en-
» core éloignés de fournir les fonds né-
» ceſſaires pour les dépenſes. On pro-
» poſa de créer un million deux cent
» cinquante mille livres de taxations
» fixes & héréditaires à prendre ſur les
» tailles, pour être attribuées aux Of-
» ficiers des Bureaux des Finances &
» des Elections, aux Subdélégués des
» Intendans, & aux Maires & autres
» Officiers des Villes, même aux Syn-
» dics & aux Greffiers des rôles des tail-
» les. Il y eut un Edit au mois d'Octo-
» bre 1713 qui en ordonna la création ;
» & ſur cet Edit il ſe fit des emprunts
» pour quatorze millions à cinq pour
» cent ſur les billets du ſieur Legendre
» endoſſés des Receveurs généraux.

» La paix étoit faite avec une partie
» des Puiſſances ennemies ; & quoique
» la guerre continuât avec l'Empereur
» & l'Empire, on eſpéroit avec raiſon
» qu'elle ſeroit bien-tôt terminée, &
» que la paix deviendroit générale. Il
» falloit penſer à deux choſes bien dif-

» férentes, soutenir la guerre & tra-
» vailler aux arrangemens & aux pro-
» jets néceffaires pour rétablir les Fi-
» nances quand la paix feroit conclue.
» On a vû les principales opérations
» faites pour foutenir la guerre : voici
» celles qui ont été commencées dans
» le cours de cette année, dans la vûe
» de rétablir les Finances après la paix.

» Le Roi fit ceffer l'aliénation des
» Domaines ; la liberté de Commerce
» fut rétablie avec l'Angleterre & la
» Hollande, & les vaiffeaux de cette
» Nation furent déchargés du droit de
» fret, qui fe payoit à raifon de cin-
» quante fols par tonneau du port des
» vaiffeaux.

» Le Roi fupprima le doublement des
» droits attribués aux Infpecteurs des
» boucheries, qui montoit à trois livres
» par bœuf, & pour les autres beftiaux
» à proportion.

» Il fupprima auffi le doublement des
» Infpecteurs des boiffons, qui fe payoit
» à raifon de vingt fols par muid.

» On fit des Fermes des premiers
» droits établis avant le doublement,
» dont le produit devoit en un certain
» nombre d'années acquitter toutes les

» Finances qui avoient été payées pour
» l'engagement des premiers droits &
» du doublement.

» On supprima le doublement des
» péages qui étoit fort à charge au Com-
» merce ; & pour rembourser les assi-
» gnations tirées sur deux traités qui
» avoient été faits pour la jouissance du
» doublement des péages, on fit une
» Ferme des droits sur les huiles qui
» avoient été aliénés, & le produit en
» fut destiné pour acquitter les assigna-
» tions restantes à payer du traité du
» doublement des péages, & la finance
» de l'aliénation des droits sur les huiles.

» Le Roi ordonna une diminution de
» trois livres sur le prix de chaque mi-
» not de sel vendu dans les Greniers des
» Gabelles de France & Lyonnois, de
» quarante sols dans ceux de Provence
» & de Dauphiné ; & ce à commencer
» du premier Octobre 1713.

» Le Contrôle des Actes des Notaires,
» depuis son établissement, avoit été
» incertain ; il avoit reçu divers chan-
» gemens en 1708. Il avoit été affermé
» deux millions deux cent mille livres
» par an, & il avoit été fait une avan-
» ce de deux cent quarante mille livres
» en faisant le bail. Cette Ferme fut

A iiij

» aliénée en 1710 pour les besoins de
» l'Etat.

» En 1713 on proposa de la réunir,
» & d'en faire un bail de trois millions
» par an pour le remboursement des Ad-
» judicataires. On créa sur la nouvelle
» Ferme cent cinquante mille livres de
» rente au denier seize, & on destina
» neuf cent mille livres du produit de
» la Ferme, pour faire chaque année
» des remboursemens des capitaux.

» Tous ces arrangemens paroissoient
» d'autant plus avantageux, qu'étant
» faits pendant que la guerre continuoit,
» ils ne causoient néanmoins aucun ob-
» stacle aux affaires qui avoient été
» faites pour soutenir la guerre; & qu'en
» supprimant ou réunissant, on trou-
» voit dans la matiere même le fonds
» pour rembourser ce qui étoit dû par
» le Roi, & pour augmenter considé-
» rablement ses revenus après l'acquit-
» tement des dettes.

» Les rentes de l'Hôtel-de-Ville
» avoient été beaucoup augmentées,
» pour faire le fonds nécessaire pour
» retirer les billets faits pour le service
» de l'Etat, qui donnoient lieu à de
» grosses usures & nuisoient au Com-
» merce.

„ La stérilité de l'année 1709 , & les
„ mauvaises années qui l'ont suivie ,
„ ayant causé , comme il a été remar-
„ qué précédemment , une grande di-
„ minution sur les revenus du Roi , on
„ ne put continuer , comme aupara-
„ vant, le payement des arrérages ; on
„ ne put même payer que six mois en
„ une année, ensorte qu'il étoit dû deux
„ années à la fin de 1713.

„ Le Roi jugea à propos, pour assu-
„ rer l'état des Rentiers , de diminuer
„ le cours des arrérages , & d'en réta-
„ blir le payement tous les six mois
„ comme avant 1709.

„ L'Edit du mois d'Octobre 1713
„ ordonna que toutes les rentes de
„ l'Hôtel-de-ville seroient converties
„ en nouveaux contrats de rente au de-
„ nier quinze, distinguant les rentes ac-
„ quises à prix d'argent avant le pre-
„ mier Janvier 1702, dont le princi-
„ pal est conservé en entier, & les
„ deux années d'arrérages jointes pour
„ former le capital des nouveaux con-
„ trats.

„ A l'égard des rentes acquises de-
„ puis le mois d'Avril 1706 , comme
„ elles procédoient des billets de mon-
„ noies, billets à cinq ans & autres ef-

,, fets , l'Edit les a réduites aux trois
,, cinquiemes, auxquels on joignit les
,, deux années d'arrérages.

,, Cet arrangement caufa un grand
,, murmure ; mais il a été exécuté exac-
,, tement , & auroit été bien plus diffi-
,, cile , fi on avoit attendu que la paix
,, eût été générale. Il a produit une di-
,, minution de près de quatorze millions
,, du fonds qu'il auroit fallu payer tous
,, les ans à l'Hôtel-de-Ville. Il a affuré
,, le fort des Rentiers ; & par le retran-
,, chement des deux cinquiemes, il a
,, produit une décharge pour l'Etat
,, d'environ cent trente-cinq millions.

,, Le réglement des rentes a été fuivi
,, de diverfes autres réductions , & a
,, fervi de régle & de bafe à ceux qui
,, ont fuivi.

,, Les Ordonnances ex-
,, pédiées pour les dépen-
,, fes de l'année 1713 ont   liv.
,, monté à la fomme de . 211697672

,, Les fommes affignées
,, jufqu'au 31 Décembre
,, 1713 montent à la fom-
,, me de 178383952

,, Partant reftoit à affi-
,, gner à la fin de 1713 .. 33313720

„ Les fommes affignées
„ pour les dépenfes de
„ 1713 pendant le courant   liv.
„ de l'année ont monté à . 147098060
„ Celles affignées pour
„ les mêmes dépenfes dans
„ le courant de 1714 à . .   31285892
                       178383952

„ Le détail des fonds qui ont été af-
„ fignés eft rapporté dans un volume
„ fait pour en avoir une connoiffance
„ exacte & pareil à ceux des années
„ précédentes ».
Pour fatisfaire à la parole qui avoit
été donnée de pourvoir au rembourfement des promeffes de la caiffe des emprunts immédiatement après la paix,
il fut ordonné qu'en attendant la paix
générale il feroit rembourfé au fort
cinq cent mille livres de promeffes de la
caiffe des emprunts par chaque mois.
Cependant pour en faire les fonds &
auffi pourvoir aux dépenfes courantes,
on ufa du même expédient employé
dès le 7 Juillet 1712, de faire négocier
en fecret des promeffes de la caiffe des
emprunts ; on en mit fur la place depuis
le 12 Juin pour vingt-un millions deux
cent cinquante-un mille fix cent foi-

xante livres ; on les déguisa du mieux qu'il fut possible pour les faire confondre avec les anciennes & en soutenir le crédit ; ce qui dans la suite occasionna même quelque embarras pour les reconnoître : car elles avoient été négociées au cours , c'est-à-dire à perte pour le Roi.

Affaires extraordinaires par Traités.

Supplément de finance des Vérificateurs des Lettres de voitures, 250000 livres ; net . . . . .

	liv.	f.	d.
	208333	6	8

Attribution de 7900 livres d'augmentation de gages aux Commissaires Provinciaux & Commissaires ordinaires des guerres ; résultat 158000 livres ; net . . . . .

	liv.	f.	d.
	131666	13	4

Cinquante Offices de Contrôleurs Marqueurs de Papiers à Paris ; 150000 liv.

340000

	liv. s. d.
De l'autre part	340000
net	125000

Supplément de fi-
nance aux Proprié-
taires des droits ma-
nuels sur le sel ;
660000 livres ; net. 550000

Cent Offices d'aug-
mentation des Con-
trôleurs de la volail-
le ; 1200000 liv. net ... 1080000

Recette générale
des Finances de
Bourgogne ; 766666
livres 13 sols 4 den.
net 737916 13 4

Supplément de fi-
nance des Acqué-
reurs de l'affranchis-
sement des Tailles
en Languedoc ;
1200000 liv. net 1000000

Inspecteurs des
expéditions en Cour
de Rome ; résultat
600000 livres ; net. ... 525000

° Greffiers Gardes-
minutes des Arrêts ,

_____

4357916 13 4

	liv.	f.	d.
De l'autre part.	4357916	13	4

Sentences & Juge-
mens des Cours &
Procès-verbaux
d'Huiffiers ; 600000

| livres ; net . . . . | 500000 | | |

Supplément de fi-
nance des Greffiers
des rôles des Tailles ;

| 800000 livres ; net. | 666666 | 13 | 4 |

Augmentation fur
les Confeillers de
Police ; 520000 li-

| vres ; net . . . . . | 433333 | 6 | 8 |

Modération pour
la vente des Offices
de Payeurs des gages
des Bureaux des Fi-
nances ; réfultat

| 313750 livres ; net. | 261458 | 6 | 8 |

Offices de feconds
Avocats & feconds
Procureurs du Roi
& leurs Subftituts ;
Greffiers en chef
dans chaque Bureau
des Finances, à l'ex-
ception de celui de

6219375

liv. f. d.

De l'autre part 6219375

Paris ; Payeurs des gages, & fupplément de finance des Greffiers en chef du Bureau des Finances & Chambre du Tréfor à Paris ; 330000 livres ; net 275000

Douze années de jouiffance des droits de brafferies & égards fur les bierres dans les Villages de la Prevôté & Viçomté de Valenciennes, Villes de Condé , Bouchain & dépendances , moyennant 80000 livres dans trois mois , ci 130000

Excédent des Offices de Syndics & de Tréforiers Payeurs des gages des Commiffaires , &c. 46000 ; net 38333 6 8

Gages aux Agens

6662708 6 8

	liv.	f.	d.
De l'autre part.	6662708		
de Change , de 20000 liv.	320000		
Gages aux Receveurs des octrois, de 40000 livres	640000		
Aux Officiers du marc d'or ; de 3000 livres	60000		
	7682708	6	8

Au mois de Juillet 500000 livres de rentes fur les Tailles au denier douze , remboursables en treize années . . .   6000000

Pour rembourfer les Contrôleurs des Exploits, 220000 livres de rente au denier vingt   4400000

Au mois de Décembre 500000 liv. de rente fur les Tailles au denier douze, remboursables en treize années . . .   6000000

| | 24082708 | 6 | 8 |

Autre

D E P E N S E de 1713.

		Sommes affignées.	Refte à affigner.
rdinaire des guerres	75351688 liv.	66664979 liv.	868670
e munition	19251194	19155468	9572
s	11260559	9767802	149275
s du Corps & autres			
ts Tréforiers	5541588	5416005	12558
rie	3368323	2497522	87080
cations	1964389	1048913	91547
e	14023855	4609900	941395
es	2809387	1824010	98537
ns Royales	8405279	8267122	13815
fes du Tréfor Royal	69721410	59132231	1058917
	211697672	178383952	3331372

Diftribution des Affignations.

r les dépenfes des années 1707 & lentes	10741819	
1708	1853017	
1709	841681	
1710	4358162	
1711	3647980	
1712	9691312	19783
s fonds de 1713	138417609	
1714	9410582	
ffignations	15784812	

liv. f. d.

De l'autre part. 24082708 6 8

Autre fonds dont je n'ai pas recouvré le détail, parmi lesquels il fe trouve pour 2125 1660 liv. de promeffes de la caiffe des emprunts négociées en fecret. 43957142

68039850 6 8

Fonds de l'année 1713.

Les impofitions montoient à	115005439
Les charges à	78889164
Parties du Tréfor Royal.	36116275
Sur l'année 1714 . . .	12346962
1715	15873046
1716	13738693
1717	3460620
1718	593500
1719	444462
1720	280000
1721 1722 }	500000
Capitation . . .	22071779
Dixieme . . .	24374625
Fonds extraordinaires .	68039850
	197839812

La cherté des denrées, produite par l'augmentation numéraire des monnoies, fit réfoudre le Miniftre à les réduire à leur ancienne valeur dès les premiers momens de la Paix. S'il eft ruineux pour un Etat de les augmenter, les diminutions ne font gueres moins dangereufes, parce que les ouvriers s'obftinent le plus qu'ils peuvent à conferver la même dénomination dans le prix de leur falaire. L'étranger ceffe d'acheter jufqu'à ce que la valeur des denrées foit tombée à fon niveau ordinaire ; & la fin d'une longue guerre, pendant laquelle le Peuple a été fatigué de différentes manieres, paroît un moment peu propre pour des diminutions d'efpeces. M. Defmarets le fentit, & crut y remédier en partageant les diminutions en onze fois.

	liv.	f.	d.		liv.	f.	d.
Le premier Avril le marc d'or fin fut réduit de...	638	3	7	à 589	0	0
le marc d'argent fin, de	42	10		à 39	5	5

pour fe trouver par gradations au premier Septembre 1715 : fçavoir,

le marc d'or fin, à	458	3	7
le marc d'argent fin, à	30	10	10

Il feroit injufte de ne pas louer l'intention ; mais il eft évident que ces

diminutions annoncées pendant l'espace de deux ans troublent extraordinairement le Commerce. Si les uns veulent prêter leur argent, les autres ne
veulent pas le recevoir; ceux qui poffedent des denrées ont un avantage sûr
en les gardant ; la condition des débiteurs qui font hors d'état de fe libérer
devient très-mauvaife ; leurs confommations diminuent à mefure que leurs
charges augmentent ; enfin une diminution eft une nouvelle incertitude dans
les propriétés. Dès-lors plus le paffage
de ces diminutions fera rapide, moins
l'Etat en reffentira la fecouffe. Mais
celles-ci avoient un vice confidérable
qui auroit dû en détourner abfolument
le Miniftre. Il étoit naturel de remarquer que depuis l'année 1689, les monnoies avoient continuellement augmenté ; que tous les engagemens contractés pendant un efpace de vingt-quatre
ans, étoient établis fur une monnoie
plus foible d'un tiers que celle qui devoit avoir cours au premier Septembre
1715 ; par conféquent, les impofitions
alloient devenir plus pefantes dans la
même proportion ; les débiteurs des
rentiers alloient payer à leurs créanciers un tiers de plus qu'ils n'avoient

compté leur payer ; le laboureur qui
avoit pris une Ferme de quatre cent
vingt-cinq livres pour fix ans, l'argent
fin à quarante-deux livres dix fols dix
deniers le marc, au lieu de payer dix
marcs d'argent fin, étoit obligé d'en
payer quatorze environ au premier Septembre 1715, fans pouvoir efpérer que
les denrées fe foutinffent proportionnellement. Il en devoit donc réfulter
une mifere affreufe, & dès-lors un
vuide énorme dans les confommations,
dans la circulation, & par contre-coup
dans les revenus publics. Il eft très-
évident qu'il ne falloit pas faire les augmentations précédentes ; mais après
vingt-quatre ans d'augmentations, c'é-
toit un coup funefte que ces fortes diminutions dont on verra par la fuite les
effets. La feule bonne opération à faire,
étoit de fixer invariablement les monnoies au cours moyen de leur augmentation.

M. Defmarets n'expliquant pas les
arrangemens pris dans la réduction des
rentes, il eft bon de mettre fous les
yeux du Lecteur l'Edit même qui l'ordonna : d'autant plus que le préambule
peut fervir à rappeller les évenemens
paffés & à retracer l'état des affaires.

EDIT portant que les rentes de l'Hôtel-de-Ville de Paris assignées sur les Aides, &c. seront converties en nouvelles rentes au denier vingt-cinq, en joignant les arrérages dûs au capital, avec exemption du dixieme & suppression du droit de visa des quittances.

« LO UIS , &c. Entre les différens
» moyens dont nous avons été obligé
» de nous servir pour soutenir les dé-
» penses de la guerre, nous avons eu
» recours à divers emprunts sur nos re-
» venus ordinaires, même sur les diffé-
» rentes finances que nous avons tirées
» de la création de nouveaux Offices ,
» & des augmentations de gages & ta-
» xations que nous avons attribuées
» aux anciens Officiers ; nous avons de
» plus trouvé une ressource considéra-
» ble par les billets de monnoie qui s'é-
» toient introduits dans le Commerce ,
» à l'occasion des réformations des es-
» peces : notre intention étoit de pour-
» voir au remboursement de ces em-
» prunts par les différens arrangemens
» que nous aurions pû former, si la
» continuation de la guerre ne nous
» avoit engagé à de nouvelles dépenses,

» & n'avoit causé un obstacle invinci-
» ble à l'exécution de nos projets; nous
» avons vû avec douleur que le retar-
» dement du payement que nous n'a-
» vons pû éviter, avoit causé un nou-
» veau mal; que les assignations & les
» billets de monnoie ont été négociés
» avec grande perte; & que n'ayant
» pû faire acquitter ces différens cré-
» dits, ils ont donné lieu à des usures
» excessives. Pour les faire cesser, nous
» avons eu recours à l'augmentation
» du prix des monnoies, & remboursé
» près de deux tiers des billets de mon-
» noie; nous avons aussi fait diverses
» constitutions de rentes sur nos Fer-
» mes, & nous avons ordonné que les
» billets de monnoie qui restoient dans
» le Commerce, les assignations qui
» n'avoient pû être acquittées, les bil-
» lets d'emprunts faits par les Trésoriers
» de l'extraordinaire des guerres &
» leurs Adjoints & autres billets, se-
» roient reçus en notre Trésor Royal,
» & payés en contrats de rentes sur
» l'Hôtel de notre bonne Ville de Pa-
» ris. Par ces différens arrangemens,
» nous avions espéré de rétablir une
» partie du mal que la guerre avoit cau-
» sé; mais la stérilité de l'année 1709,

» les mauvaifes recoltes qui l'ont fui-
» vie , ont apporté un nouvel obftacle
» à nos bons deffeins ; les revenus de
» nos Fermes fe font trouvés tellement
» diminués, que non - feulement nous
» n'avons pû continuer de payer par
» avance, & de fix en fix mois les ar-
» rérages des rentes ; mais même que
» nous avons été obligé de ne payer
» que fix mois feulement dans le cours
» d'une année ; enforte qu'il eft dû aux
» propriétaires des rentes deux années
» d'arrérages : nous aurions pû conti-
» nuer de payer une partie des arréra-
» ges, jufqu'à ce qu'une longue paix
» nous eût permis de rétablir entiere-
» ment nos Finances ; mais après avoir
» fait examiner en notre Confeil la fi-
» tuation où fe trouvent les proprié-
» taires des rentes ; après avoir recon-
» nu que leur état devenoit plus fâ-
» cheux, fi le payement des arrérges
» étoit encore différé ; que cette nature
» de bien étant un des plus confidéra-
» bles des familles , l'incertitude de fa
» valeur caufoit de l'altération & du
» trouble dans le Commerce : nous
» avons jugé qu'il étoit plus convena-
» ble de diminuer le cours des arréra-
» ges, & d'en rétablir à l'avenir le

» payement, dans le même ordre qui
» avoit été suivi avant l'année 1709,
» en obſervant une différence & une
» diſtinction des anciennes rentes ac-
» quiſes à prix d'argent & qui n'ont
» point été vendues depuis l'année
» 1702, de celles qui ont été acquiſes
» pour des papiers de crédit, ſur leſ-
» quelles il eſt notoire que les acqué-
» reurs ont fait des profits exceſſifs, &
» des rentes anciennes qui ont été ven-
» dues depuis le premier Janvier 1702,
» dont le prix a été ſouvent au-deſſous
» du tiers des ſommes principales por-
» tées par les contrats de conſtitution.
» Et ayant été jugé néceſſaire de régler
» le pied ſur lequel toutes les rentes aſ-
» ſignées ſur nos Fermes unies ſeront
» rembourſées & payées à l'avenir. A
» ces cauſes, &c.

ARTICLE I.

» Les propriétaires des rentes conſti-
» tuées ſur l'Hôtel de notre bonne Ville
» de Paris, énoncées ci-après, feront
« tenus de rapporter inceſſamment en
» notre Tréſor Royal les titres de leur
» propriété en bonne forme, pour être
» leſdites rentes rembourſées par le

» Garde

» Garde de notre Tréſor Royal, en la
» maniere qui ſera ci-après expliquée ;
» lequel rembourſement ſera employé
» dans l'inſtant avec ce qui ſera dû d'ar-
» rérages juſqu'au premier Janvier
» 1714, en rentes au denier vingt-cinq,
» qui ſeront par nous créées à cet effet,
» pour ne compoſer qu'un capital, dont
» il ſera expédié à la volonté des ren-
» tiers un ou pluſieurs nouveaux con-
» trats, deſquels la jouiſſance commen-
» cera audit jour premier Janvier 1714.

I I.

» Les rentes perpétuelles aſſignées
» ſur nos Fermes des Aides, Gabelles
» cinq groſſes Fermes, créées par nos
» Edits des mois de Mai 1680, Juin
» 1681, Février 1682, Août & No-
» vembre 1688, Mars, Avril & No-
» vembre 1698, Mars, Novembre &
» Décembre 1699, Octobre 1700,
» Juin & Décembre 1702, Juin &
» Septembre 1703 & Mai 1705 ; les
» rentes perpétuelles de la Loterie Roya-
» le établie par notre Edit du mois de
» Juillet 1704, & celles créées par nos
» Edits des mois de Septembre 1708
» & Mai 1709, pour le rachat de la

» Capitation, feront rembourfées fans
» aucune diminution, & fur le pied du
» capital porté par les quittances de Fi-
» nance & par les contrats de confti-
» tution ; à l'exception de celles qui
» auront été vendues depuis le premier
» Janvier 1702, & fur lefquelles il au-
» ra été obtenu Lettres de ratification ;
» lefquelles ne feront rembourfées que
» fur le pied des trois quarts du capital.

I I I.

„ Les rentes perpétuelles affignées
„ fur nofdites Fermes des Aides, Ga-
„ belles & cinq groffes Fermes, créées
„ par nos Edits des mois d'Avril &
„ Octobre 1706, Mai & Septembre
„ 1707, Février 1708, Janvier, Mai
„ & Juin 1709, Octobre & Novembre
„ 1710, Janvier, Juin & Décembre
„ 1711, & Juin 1712, feront rembour-
„ fées à raifon des trois cinquiémes du
„ capital, porté par les quittances de
„ Finance & par les contrats de confti-
„ tution : fi néanmoins entre les par-
„ ties comprifes dans le préfent article,
„ il s'en trouvoit dont la conftitution
„ eût été expreffément ordonnée par
„ Arrêts de notre Confeil ou par nos

„ Lettres-Patentes & Déclarations, le
„ remboursement en sera fait sans au-
„ cune perte sur le capital.

I V.

» Les rentes viageres au denier dix,
» créées par notre Edit du mois de Fé-
» vrier 1702, dont les capitaux au-
» ront été portés en notre Tréfor Royal
» avant le premier Octobre 1710, &
» les rentes viageres des trois Loteries
» Royales établies par nos Edits des
» mois d'Août 1701, Juillet 1704 &
» Décembre 1705, ne feront payées
» que fur le pied des trois quarts de la
» jouiffance portée par les contrats, à
» commencer du premier Juillet de la
» préfente année 1713 ; & les rentes
» viageres dudit Edit de Février 1702,
» dont les capitaux auront été portés
» en notredit Tréfor Royal depuis le
» premier Octobre 1710, ne feront
» payées que fur le pied de la moitié,
» dont il fera fait mention fur les mi-
» nutes des contrats & quittances de
» Finances y annexées, ainfi que fur
» les groffes defdits contrats, par les
» mêmes Notaires qui les auront reçus,
» lefquels en délivreront des certificats

» aux Rentiers, pour être par eux re-
» mis aux Payeurs. Cependant il ne
» sera rien innové à l'égard des parties
» dont la constitution aura été expres-
» sément ordonnée par Arrêts de notre
» Conseil, & par nos Lettres-Patentes,
» lesquelles continueront d'être payées
» en entier.

V.

» A l'égard des contrats de rentes,
» moitié perpétuelles & moitié viage-
» res, créées par nos Edits des mois de
» Décembre 1704, Avril 1706, Juin
» & Décembre 1707, & Juin 1708,
» la rente viagere ne sera payée que
» sur le pied de la moitié audit jour
» premier Janvier 1714, dont mention
» sera faite en la maniere portée par
» l'article précédent ; & la rente per-
» pétuelle sera remboursée à raison de
» la moitié du capital porté par les quit-
» tances de Finance & par les contrats
» de constitution. Pourront néanmoins
» les propriétaires desdites rentes être
» remboursés de leurs rentes perpétuel-
» les sur le pied des anciennes, & sans
» aucune diminution sur le capital, à
» condition qu'ils rapporteront audit
» Garde de notre Trésor Royal les con-

» trats de leurs rentes viageres, les-
» quels demeureront éteints & suppri-
» més, à l'effet de quoi il en sera fait
» mention par les Payeurs sur leurs Re-
» gistres ; & lesdits Rentiers seront te-
» nus de rapporter audit Garde de no-
» tre Trésor Royal, avant leur rem-
» boursement, un certificat desdits
» Payeurs, portant que ladite mention
» aura été faite.

V I.

» Les rentes perpétuelles de la ton-
» tine établie par notre Edit du mois de
» Mai 1709, seront remboursées à rai-
» son de la moitié du capital porté par
» les quittances de Finance & par les
» contrats de constitution ; mais il ne
» sera rien innové concernant les ac-
» tions de rentes viageres de ladite ton-
» tine, non plus que pour celles des
» deux premieres tontines établies par
» nos Edits des mois de Novembre
» 1689 & Février 1696, qui seront
» payées en entier en la maniere por-
» tée par lesdits Edits.

V I I.

» Il ne sera pareillement rien innové
» pour les rentes purement viageres

» créées par claffes par nos Edits des
» mois d'Août 1693, Juillet 1698, &
» Mars 1701.

V I I I.

» Les arrérages des rentes perpé-
» tuelles & des rentes moitié perpé-
» tuelles & moitié viageres qui fe trou-
» veront dûs jufqu'au premier Janvier
» 1714, & ceux des rentes purement
» viageres & des tontines qui feront
» dûs jufqu'au premier Juillet de la pré-
» fente année 1713, feront employés
» en acquifitions de rentes au denier
» vingt-cinq ; à cet effet les Payeurs
» defdites rentes délivreront aux Ren-
» tiers des certificats defdits arrérages
» qui feront dûs, le dixieme déduit,
» dont lefdits Rentiers donneront leurs
» quittances auxdits Payeurs en la ma-
» niere accoutumée; & feront lefd. cer-
» tificats reçus pour deniers comptans
» par le Garde de notre Tréfor Royal,
» après avoir été controlés par les
» Controleurs defdites rentes, lefquels
» en tiendront un Regiftre de Controle:
» n'entendons comprendre dans le pré-
» fent article que les arrérages dont
» le fonds n'aura point été fait dans
» nos états de diftribution defdites ren-

» tes ; nôtre intention étant que les
» fonds faits entre les mains desdits
» Payeurs, pour l'exercice qu'ils ache-
» vent & pour leurs précédens exerci-
» ces, lesquels ils n'ont point encore
» payés, ou qui leur sont restés entre
» les mains, par rapport aux saisies ou
» autres empêchemens, soient par eux
» payés aux Rentiers suivant l'usage
» ordinaire.

I X.

„ Entendons que les arrérages de
„ toutes lesdites rentes soient payés à
„ l'avenir, & à commencer du premier
„ Janvier 1714, de six en six mois, à
„ bureau ouvert, audit Hôtel - de -
„ Ville & d'avance pour les rentes per-
„ pétuelles, de la même maniere qu'ils
„ ont été payés avant l'année 1709.

X.

„ Déchargeons toutes les rentes du-
„ dit Hôtel-de-Ville, assignées sur nos
„ Aides, Gabelles & cinq grosses Fér-
„ mes, du dixieme établi par notre Dé-
„ claration du 14 Octobre 1710, à
„ commencer du premier Janvier 1714.

X I.

,, Voulons aussi que le droit de *visa*
,, des quittances attribué aux Syndics
,, des rentes par les Edits des mois de
,, Juillet 1706, Août 1707 & Juin 1708,
,, demeure supprimé à commencer du
,, jour de la publication de notre pré-
,, sent Edit, &c. ''

En conséquence , il fut créé pour trente millions de rentes au denier vingt-cinq pour rembourser ces divers effets.

Ce sont-là de ces opérations dictées par la nécessité. En pareil cas, l'Etat perd encore plus que les particuliers, puisqu'il se met presque dans l'impossibilité de faire de long-tems usage de son crédit. Si les autres souffrent quelque leger retranchement sur un gain considérable, ou même sur une dette contractée de bonne foi, ils s'assurent au moins la solidité de leurs effets. Ces expédiens paroissent cependant devoir être le fruit d'une grande méditation sur le choix du moment, des moyens de l'exécution, sur l'exposition des motifs qui peuvent adoucir ou préparer les esprits ; mais comme ils sont abso-

lument funestes, s'ils ne sont décisifs,
ils doivent être accompagnés d'un plan
d'administration qui mette le public en
état de jouir du sacrifice qu'on exige
de lui. Si l'on a l'habileté de faire revivre en même tems le crédit par quelque établissement nouveau, la trace
du passé s'efface promptement, & l'E-
tat reprend son assiette ordinaire.

Il est aisé de concevoir combien peu
d'hommes sont propres à ces manœuvres hardies & délicates : & qu'il est de
l'intérêt de chaque particulier de contribuer de toutes ses forces à garantir
la société de pareils événemens. L'augmentation momentanée des impôts dans
les besoins publics est toujours un fardeau infiniment plus leger sur les fortunes, que les suites d'une révolution
sur le crédit national. Il est permis à
des esprits chagrins ou bornés de se
plaindre sans cesse du présent, & de
déclamer contre toute levée de tribut ;
mais le chef de famille, l'homme riche,
l'homme industrieux, enfin tous ceux
qui jouissent des avantages & de la
douceur d'un Gouvernement, doivent
aller au-devant des nécessités publiques
à proportion de leurs facultés. Nul
homme dans ses traités particuliers ne

néglige de prendre les sûretés convenables ; il sacrifie sans hésiter une portion
de son capital pour assûrer l'autre :
pourquoi dans les affaires publiques se
refuseroit-il aux mêmes précautions ?
Le Prince est la réunion de tous les intérêts ; c'est de ce centre que partent
tous les rayons du cercle que nous oc-
cupons. Nul particulier n'est réellement
riche dans l'Etat si le Prince ne l'est,
& la richesse du Prince vivifie l'Etat ;
semblable à ces pluies fécondes que
compose l'assemblage des vapeurs ex-
halées du sein de la terre.

ANNÉES 1714 & 1715.

« Il n'y eut point d'armées en cam-
» pagne en 1714 ; mais la dépense des
» troupes a continué pendant toute
» l'année, de même que pendant les
» années précédentes. Le Traité con-
» clu à Rastadt le 6 Mars fut suivi du
» Congrès tenu à Bade, où le Traité
» solemnel de paix entre le Roi, l'Em-
» pereur & l'Empire fut signé le septie-
» me de Septembre, & les ratifications
» échangées le 28 du mois d'Octobre
» ensuivant.

» Pendant toute l'année il fallut,
» comme dans les précédentes, sans

» aucuns fonds préfens & par induftrie,
» pourvoir à la dépenfe des troupes &
» de tout l'Etat.

   » Le feul expédient dont on put fe
» fervir pour commencer les dépenfes
» de l'année, fut de faire ufage de l'E-
» dit du mois d'Octobre 1713, par le-
» quel il avoit été attribué un million
» deux cent cinquante mille livres de
» taxations aux Officiers des Bureaux
» des Finances & des Elections, & à
» plufieurs autres Officiers, qui de-
» voient produire une Finance de quin-
» ze millions.

   » Pour épargner au Roi la remife du
» fixieme, & aux particuliers les deux
» fols pour livre en-dehors, & les frais
» ordinaires des Traitans, Sa Majefté
» agréa de remettre ce recouvrement
» en régie par les Receveurs Généraux
» à la Caiffe du fieur le Gendre.

   » Pour procurer des fonds plus
» promptement & par avance, il lui
» fut ordonné de faire fes billets à dif-
» férentes échéances, & aux Rece-
» veurs Généraux de les endoffer ; ils
» ont été négociés à cinq pour cent d'in-
» térêt.

   » On engagea les Receveurs Géné-
» raux de faire une avance de douze

» millions cinq cent soixante mille li-
» vres sur 1714.

» Les billets du sieur le Gendre en-
» dossés par eux, furent aussi négociés
» à cinq pour cent d'intérêt.

» Ces deux parties produisirent un
» crédit de vingt-neuf millions.

» Au mois de Mars le Roi fit une
» nouvelle création de cinq cent mille
» livres de rentes sur les Tailles, &
» spécialement sur les deux sols pour
» livre qui avoient été imposés par
» trois Déclarations de 1705, 1706,
» & 1707, avec une destination de trois
» cent mille livres pour faire des rem-
» boursemens : ç'a été la quatrieme
» constitution de cette nature, qui pro-
» duisit promptement un fonds de six
» millions.

» Il avoit été donné plusieurs assigna-
» tions depuis la Déclaration du 7 Oc-
» tobre 1710.

» Il en restoit d'autres tirées précé-
» demment pour le service.

» Différens particuliers proposerent
» de prendre pour le remboursement
» de ces assignations, partie en billets
» du sieur le Gendre non endossés,
» payables en argent à diverses échéan-
» ces, partie en ses billets payables en

» promeſſes des Gabelles , & en rentes
» viageres au denier douze.

» Ces propoſitions rapportées au Roi
» ayant paru avantageuſes , il fut or-
» donné au ſieur le Gendre de faire ſes
» billets en exécution payables ſans in-
» térêt.

» Il étoit dû à Madame Royale de
» Savoie , aux Electeurs de Bavière &
» de Cologne , aux ſieurs Bernard &
» Hogguer , & à d'autres Banquiers ;
» ils propoſerent de les aſſigner ſur la
» Caiſſe du ſieur le Gendre : les aſſigna-
» tions furent tirées par le Tréſor Royal:
» le ſieur le Gendre eut ordre de faire
» ſes billets ſans intérêt.

» Il en fit d'autres pour partie de ces
» aſſignations , payables en promeſſes
» des Gabelles & en rentes viageres.

» Le ſieur de Meuve , Banquier , fit
» une avance de ſix millions pour les
» troupes , pour la valeur deſquels le
» ſieur le Gendre lui fit ſes billets avec
» intérêt.

» Pluſieurs Banquiers , Agens du
» Clergé , & divers particuliers , ayant
» propoſé de faire des avances , partie
» en argent & partie en aſſignations ti-
» rées depuis la Déclaration du 7 Oc-
» tobre 1710 , on en fit le rapport au

» Roi fuivant fes ordres ; on accepta
» différentes propofitions, on en rejetta
» un plus grand nombre, parce qu'on
» n'accepta que celles qui parurent les
» plus avantageufes pour le Roi, & les
» moins utiles aux propofans ; le Roi
» même s'expliqua nettement fur ces
» propofitions , & dit que , fi les pro-
» pofans trouvoient quelque profit fur
» le papier , c'étoit au-moins un bien
» pour fon fervice , de trouver de l'ar-
» gent pour les dépenfes , & d'acquitter
» en même tems des dettes.

» Il faut obferver qu'à l'égard de
» toutes les avances faites , partie en
» argent & partie en papier , on n'a
» donné dans les intérêts que pour l'ar-
» gent , & on n'en a point paffé pour le
» papier.

» On fe propofoit d'acquitter les det-
» tes du fieur le Gendre non-endoffées,
» des fonds qu'on feroit entrer dans fa
» Caiffe ; & on auroit exécuté ce pro-
» jet, fi le tems & les circonftances l'euf-
» fent permis.

» On fit entrer dans la Caiffe du fieur
» le Gendre tous les fonds dont on put
» s'aider pour les befoins des troupes
» & de l'Etat ; entre autres celui d'un
» million fix cent mille livres deftiné

» pour le rembourfement des paye-
» mens des rentes , & qui étant refté
» inutile entre les mains du fieur de la
» Garde , auroit diminué du tiers , par
» les rabais indiqués du prix des efpe-
» ces. Il fut employé à payer les Gar-
» des-du-Corps & les autres troupes.

» Des Fermes unies un million qui
» fut employé pour le comptant du
» Roi , & autres dépenfes preffées &
» privilégiées.

» Si on entre dans les attentions que
» demandoit la fituation fâcheufe des
» Finances , on conviendra de deux
» chofes :

» La premiere , qu'étant réduit aux
» feuls emprunts pour la manutention
» de l'Etat , il falloit un autre canal
» que celui des Gardes du Tréfor Royal
» pour faire les négociations.

» La deuxieme , qu'on y a apporté
» toute l'œconomie & tous les ména-
» gemens poffibles , par rapport aux
» tems & aux conjonctures des affaires
» générales.

» On peut ajouter que cette Caiffe
» a été dirigée avec tant de foins & d'ar-
» rangemens , que par le crédit qu'on
» lui avoit donné , on a fourni aux dé-

» penfes néceffaires de l'Etat depuis le
» premier Janvier 1710 jufqu'au mois
» d'Avril 1715, & que tous les efforts
» qu'il fallut faire pour trouver les fonds
» promis, & qui furent délivrés à la fin
» de Mars 1715 pour les dépenfes qu'on
» va expliquer, dans un tems où l'ar-
» gent commençoit à être fort refferré,
» ont été la caufe que le crédit de cette
» Caiffe eft tombé, & qu'on n'a pû le
» relever dans l'efpace de quatre mois
» qui fe font écoulés jufqu'à la mort du
» Roi.

　» Les dépenfes extraordinaires faites
» aux mois de Mars & d'Avril 1715,
» pour les arrérages du
» fubfide ordinaire de l'E-　　　liv.
» lecteur de Baviere,..... 　2600000
　» Celui de Cologne.... 　　200000
　» Le fubfide extraordi-
» naire de Baviere pour le
» Traité de 1714........ 　2000000
　» Le fubfide de Suede... 　900000
　　　　　　　　　　　———————
　　　　Total. . . . 　5700000
　　　　　　　　　　　———————

　» Les Ordonnances fi-
» gnées par le Roi pour les
» dépenfes de 1714 ont
　　　　　　　　　　　　　» monté

» monté à. 213529630

» Il a été affigné pen-
» dant ladite année. . . . 97284948

» Partant refte à affi-
» gner. 116244682

» Les changemens arrivés par la
» mort du Roi n'ont pas permis de ren-
» dre le travail parfait pour l'année
» 1714 & les huit premiers mois de
» 1715, tous les Regiftres ayant été
» remis aux perfonnes qui ont été pré-
» pofées pour l'adminiftration des Fi-
» nances.

» Les dépenfes faites & ordonnées
» par le feu Roi pendant fept années,
» commencées le premier Janvier 1708,
» & finies le 31 Décem-
» bre 1714, ont monté à 1533201176

» Ce qui revient an-
» née commune à 219028740

» Les revenus ordinaires, joints au
» dixieme & à la capitation, n'ont pro-
» duit, année commune, déduction
» faite des charges ordi-
» naires, que 75000000

» Sur ce pied, il man-
» quoit tous les ans pour

Tome V.

D

liv.

· De l'autre part... 75000000

» remplir toutes les dé-
» penfes 144028740

» De forte que pour trouver le fonds
» entier des fept années,
» il falloit 1008,201,180
» Tous les expédiens
» d'avances, d'affigna-
» tions anticipées fur les
» années à venir, le bé-
» néfice de la refonte des
» monnoies, les rachats
» de la Capitation & du
» dixieme du Clergé, le
» rachat d'autres dixie-
» mes, & l'affranchiffe-
» ment des Capitations
» de diverfes Compa-
» gnies & de plufieurs
» particuliers, les aliéna-
» tions, les conftitutions
» de rentes, les traités
» & autres expédiens de
» finance, n'ont pû pro-
» duire que. 691,660,368

» De forte qu'il eft
» refté dû à la fin de 1714, 316,549812

» En exécution de la Déclaration du

» feptieme Décembre 1715, portant
» que tous les billets faits pour le fer-
» vice de l'Etat feront rapportés pour
» en faire la vérification & la liquida-
» tion, les propriétaires de tous ces
» billets les ont repréfentés à Meffieurs
» les Commiffaires du Confeil, & par
» la récapitulation de tous ceux qu'ils
» ont vifés depuis le vingtieme Dé-
» cembre 1715, jufqu'au trente-un Jan-
» vier 1716, il s'eft trouvé,

 Sçavoir :

		!liv.
» En promeffes de la caiffe » des Emprunts. 147635073	}	
» En billets du » Sr le Gendre.. 32284961	}	179920034
» En Ordon- » nances fur le » Tréfor Royal. 229939382	}	
» En affigna- » gnations de » même 81955006	}	311894388
» En billets de » l'extraordinai- » re des guerres 52319513	}	
» En billets de » la Marine . . . 8960695	}	61280208

Total. 553094630

» Sur quoi il faut dédui-
» re les deux derniers ar-
» ticles accollés, attendu
» qu'ils font partie des or-

D ij

liv.

De l'autre part.. 553094630

„ donnances ou des aſſi-
„ gnations ſur le Tréſor
„ Royal, & que ſi les Tré-
„ ſoriers en étoient payés,
„ ils acquitteroient leurs
„ billets, ci à déduire. ... 61280208

„ Partant il ne faut
„ compter les billets viſés
„ que pour. 491814422

„ Les dettes en papier
„ qui exiſtoient au 20 Fé-
„ vrier 1708, montoient
„ à 482844061

„ Ainſi les billets faits
„ pour le ſervice de l'E-
„ tat, ſubſiſtans au pre-
„ mier Septembre 1715,
„ n'excedent les dettes en
„ papier, reconnues en
„ 1708, que de. 8970361

„ Somme égale à celle
„ des billets viſés. 491814422

„ On peut même faire une obſerva-
„ tion, que ſur les trente-deux millions
„ deux cent quatre-vingt-quatre mille
„ neuf cent ſoixante-une livres, à quoi
„ montoient les billets du ſieur le Gen-

,, dre, il y en a pour près de quatre
,, millions payables en rentes viageres
,, ou en promeſſes des Gabelles.

,, Il s'enſuit de l'expoſition de toutes
,, les dépenſes faites pendant ſept an-
,, nées :

,, 1°. Qu'il n'a pas été poſſible de les
,, acquitter entierement.

,, 2°. Que la comparaiſon des pa-
,, piers ſubſiſtans au premier Septem-
,, bre 1715, avec ceux qui exiſtoient au
,, premier Janvier 1708, prouve évi-
,, demment l'économie & l'arrangement
,, avec leſquels les Finances ont été
,, adminiſtrées pendant ces ſept années.

,, 3°. Les dépenſes ont été plus for-
,, tes que pendant les années précéden-
,, tes , à cauſe de la ſtérilité de l'année
,, 1709.

,, 4°. La gelée des oliviers, des noyers,
,, des châtaigniers & des autres arbres
,, portant fruit , a été ineſtimable pour
,, les Provinces qui en ont ſouffert.

,, La mortalité des beſtiaux, les ma-
,, ladies populaires , & les débordc-
,, mens des rivieres ont cauſé des pertes
,, ineſtimables.

,, Ces accidens avoient mis les Peu-
,, ples hors d'état d'acquitter toutes les
,, impoſitions ordinaires & extraordi-
,, naires,

„ Le feu Roi en étant bien informé ,
„ jugea qu'il falloit accorder les déchar-
„ ges d'une partie des impositions. On
„ les a expliquées.

„ Outre ces décharges , le feu Roi fit
„ remettre des sommes d'argent assez
„ considérables aux Evêques & aux In-
„ tendans pour assister les pauvres.

„ Ces décharges & les fonds remis
„ ont diminué d'autant les fonds dont
„ on avoit besoin pour les dépenses de
„ l'Etat.

„ 5°. On n'a pas laissé d'éteindre &
„ de supprimer , nonobstant ces mal-
„ heurs , les billets de monnoie , &
„ d'autres papiers & dettes reconnues
„ au premier Janvier 1708 ; & après
„ avoir soutenu la dépense de sept
„ campagnes remplies de mauvais éve-
„ nemens , il ne s'en est trouvé au pre-
„ mier Septembre 1715 , que pour une
„ somme presque égale au premier Jan-
„ vier 1708.

„ 6°. Toutes les dépenses ordonnées
„ par le Roi ont été réglées sans être
„ concertées avec le Contrôleur gé-
„ néral ; celles de la guerre, de la ma-
„ rine , & des pensions , entre le Roi
„ & Messieurs les Secrétaires d'Etat ,
„ chacun pour leur département.

„ Le Contrôleur général étoit char-
„ gé de trouver des fonds par tous les
„ moyens pour fournir aux dépenfes.
„ Etoit-il maître de refufer ou d'aban-
„ donner fa place ? On s'en rapporte à
„ ceux qui ont vû de près le Gouverne-
„ ment paffé , de rendre fur cet article
„ la juftice qui eft dûe à celui que le
„ Roi avoit choifi pour un fi pefant &
„ difficile Miniftere.

„ Une réflexion bien plus forte & à
„ laquelle il n'y a point de réplique ,
„ eft que la guerre étoit engagée & fou-
„ tenue par des ennemis fort unis, fort
„ aigris contre la France , & dont les
„ deffeins n'étoient pas moindres que
„ de partager le Royaume , & d'en
„ faire un pays de conquête pour eux.

„ On fçait le projet qu'ils avoient
„ fait de fe faire un chemin à travers
„ de la France pour forcer le Roi d'Ef-
„ pagne d'abondonner fes Etats.

„ Le voyage de M. de Torcy à la
„ Haye & les conférences dé Gertruy-
„ demberg , avoient fait connoître à
„ toute l'Europe les deffeins des enne-
„ mis, & l'impoffibilité où on étoit
„ alors de faire la paix. Il fallut donc
„ de néceffité foutenir la guerre ; l'é-
„ puifement du Royaume étoit affez

,, connu ; on n'avoit ni affez de moyens
,, différens à choifir pour la foutenir , ni
,, affez de tems pour délibérer : à peine
,, avoit-on celui d'agir & de mettre en
,, œuvre tous les moyens qui poûvoient
,, fans violence produire de l'argent.
,, Le falut de l'Etat confiftoit unique-
,, ment à faire la paix ; elle a été heu-
,, reufement & glorieufement conclue
,, contre toute forte d'efpérance ; &
,, bien loin de blâmer quelques moyens
,, que la force & la néceffité ont obligé
,, de mettre en ufage , ne doit-on pas
,, louer des Miniftres qui dans des tems
,, fi malheureux & dans un Etat fi chan-
,, celant ont eu affez de courage pour
,, n'être pas effrayés , & pour conti-
,, nuer des efforts vifs & redoublés qui
,, ont enfin produit cette paix auffi né-
,, ceffaire que defirée ,, ?

Avant d'aller plus loin il eft à propos
d'éclaircir le calcul de M. Defmarets
fur la quantité des papiers royaux exiftant à la fin de 1714.

Il avoit été mis de nouveaux billets
dans le Commerce depuis 1708 pour
une fomme confidérable ; mais il avoit
été fait de grands rembourfemens fur
les anciens ; quarante-trois millions de
billets avoient été éteints par la refon-

te ;

te ; cinq millions de billets de monnoie par les rentes moitié viageres & moitié perpétuelles créées en 1709 ; cinquante millions par la converſion des billets de monnoie en billets des Receveurs & Fermiers généraux, depuis eux-mêmes convertis en rentes ; ſans compter ce qui avoit entré en payement d'autres conſtitutions. Ces converſions en rentes & celles qu'on va voir retiroient bien du papier de la circulation, mais n'acquittoient point de dettes, comme bien des gens l'ont crû ; & l'extinction des billets de monnoie par la refonte étoit un payement fictif. Dans l'année 1714 on avoit voulu établir une loterie en forme de tontine où les billets de l'extraordinaire des guerres & ceux des intérêts de ces billets ſeroient portés ; on y admettoit auſſi les billets ſignés par le Tréſorier général de l'Artillerie depuis l'année 1701 juſques & compris l'année 1707 ; mais cette loterie n'eut point d'exécution : en effet, ſi l'échange de ces billets avec des conſtitutions de rentes perpétuelles dérangeoit les fortunes des propriétaires & troubloit l'ordre du Commerce, à plus forte raiſon un payement en rentes

viageres devoit-il réduire ces familles
au defefpoir.

Il étoit vrai que la multiplicité des papiers avoit ruiné le Commerce & le
crédit ; mais on ne faifoit pas attention
que cette quantité, eût-elle été du double encore, n'eût pas interrompu le
Commerce intérieur, fi les motifs de la
confiance publique avoient été entre-
tenus. Au lieu de partir de ce principe,
on fongea continuellement à retirer du
Commerce ces effets, de quelque maniere que ce fût, & chaque pas que l'on
croyoit faire vers l'ordre, anéantiffoit
la confiance à l'égard des effets fubfif-
tans. Il fut ordonné que les lettres
de change, les ordonnances payables
par les Tréforiers généraux de la Marine & les Intéreffés dans les vivres de
la Marine, pourroient être converties
jufqu'au 15 Juin de l'année 1715 en rentes ou en acquifitions d'Offices ; que
paffé ce tems toutes lefdites ordonnances & lettres de change feroient décla-
rées de nulle valeur, fans que les porteurs en puffent rien répéter contre Sa
Majefté, ni les Tréforiers. Il eft clair
qu'un Fourniffeur de farines, de toiles,
de chanvres, de vins, de matieres,

&c. eût préféré même un retranchement de fon capital en recevant de l'argent, ou du moins un effet tranfporta-
ble à fon gré, à des Charges ou des rentes qui avoient déja effuyé tant de révolutions, & qui ne leur procuroient
pas même un crédit dans le Commerce,
loin de pouvoir répondre à leurs engagemens.

Pour donner cependant quelque faveur à ces rentes conftituées en faveur
des Fourniffeurs, on fit, à l'égard des
Ingénieurs & Entrepreneurs des fortifications, une exception à l'Edit de 1713.
Leurs rentes fe trouvoient comprifes
parmi les rentes réduites aux trois cinquiemes du capital ; Sa Majefté, pour
les diftinguer de ceux qui avoient ache-
té des créances fur Elle à vil prix, ne
retranche que le cinquieme fur le capital de leurs contrats. Peut-être l'épar-
gne de ce cinquieme n'équivaloit-
elle pas à l'avantage que l'Etat eût retiré de donner plus de crédit aux effets
provenans des fournitures légitimes.

Une Déclaration du 15 Décembre
1714 ordonna que les promeffes de la
caiffe des emprunts au-deffus de fix
mille livres feroient coupées en nouvelles promeffes de mille livres & au-def-

fus ; que toutes les promeſſes feroient payables aux 8 , 18 & 28 de chaque mois de l'année ſuivant celle du renouvellement ; que les intérêts feroient joints à l'ordinaire à ces promeſſes ſur le pied de cinq pour cent , pour être les intérêts avec un vingtieme du premier capital rembourſés d'année en année , juſqu'au parfait rembourſement du total ; que cependant il feroit encore fait des rembourſemens particuliers de mois en mois.

En conſéquence le 19 Janvier 1715 il fut réglé que les promeſſes échûes depuis le premier juſqu'au 7 feroient datées du 28 Décembre 1714 ; celles échûes depuis le 8 juſques & compris le 17 feroient datées du 8 Janvier ; celles des échéances du 18 juſqu'au 27 datées du 18 ; celles des échéances du 28 Janvier juſqu'au 7 Février datées du 28 Janvier ; & qu'il en feroit uſé de même pour celles dont les échéances tomberoient dans les mois ſuivans. Un autre Arrêt du 9 Mars 1715 ordonna que pour avancer les rembourſemens en exécution de la Déclaration du 15 Décembre 1714 , toutes les promeſſes de mille livres juſques & compris quatorze cent livres payables aux é-

chéances du 28 Décembre 1715 , feroient rembourfées par avance dans le
courant du mois de Mai fuivant.

Toutes ces difpofitions étoient imagi-
nées pour redonner quelque crédit aux
promeffes de la caiffe des emprunts , &
faciliter de nouveau une négociation de
trente-un millions fix cent vingt - huit
mille neuf cent livres de promeffes de la
caiffe qui furent introduites en fecret
dans le Commerce ; ce qui , avec les
quarante - un millions neuf cent feize
mille cent livres , forme un total de
foixante-treize millions cinq cent quarante-cinq mille livres. Nous verrons
dans un moment en quoi confifta ce rembourfement.

Sur la fin de cette année il fut fupprimé diverfes Charges, entr'autres une
partie des Payeurs & Contrôleurs des
rentes, tous les Syndics des rentes, les
Offices des Chancelleries près des Préfidiaux ; les priviléges des Officiers des
Chancelleries près les Parlemens &
Cours Supérieures furent en partie fupprimés , & le nombre des Officiers de
la grande Chancellerie réduit. Pour
rembourfer les propriétaires après la liquidation de leur finance, il fut confti-

tué quinze cent mille livres de rente au
denier vingt-cinq sur les Aides & Gabelles, cinq grosses Fermes, au capital de
trente-sept millions cinq cent mille liv.

L'augmentation sur le sel fut aussi remise aux Peuples ; ce sont les seuls sou-
lagemens qu'il avoit encore été possible
de leur accorder.

Affaires extraordinaires par Traité
en 1714.

	liv.	s.	d.
Confirmation de la Noblesse des Maires & Echevins ; 1000000 livres ; net.	833333	6	8
Vente des Offices de Trésoriers des Chancelleries ; 420000 livres ; net.	350000		
Idem de l'Election de Consolans, Généralité de Poitiers ; 60000 livres ; net.	50000		
Idem des priviléges de Marchands d'eau-de-vie par subrogation ; 350000 livres ; net	291666	13	4
	1525000		

De l'autre part. 1525000

Idem de Commif-
faires aux prifées &
ventes de meubles ;
réfultat de 1712 à
1714, 300000 livres ;
net 250000

  Idem de vingt Of-
fices d'Agens de Chan-
ge ; 400000 livres ;
net . . . . <u>360000</u>
            2135000

Autres fonds en 1714 & 1715.

Négociation de promeffes
de la caiffe des emprunts . . . 31628900
  Mars 1714, 500000 liv.
de rentes au denier douze
fur les Tailles, rembourfables en treize ans 6000000
  Mai 1714, 500000 liv.
de rentes au denier feize
fur le Contrôle des Actes,
remboursables en dix-fept
ans 8000000
  Août fur le même objet
& aux mêmes conditions,
500000 livres de rentes . . . <u>8000000</u>
           55763900
           E iiij

De l'autre part... 55763900 ^{liv.}

Sur les Etats de Breta-
gne 120000 livres de rente
au denier vingt, rembour-
fables d'année en année . . 2400000

───────

58163900

Fonds mentionnés au
Mémoire 29000000

Mars 1715, 500000 li-
vres de rente au denier
feize fur le Contrôle des
Actes, remboursables en
quinze années 8000000

Juin 500000 livres de
rente au denier feize fur
les Tailles, remboursables
en feize années 8000000

───────

Total pour les deux an-
nées 103163900

───────

Cependant il faut déduire l'efcompte
fur les trente-un millions de promeffes
de la caiffe des emprunts.

DEPENSES DE 1714.

	Sommes assignées.	Reste à assigner.
...inaire des guerres 63172306 liv.	24477125 liv.	38695181 liv
...nunition 12200000	5191000	7009000
. . . . 8127663	1445164	6682499
...u Corps & autres		
Trésoriers 5230985	3516058	1714927
.. . . 3080524	611291	2469233
...tions. 1673139	1095930	577209
. 14898309	1997593	12900716
. 2826049	779100	2046949
Royales 8344431	4242980	4101451
...es du Trésor Royal 93976224	53928707	40047517
213529630	97284948	116244682

Distribution des Assignations.

les années 1707 & précédentes	32235124
1708	650417
1709	614522
1710	2755708
1711	616076
1712	6321635
1713	21003816
1714	77420105
...ssignations	29036858
...mbourfemens d'avances	28521410

199175671

nnées.	Ordonnances expédiées.	Sommes assignées.	Reste à assigner.
708	202788354 liv.	184423036 liv.	18365318
709	221110547	199148926	21961621
710	225847281	187939820	37907461
711	264012839	213241676	50771163
712	240379947	202403099	37976848
713	211697672	178383952	33313720
714	213529630	97284948	116244682
	1579366270	1262825457	316540813
es dépenses de & années pré- ntes	146215395	112802015	33413380
ursemens d'a es faites par urs particu-	46895647	46895647	
gnations . . .	142062069	142062069	
	1914539381	1564585188	349954193

ipitulation générale des fonds qui ont servi aux dépenses depuis le
premier Janvier 1708 jusqu'au mois de Décembre 1714.

fommes affignées pour le payement des dépenses
t à 15645851

revenus ordinaires du Roi pendant lesdites années
roduit au Tréfor Royal que 2687697

manquoit de fonds 12958153

ds extraordinaires qui ont servi au remplacement de cette somme.

par anticipation sur les revenus
res 233807897

a Capitation 192386793

Fonds de l'année 1714.

liv.

Impositions	118395822
Charges & diminutions	86206073
Parties du Tréfor Royal	32189749
Par anticipation fur les	
revenus de 1715	33272959
1716	30424355
1717	7693947
1718	191061
1719	180833
1720	180833
1721	180833
1722	180833
Capitation	23057247
Dixieme	22044021
Fonds extraordinaires..	49579000
	199175671

Voyez les deux Tables ci-jointes.

Pour commencer à donner quelque soulagement aux Peuples, un Edit du mois d'Août 1715 supprima en général tous les annoblissemens par Lettres & les privilèges de Noblesse attribués depuis l'année 1689 à tous les Offices, soit militaires ou de judicature, police & finance. Il révoqua toutes les exemptions accordées depuis la même époque aux Offices dont la premiere finance étoit au-dessous de dix mille livres. Il supprima toutes les Charges de Subdélégués & leurs Greffiers, toutes celles qui se trouvoient créées depuis ce tems dans les Elections.

Les Offices de Contrôleurs des Domaines & bois, ainsi que plusieurs autres dans les Eaux & Forêts, furent également supprimés ; leur remboursement fut assigné sur les fonds provenant de la vente de divers bois appartenans à des Communautés ecclésiastiques ; & pour le remplacement des fonds il fut créé en leur faveur dix mille livres de rente au denier vingt-cinq.

Pour rendre libres les fonds de la Capitation & du Dixieme, sur lesquels il avoit été consommé par anticipation, deux millions de rentes au denier vingt furent constitués sur la Capitation &

le Dixieme des Villes & Provinces sui-
vantes.

	Sur la Capita-tion.	Sur le Dixieme.
Languedoc . .	200000 liv.	200000 liv.
Bretagne . . .	250000	250000
Bourgogne. . .	150000	150000
Artois	50000	50000
Provence. . .	100000	100000
Paris	150000	150000
Lyon.	100000	100000
	1000000	1000000

Les capitaux devoient être amortis
à raison de deux millions par année,
& de ce qui reviendroit de bon sur la
diminution des arrérages par les remboursemens annuels. Si depuis 1689
on n'eût pas emprunté autrement, l'E-
tat n'eût point éprouvé les révolutions
onéreuses que nous avons vû son crédit éprouver à la chute du système ;
& celles qui nous restent à parcourir.

Dès le 7 Mai, la Déclaration du 15
Décembre précédent au sujet des billets de monnoie fut révoquée, ainsi
que les Arrêts rendus en conséquence :
les intérêts des promesses furent réduits
à quatre pour cent, leur payément avec

celui des capitaux fut affecté fur le produit des quatre fols pour livre des droits des Fermes, pour être fait des rembourfemens de quartier en quartier. Le 11 Juin fuivant, il fut ordonné que le 2 Juillet toutes les promeffes feroient tirées au fort pour indiquer par avance celles qui feront rembourfées au mois d'Octobre fuivant.

D'après des arrangemens fi précis & annoncés d'une maniere fi autentique, perfonne ne s'attendoit à l'Edit du 2 Août 1715; il fupprima la Caiffe des emprunts, & ordonna que les porteurs des promeffes en feroient rembourfés en rentes au denier vingt-cinq créées par cet Edit, lefquelles promeffes vifées par les Commiffaires du Confeil ne feroient reçues que pour moitié des principaux, ou pour la fomme à laquelle monteroit la liquidation qui en feroit faite, eu égard aux négociations qui fe reconnoîtront avoir été faites : lefdits Commiffaires ayant le pouvoir d'ordonner le rembourfement entier des promeffes qui n'auroient point été vérifiées : à l'égard des intérêts, il étoit réglé qu'ils feroient liquidés féparément fur le pied de cinq pour cent, jufqu'au 15 Mai pour les promeffes échues à ce

jour, & de cette date à quatre pour
cent ; l'intérêt des promesses non échues
devoit aussi être passé jusqu'à ce jour
à cinq pour cent, & depuis leur échéance à quatre pour cent. Cinq millions
de rentes au denier vingt-cinq furent
constituées pour le remboursement.

Il y eut un visa ordonné pour reconnoître les billets d'emprunts & de
substance des Tréforiers Généraux de
l'extraordinaire des guerres & de l'artillerie, & les anciennes assignations
tirées avant le 7 Octobre 1710. Le
remboursement de ces effets après la
liquidation fut assigné sur un million
de rentes perpétuelles au denier vingt-
cinq, au lieu de la loterie en forme
de tontine assignée en 1714.

Ces réductions avoient été précé-
dées du discrédit des billets de le Gendre dès le mois d'Avril : il avoit été
impossible, comme le remarque M.
Desmarets, de satisfaire aux engagemens excessifs qu'on avoit fait prendre
à cette Caisse : & tel sera toujours le
sort de papiers de crédit portant un
gros intérêt. Ce font moins des payemens que des assignations, & ils vien-
nent toujours au terme chercher l'intérêt & le remboursement du capital,

Les billets de le Gendre étant devenus
la feule reffource du Miniftre , & l'effet le plus eftimé du public, on en força
la circulation fans pourvoir à la ren-
trée. Le tems arriva , & tant qu'il y eut
quelques fonds à placer dans la Caiffe,
le payement exact d'une partie des anciens billets facilita la négociation d'u-
ne plus grande quantité de nouveaux.
Cela devoit durer ainfi tant qu'il paffe-
roit dans la Caiffe des fommes capables
d'entretenir l'illufion du public : les
fonds fe trouvant enfin confommés entierement à l'avance , & le Tréfor
Royal abfolument vuide, il falloit néceffairement reculer les payemens : un
feul jour de retard fuffit pour infpirer
une jufte défiance ; & la lumiere de
l'éclair ne fe communique point fur
l'horifon avec plus de viteffe que la
crainte dans les efprits.

Telle fut la fuite inévitable du parti
pris en 1709 : tout ce qui fuivit montre
affez les difpofitions favorables du public pour fe prêter à un crédit, le feul
remede efficace dans ce moment, dont
le Corps politique pût recevoir quelque foulagement.

La Caiffe de le Gendre une fois rui-
née , il devenoit très-difficile de rem-

plir fes engagemens à l'égard de la Caiffe
des emprunts ; & quand même elle eût
repris quelque faveur, ce ne pouvoit
être qu'un palliatif de très-peu de durée.

La crife de l'Etat étoit cependant
plus violente que jamais ; il ne fe trouvoit plus un feul motif qui pût engager
les propriétaires de l'argent à s'en def-
faifir, ou à le faire paffer dans le Commerce : les denrées étoient cheres,
parce qu'il y avoit un rifque infini à
les donner à crédit ; comme d'un autre
côté on manquoit d'argent pour les
payer, la confommation & par conféquent le travail étoient anéantis : l'u-
fure que l'on avoit voulu punir s'enhardit encore, & vit accroître fes profits ; perfonne ne pouvoit ou n'ofoit
faire ufage de fes richeffes ; l'Etat, qui
depuis plufieurs années ne fubfiftoit que
fur le crédit, reftoit fans chaleur & fans
vie : les principaux revenus étoient
engagés à perpétuité ; l'excédent des
charges ne fuffifoit pas au maintien du
Gouvernement ; & cet excédent étoit
confommé d'avance fur plufieurs années. La famine, les inondations, la
mortalité des beftiaux, fembloient avoir
conjuré pour la defolation entiere des

peuples affligés par une guerre & des
détreffes de vingt-deux ans. Une partie
des maifons dans les campagnes manquoit des réparations les plus néceffaires ; les terres étoient abandonnées par
les cultivateurs, dépourvûs de beftiaux,
d'engrais, d'inftrumens propres au labourage. La paix faite depuis près de
deux ans ne leur avoit point encore
fait goûter fes douceurs, & l'excès de
leur mifere les avoit conduits à cette
infenfibilité funefte qui femble annon-
cer la chute des Etats.

Telle étoit la fituation de la France,
lorfqu'une nouvelle infortune lui enle-
va fon Roi le premier Septembre. Ce
moment dévelopa l'étendue de nos
maux. La conftance, que ce grand
Prince avoit oppofée à des revers ac-
cablans pour tout autre, avoit en quelque façon paffé dans l'ame de fes fujets ; le refpeft & l'admiration qu'il inf-
pira même à fes ennemis pour fa perfonne, impofoient filence à la douleur ;
fa perte en rendit l'ufage, & la rendit
encore plus amere.

Après avoir vû les embarras où s'eft
trouvé M. Defmarets, malgré fon habileté, il eft jufte de connoître fes vûes
& fes deffeins pour en fortir. On en

pourra

pourra prendre une juste idée dans le
rapport qu'il fit au Roi à la fin de l'année 1714.

« Pour rendre compte à Votre Ma-
» jesté de la situation présente de ses
» Finances, & de différens moyens pro-
» posés pour faire les fonds nécessaires
» pour les dépenses de 1715 & 1716,
» se remettre au courant en 1717, ren-
» dre les recettes & dépenses égales en
» ladite année, comme en 1683, &
» payer les dettes de l'Etat ; j'ai cru
» qu'il étoit nécessaire de rappeller ici
» en peu de mots l'état où étoient les
» Finances de Votre Majesté en 1662,
» lorsqu'elle en confia l'administration
» à feu M. Colbert ; ce qu'il a fait pen-
» dant son Ministere pour les rétablir ;
» & l'état où il les a laissées par son dé-
» cès en 1683, époque où la France a
» été plus florissante, & les Finances
» dans l'arrangement le plus parfait : ce
» qui a été fait depuis 1683, sous les
» Ministeres de M. le Pelletier, de Pont-
» chartrain, & de Chamillart : l'état
» où étoient les Finances de Votre Ma-
» jesté, lorsqu'elle me fit l'honneur de
» m'en charger en 1708 : ce que j'ai
» fait depuis jusqu'à la fin de l'année
» derniere 1714 : & la situation où les

» Finances de Votre Majefté font au-
» jourd'hui ; pour parvenir par ces préa-
» lables à mettre Votre Majefté en état
» de fe déterminer fur les moyens pro-
» pofés.

» J'ai entrepris de faire ces paralle-
» les à Votre Majefté, parce que j'ai eu
» une parfaite connoiffance de tout ce
» que feu M. Colbert a fait dans le cours
» de fon Miniftere, dont j'étois feul
» chargé de l'exécution; & que depuis
» fa mort jufqu'en 1708, j'ai toujours
» fuivi ce qui a été fait dans ces Mi-
» nifteres, dont l'on m'a fouvent com-
» muniqué les projets.

Etat des Finances en 1662.

» Lorfque M. Colbert entra dans les
» Finances, il trouva prefque tous les
» Domaines de Votre Majefté aliénés,
» la plus grande partie des Aides & des
» Gabelles, les Tailles diminuées &
» abandonnées aux Payeurs des rentes
» pour affûrer le payement des Ren-
» tiers, les parties cafuelles fans pro-
» duit par un grand nombre de Char-
» ges créées héréditaires & en furvi-
» vance, dont les gages, augmenta-
» tions de gages, & taxations em-

» ployées dans les Etats du Roi, con-
» fommoient presque le montant des
» impositions ; les priviléges accordés
» à tous ces Offices d'exemption de
» Tailles , & d'attribution de noblesse
» aux Villes & aux particuliers par let-
» tres, rendoient le recouvrement des
» impositions impossible , & y causoient
» des non-valeurs considérables.

» Les rentes fur les Gabelles aliénées
» au denier trois , quatre & au plus au
» denier huit , consommoient la plus
» grande partie des revenus.

» Les Traités à des remises du tiers,
» & qui consommoient souvent le total
» de la Finance , par des prêts, fur-
» prêts , ce qui fit faire des billets de
» l'Epargne pour des sommes considé-
» rables dont Votre Majesté étoit dé-
» biteur.

» Les dépenses excédoient les recet-
» tes, & ne montoient pour lors qu'à la
» somme de trente-deux millions net.

» M. Colbert ayant reconnu pour
» lors la triste situation de vos finances ,
» & représenté à Votre Majesté que le
» mal procédoit du trop grand nombre
» de Contrôleurs généraux, Intendans
» des Finances , Tréforiers de l'Epar-
» gne , & autres Charges de l'adminif-

» tration, il proposa à Votre Majesté
» la suppression de tous ces Offices, &
» l'établissement de votre Conseil Royal
» des Finances tel qu'il est aujourd'hui.

» Et sur ce fondement solide il éta-
» blit la Chambre de Justice par laquelle
» il remboursa tous les billets de l'Epar-
» gne, & acquitta toutes les autres det-
» tes de Votre Majesté en rentes, ga-
» ges, augmentations de gages & taxa-
» tions, dont il supprima la plus grande
» partie & retrancha jusqu'à deux &
» trois quartiers de celles qu'il laissa sub-
» sister.

» Il rentra dans les Domaines aliénés,
» & retira les droits d'Aides, dont il fit
» une Ferme de la somme de treize mil-
» lions sept cent vingt mille livres.

» Il supprima toutes les hérédités &
» survivances des Officiers, & les réu-
» nit aux Parties casuelles.

» Il fit ordonner la recherche des usur-
» pateurs de Noblesse par Edit du mois
» de Décembre 1661.

» Il fit supprimer en 1664 toutes les
» Lettres de Noblesse accordées moyen-
» nant finance depuis le premier Jan-
» vier 1634, quoique confirmées aussi
» moyennant finance en 1656, excepté
» celles accordées pour service,

» Les Nobles fupprimés n'eurent
» point de remboursement que la jouis-
» fance de l'exemption pour les années
» 1665 & 1666 en Normandie, & en
» 1665 pour tout le Royaume.

» Il fit éteindre tous les Colléges des
» Secrétaires du Roi, & les réduifit en
» un feul Collége au nombre de deux
» cent quarante.

» Il fupprima tous les priviléges de
» Nobleffe accordés aux Maires & Eche-
» vins des Villes, excepté Touloufe &
» Lyon.

» Il fit révoquer les priviléges de
» Nobleffe au premier degré accordés
» aux Cours Supérieures depuis l'année
» 1644 jufqu'en 1660, & les remit à
» leur ancienne Nobleffe graduelle.

» Il fit en 1673 faire la recherche des
» amortiffemens, nouveaux acquêts &
» francs-fiefs, & il fupprima & éteignit
» tous les priviléges d'exemption de
» Tailles, logement de gens de guerre,
» & autres des particuliers & des Vil-
» les.

» Il réduifit le nombre des Officiers
» des Eleétions, Greniers à fel & autres
» Officiers inutiles dans les Finances ;
» il fit fupprimer les triennaux & les
» quatriennaux des Offices comptables,

» & il fit faire la liquidation des Finan-
» ces en 1663 des Offices réfervés, fur
» lefquels il fixa leurs gages & taxations,
» le prêt & annuel qu'ils devoient payer.

» Il fixa les remifes des Comptables
» & des Traités, à condition de payer
» les parties revenantes au Tréfor Royal
» fans non-valeurs.

» Il fixa auffi le prix de toutes les
» Charges, en ordonna la confignation
» & établit la caiffe des emprunts.

» Par tous ces arrangemens qu'il fit
» fous les ordres de Votre Majefté, il
» parvint d'abord à porter fes revenus
» à quatre-vingt cinq millions, & par
» fon attention il fut affez heureux pour
» les augmenter jufqu'à la fomme de
» cent cinq millions que Votre Majefté
» avoit de revenus en 1683, qui étoient
» fuffifans & proportionnés aux dépen-
» fes, dans lefquelles il n'y avoit
» que vingt millions de charges, y
» compris huit à neuf millions de ren-
» tes fur l'Hôtel-de-Ville de Paris au
» denier dix-huit.

Etat des Finances en 1683.

» En l'année 1689, la premiere guer-
» re ayant commencé, l'on fe perfuada

» que les feuls moyens praticables pour
» la foutenir, étoient de conftituer des
» rentes fur l'Hôtel-de-Ville, & de créer
» plufieurs Charges auxquelles on attri-
» bua des gages, des droits & des privi-
» léges ; on chargea des Traitans du re-
» couvrement de la finance aux remifes
» du fixieme & des deux fols pour livre
» fixés par feu M. Colbert.

» On fit prendre des augmentations
» de gages à toutes les Cours Supérieu-
» res, & on en attribua à tous les au-
» tres Juges, auxquels on attacha des
» exemptions de Tailles & des privi-
» léges.

» On créa plufieurs nouvelles Char-
» ges d'Intendans des Finances, Gar-
» des du Tréfor Royal, Tréforiers des
» Parties cafuelles, autres Tréforiers
» & Offices comptables.

» On continua la recherche des
» francs-fiefs & des amortiffemens.

» On augmenta les Offices de Secré-
» taires du Roi, tant du grand Collége
» que ceux créés près les Cours Supé-
» rieures & les Préfidiaux.

» On confirma les Nobleffes des Vil-
» les, celles des Lettres de Nobleffe &
» de réhabilitation, & on créa même de
» nouvelles Lettres de Nobleffe.

» On fit la réforme & la refonte des
» monnoyes.

» On créa plufieurs Charges dans les
» Cours Supérieures de Paris , & on
» leur rendit la Noblefse au premier dé-
» gré.

» Et l'on fit la création des Maires ,
» Procureurs du Roi & Greffiers , &
» d'autres Officiers dans toutes les Vil-
» les du Royaume.

» Par tous ces différens moyens on
» foutint les dépenfes de la premiere
» guerre ; mais on diminua en même
» tems tous les revenus de Votre Ma-
» jefté.

» La paix étant faite en 1697 &
» 1698 , & M. de Chamillart étant Con-
» trôleur général fur la fin de l'année
» 1699 , il fe propofa pour rétablir les
» Finances de Votre Majefté de faire
» une recherche fur tous les Traitans ,
» en leur faifant reftituer la moitié des
» remifes & profits qu'ils avoient faits
» dans la derniere guerre.

» Mais la guerre ayant recommencé
» en 1701 , il crut que les moyens les
» plus praticables pour la foutenir é-
» toient de réduire les rentes fur la Vil-
» le du denier dix-huit au denier vingt ;
» d'en créer de nouvelles , de faire

» payer

,, payer des augmentations de finance
» aux Charges créées, d'en augmenter
,, le nombre dans les Bureaux des Fi-
,, nances, Élections & Présidiaux.

,, De continuer à faire d'autres taxes
,, & créations de nouvelles Charges.

,, De continuer la recherche de la
,, Noblesse.

,, De créer de nouvelles Lettres de
,, Noblesse.

,, D'accorder deux degrés de dispen-
,, se de service aux Cours Supérieures,
,, & Trésoriers de France & du Royau-
,, me.

,, D'augmenter le nombre des Inten-
,, dans des Finances, & des Gardes du
,, Trésor Royal.

,, De créer plusieurs Charges de Ju-
,, dicature, de Lieutenans de Police,
,, & de nouvelles Charges comptables ;
,, on créa même des alternatifs & des
,, triennaux à plusieurs Offices.

,, L'on fit payer la confirmation de
,, l'hérédité.

,, On créa des Offices sur les ports de
,, la Ville de Paris, auxquels on attri-
,, bua de nouveaux droits.

,, On en établit aussi sur les bouche-
,, ries, sur les vins, sur les péages, sur
,, le sel, & on taxa les arts & métiers.

„ L'on augmenta encore le nombre
„ des Officiers dans les Bureaux des Fi-
„ nances, des Élections, Préfidiaux &
„ autres Juftices ; l'on réunit aux Corps
„ les Offices non vendus, & l'on en im-
„ pofa plufieurs fur les Provinces au fol
„ pour livre de la Taille.

„ On établit la Capitation & les deux
„ fols pour livre de la Taille & des Fer-
„ mes, & autres impofitions.

„ On tenta de faire des affranchiffe-
„ mens de Taille, & l'on accorda l'af-
„ franchiffement de la Capitation à plu-
„ fieurs Officiers & particuliers qui fe
„ font affranchis.

„ On fit la réforme des monnoies, &
„ enfin on établit les billets de mon-
„ noie, les promeffes à cinq ans, les
„ affignations & autres papiers, billets
„ des Receveurs généraux & Fermiers,
„ des Tréforiers, & autres billets de
„ fubfiftance & uftenfiles, par lefquels
„ on crut parvenir à foutenir une guer-
„ re dont on efpéroit de voir tous les
„ jours la fin.

„ Les Finances de Votre Majefté é-
„ toient en cet état, lorfqu'Elle m'en
„ chargea en 1708, par la reconnoif-
„ fance que j'en fis pour lors, & dont
„ j'ai eu l'honneur de lui rendre compte.

Etat des Finances en 1708.

„ Et voyant que tous les moyens
„ dont on s'étoit fervi dans les deux
„ derniers Minifteres n'étoient plus pra-
„ ticables, je propofai à Votre Majefté
„ ceux que je croyois les plus conve-
„ nables pour foutenir les dépenfes de
„ la guerre, dont les principaux étoient
„ de fupprimer tout le papier qui em-
„ pêchoit la circulation de l'argent, ce
„ qui fut exécuté heureufement par la
„ Déclaration que Votre Majefté jugea
„ à propos de rendre au mois d'Octo-
„ bre 1710 , qui ordonnoit la conver-
„ fion de toutes les affignations tirées
„ jufqu'audit jour, billets de monnoie,
„ promeffes à cinq ans, billets de l'ex-
„ traordinaire des guerres, & autres
„ papiers en rentes fur l'Hôtel-de-Ville,
„ dont une partie a été confommée par
„ la refonte des efpeces.

„ Etant débarraffé de ces fortes de
„ papiers, Votre Majefté approuva le
„ rachat du prêt & annuel, l'aliénation
„ du Contrôle des Actes des Notaires,
„ les rentes au denier douze fur le Cler-
„ gé, les augmentations de gages aux
„ Officiers comptables.

„ Le produit des impofitions des an-

„ nées 1711, 1712 & 1713, que l'on
„ avoit rendu libres par la fuppreffion
„ d'affignations au mois d'Octobre
„ 1710, n'étoit pas fuffifant ; V. M. ju-
„ gea à propos d'établir le Dixieme.

» Ces avances furent faites de neuf
» millions par les Receveurs généraux ,
» & plufieurs autres faites par différens
» particuliers.

» Le Clergé conftitua encore des ren-
» tes pour huit millions , pour s'exemp-
» ter de payer le Dixieme.

„ Enfin on rendit l'Edit du mois d'Oc-
„ tobre 1713 , pour les taxations attri-
„ buées à différens Officiers.

„ L'on confomma partie des fonds
„ de 1714, 1715 & 1716, foit en affi-
„ gnations tirées fur eux, & qu'ils ont
„ augmentées , foit par les avances
„ qu'ils ont faites en argent & en bil-
„ lets.

„ On aliéna les rentes au denier
„ douze fur les deux fols pour livre de
„ la Taille, & les trois deniers pour
„ livre attribués aux Infpecteurs des
„ Finances , rembourfables en un cer-
„ tain nombre d'années.

„ Votre Majefté approuva la Ferme
„ du Contrôle des Actes des Notaires à
„ trois millions , qui ont été aliénés en
„ rentes tournantes au denier feize ,

„ pour rembourser la finance des Adju-
„ dicataires en un certain nombre d'an-
„ nées, & procurer un secours de huit
„ millions.

„ On a supprimé les droits de péa-
„ ges, que l'on remboursa par la Ferme
„ des huiles.

„ Votre Majesté a bien voulu dimi-
„ nuer le prix du sel, pour en augmen-
„ ter la consommation.

„ Tous ces recouvremens furent éta-
„ blis en régie dans une caisse particu-
„ liere, sans remise ni autres frais ; &
„ cette caisse a produit depuis ce tems
„ jusqu'à la fin de 1714, dans la même
„ forme de régie, plus de quatre cent
„ millions, qui ont servi aux dépenses ;
„ de sorte que les Finances de Votre
„ Majesté se trouvent moins chargées
„ qu'en 1708 , & sont présentement
„ dans la situation que je vais expliquer
„ à Votre Majesté.

„ Votre Majesté voit par l'état pré-
„ sent de ses Finances , le motif qui
„ m'a déterminé à lui faire le parallele
„ de l'état où elles étoient en 1662.

» Il a été aliéné des fonds depuis
» 1683 pour plus de soixante millions
» de livres de revenus , dont il ne reste
» aujourd'hui que trente millions pour
» les dépenses.

G iij

» Mais la différence de ce parallele
» est, qu'en 1662 M. Colbert trouva
» vos Finances dans une déprédation
» criminelle, par l'aliénation de vos re-
» venus à des prix insoutenables ; les
» moyens violens pour y rentrer & pour
» acquitter les dettes, étoient plus pra-
» ticables qu'ils ne sont aujourd'hui,
» que les fonds de Votre Majesté sont
» aliénés pour des sommes proportion-
» nées au produit; & les dépenses étant
» pour lors plus fortes qu'elles n'ont
» été depuis jusqu'en 1683, il eut vingt
» années pour augmenter les revenus,
» & les rendre proportionnés aux dé-
» penses.

» Or les dépenses étant aujourd'hui
» plus fortes que les revenus, les det-
» tes qu'il faut indispensablement payer
» plus considérables, & plus légitime-
» ment dûes qu'elles n'étoient en 1662;
» les fonds étant consommés d'avance
» pour les années 1715 & 1716, les
» Provinces épuisées par la disette de
» 1709, les inondations, les imposi-
» tions militaires & extraordinaires, &
» en dernier lieu la mortalité des bes-
» tiaux ; l'on ne peut se servir des mê-
» mes moyens pratiqués par M. Col-
» bert, pour rétablir vos Finances en

» l'état où il les a laiſſées en 1683.

» Et j'eſpere que Votre Majeſté ne
» ſera pas ſurpriſe, lorſque je lui repré-
» ſenterai qu'il faut au moins un pareil
» nombre de vingt années pour rétablir
» ſes Finances par les moyens que je
» vais lui propoſer, & que je crois les
» plus praticables, après avoir exami-
» né avec attention tous ceux par leſ-
» quels on pourroit parvenir à l'exécu-
» tion de ce projet.

» Avant d'expliquer ce projet à Vo-
» tre Majeſté, je crois préalable de lui
» obſerver ſur la ſituation préſente de
» ſes Finances :

» Que les dettes en aſſignations, or-
» donnances, penſions, Tréſoriers de
» l'extraordinaire des guerres, Marine,
» Galeres, Entrepreneurs, Fourniſ-
» ſeurs, Etapiers, & autres contenus
» dans un état que j'ai fait faire très-
» exact, & en détail, montent à plus
» de cinq cent millions.

» Les fonds aliénés ſur les revenus
» employés dans les Etats de Votre Ma-
» jeſté, & en rentes ſur la Ville, mon-
» tent à plus de ſoixante millions.

» La caiſſe des emprunts à la ſomme
de

» Et il ne reſte aucun fonds pour par-

» tie des dépenfes de 1715 , & l'année
» entiere 1716.

» J'avoue à Votre Majefté que, par
» l'attention que j'ai eu depuis 1708 ,
» autant que la guerre me l'a permis ,
» j'ai toujours eu pour objet principal
» la confervation de vos revenus , &
» de n'en point augmenter l'aliénation,
» de maniere que je puis affurer Votre
» Majefté qu'ils feront en 1717 comme
» en 1683.

» Mais il eft queftion de les rendre
» libres des foixante millions dont ils
» font plus chargés qu'en ladite année
» 1683.

» Le Dixieme & la Capitation y
» pourroient fuppléer, fi Votre Majefté
» ne s'étoit pas engagé de les fuppri-
» mer à la paix.

» On m'a propofé de doubler la Ca-
» pitation & de fupprimer le Dixieme ,
» c'eft toujours manquer à une partie
» de l'engagement ; & les affranchiffe-
» mens faits fur la Capitation au Cler-
» gé , à des Provinces entieres, aux Of-
» ficiers & aux Particuliers , y font un
» obftacle invincible.

» On a propofé un nouveau fubfide de
» paix pour payer les dettes de l'Etat ;
» mais ce moyen paroît long , diffici-

» le, & incertain dans l'exécution.

» Je me fuis informé de ce qui fe pra-
» tiquoit en Allemagne, en Hollande,
» & en Angleterre pour acquitter leurs
» dettes, j'en ai les décrets & les pla-
» cards : par là je connois que tous leurs
» moyens confiftent en des impofitions
» fur tous leurs biens & effets pour un
» grand nombre d'années deftinées
» au payement des dettes contractées
» pour la guerre.

» De forte que je me fuis déterminé
» de propofer à Votre Majefté le moyen
» que je croyois le plus praticable.

» C'eft de charger le Clergé, les
» Pays d'Etats, les Villes, Provinces &
» Généralités du payement des foixante
» millions aliénés & des principaux en
» un certain nombre d'années.

» Par ce moyen les revenus de Vo-
» tre Majefté, que je lui promets de
» foutenir comme en 1683, devien-
» dront libres & feront fuffifans pour les
» dépenfes.

» Si Votre Majefté approuve ce pro-
» jet, voici les moyens que je lui pro-
» pofe pour y parvenir.

» Comme le Clergé s'affemble en
» 1715 pour le don gratuit ordinaire,
« que les Pays d'Etats s'affembleront
» auffi cette année;

» Votre Majesté pourra leur faire
» sçavoir ses intentions sur les sommes
» qu'ils devront fournir , & pour les-
» quelles ils seront compris dans l'état
» de répartition.

» Les autres Provinces, Villes & Gé-
» néralités suivront certainement ce
» qu'ils feront.

» Et par les payemens qu'ils feront
» annuellement sur cette nouvelle im-
» position , ou les rentes tournantes
» que l'on assignera ; on parviendra à
» rembourser tous les Offices & droits
« qui seront supprimés , à rejetter au
» moins les deux tiers des rentes sur la
» Ville, sur celles qui seront créées sur
» cette nouvelle imposition, & à payer
» les dettes de l'Etat.

» En attendant les ordres de Votre
» Majesté sur cet important projet, ou
» pour tel autre qu'elle me prescrira,
» je fais les arrangemens que je crois
» nécessaires pour en prévenir & assu-
» rer l'exécution.

» Je viens de proposer à Votre Ma-
» jesté la Déclaration sur la loterie pour
» consommer par ce moyen tout le pa-
» pier prohibé par la Déclaration du
» mois d'Octobre 1710.

» L'Arrêt du Conseil pour la recon-

» noiſſance des aſſignations qui reſtent
» dans le Public & qui n'ont point été
» acquittées par les Tréſoriers, Rece-
» veurs généraux , Fermiers & autres
» ſur qui elles étoient tirées , & par la
» caiſſe de la régie qui en a rembourſé
» par des arrangemens pour plus de
» trente millions.

» L'Arrêt pour indiquer le payement
» en entier d'une partie des promeſſes
» des Gabelles , en attendant que l'on
» puiſſe y pourvoir plus efficacement
» ſur l'impoſition nouvelle propoſée.

» Je propoſerai à Votre Majeſté jour-
» nellement & ſucceſſivement ,

» Déclaration pour la ſuppreſſion de
» tous les priviléges, lettres de Noblef-
» ſe à pluſieurs Villes & Offices ;

» Déclaration pour la ſuppreſſion de
» tous les Traités qui reſtent à exploiter,
» & les impoſitions extraordinaires pour
» leſdits Traités ;

» Déclaration pour la ſuppreſſion du
» quart des droits impoſés ſur la Ville
» de Paris;

» Déclaration pour la réduction des
» Secrétaires du Roi de la grande Chan-
» cellerie ; ſuppreſſion des Secrétaires
» du Roi des Provinces.

Impofitions à faire.

» Déclaration pour ordonner l'impo-
» fition de deux fols pour livre de la
» Taille & les Fermes.

» Déclaration pour la fuppreffion de
» tous les Offices créés depuis 1683, &
» retranchemens de leurs gages em-
» ployés dans les états du Roi, dont le
» rembourfement fera affigné en prin-
» cipal & intérêt fur les deux fols pour
» livre de la taille ci-deffus impofés.

» Et enfin l'état de répartition d'une
» fomme de foixante millions, au lieu
» de la Capitation & du Dixieme, &
» les mémoires féparés pour propofer
» cette impofition au Clergé, à chaque
» Pays d'Etats, Provinces & Généra-
» lités.

» Pour parvenir à la fuppreffion des
» Charges, gages, augmentations de ga-
» ges, & droits employés dans les états
» du Roi, je fais travailler à l'état des
» nouvelles Charges employées dans
» lefdits états depuis 1683, que l'on
» fépare par matiere, & par Edits de
» création, & dépouillement des Finan-
» ces payées, pour pouvoir faire une

» liquidation certaine des Finances à
» rembourfer fur la réduction des reve-
» nus & des finances , proportionnée
» aux jouiffances & priviléges.

   » J'aurai la même attention fur les
» autres dettes & finances de toute na-
» ture , que l'on examinera par chapi-
» tres & en détail, pour y retrancher ,
» fans taxe & fans donner de difcrédit ,
» ce qui fera convenable & équivalent
» à l'inftar des rentes fur la Ville.

MEMOIRE DE M. DAVENANT

*SUR les dettes publiques d'Angleterre en
1698 , avec une Comparaifon de la
pofition de la France & de la Hollande
en ces tems.*

POur bien concevoir la matiere des
aliénations de nos revenus publics,
& les moyens qu'on pourroit employer
pour les libérer, il eft convenable de
connoître les impofitions qui fe levoient
avant la guerre , pour les comparer à
celles dont le Peuple eft chargé depuis
la paix.

   Car l'examen des anciens revenus
pourra nous conduire à la connoiffance

des fommes qu'on peut lever , fans nuire au Commerce, aux terres , aux manufactures. D'un autre côté par l'état
des rembourfemens annuels fur nos anciennes dettes, on pourra calculer dans
combien de tems elles feront amorties,
quelle fera la valeur des dépenfes néceffaires au maintien du Gouvernement.

Suivant un compte préfenté au Parlement en 1688, les revenus ordinaires de la Couronne avec les droits fur
le vin , le tabac , les toiles
de France, produifoient net.

	liv. ft.
de France, produifoient net.	2001855
La Régie coutoit.	280000
Total.	2281855

Pour peu que l'on faffe attention à
la richeffe & à la profpérité de l'Angleterre avant la guerre, on fentira facilement que cette fomme n'étoit pas
affez confidérable pour porter préjudice
aux terres, au Commerce , & aux Manufactures.

En 1695 , année que nous
choififfons parce que fes
comptes furent pleinement
appurés , la capitation fut
ôtée , les nouvelles impofitions montant à 394907 liv.

fterl. furent abolies , les diverfes branches des revenus
furent dimimiées ; & elles
monterent net à.   811949

   liv. ft.

  Les frais du recouvrement
coutoient.   250000

  Total en 1695.   1061949

Telle étoit probablement la pofition
des affaires en 1695 , relativement aux
anciens revenus de la Couronne , lorfque la défenfe de la Nation & la néceffité de fe procurer une bonne paix
obligerent de créer de nouveaux impôts , dont quelques-uns expirent bien-
tôt , & les autres ont encore un terme
affez long à courir.

  Par le calcul des droits qui s'éteindront fous trois ans , c'eft-à-dire fur le
Malt , les Cuirs , le double Tonnage ,
les droits additionnels fur le papier , on
verra que nous ne payerons pas autant
que le Gouvernement recevoit avant
la guerre : c'eft ce que nous allons
bien-tôt mettre en évidence. Commen-
çons par les nouveaux impôts.

  Les trois deniers fur neuf
de droits additionnels pro-
duifirent en 1695.   435950

   liv. ft.

  Les droits additionnels fur

liv. ſt.

De l'autre part... 435950

les Douanes. 44847

Les Actes & les Compa-
gnies continuées. 394907

Les droits ſur les maria-
ges. 54310

Le papier timbré. 44800

Le droit ſur les fiacres. . . . 2800

977614

Il y avoit encore un droit ſur le ſel, qui ayant été augmenté, doit être compris dans la liſte ſuivante des droits créés depuis 1695 pour le ſoutien de la guerre.

Le droit ſur le Malt, qui peut valoir 650000 liv. ſterl. mais juſqu'à ce que la régie ſoit perfectionnée, il ne doit être évalué que pour 600000

Le double Tonnage, qui rendit en 1695. 370909

Le droit ſur le ſel à douze deniers par boiſſeau, rendoit 105000 liv. ſterl. ainſi à vingt deniers il doit rendre. 175000

Le nouveau droit ſur les fenêtres étoit affermé 140000 liv. ſterl. par an ; mais ſous la régie actuelle on ne doit

1145909

la

liv. ft.

De l'autre part... 1145909

l'évaluer que. 50000

Le droit fur les cuirs, par eftimation. 100000

Le nouveau droit fur le papier avoit été eftimé à 125000 liv. ft. pour deux ans, mais il ne produit pas plus de   10000

Le droit fur la porcelaine..   10000

Total. 1315909

Je paffe fous filence quelques autres parties à caufe de leur peu de rapport, ainfi le Peuple paye à raifon des anciens revenus, au total. 1061949

A raifon des droits établis en 1695. 977614

A raifon des nouvelles impofitions. 1315909

En tout. . . . 3355472

Il en faut déduire les droits qui s'éteindront en moins de trois ans ; fçavoir,

Sur le Malt. 600000

Sur le double Ton-nage 370909

Sur les Cuirs 100000   } 1080909

Nouveaux droits fur le Papier 10000

Ainſi à l'extinction de ces
droits, c'eſt-à-dire, avant
l'année 1700, il ne ſera plus
levé que. . . . .

liv. ſt.

2274563

Les impoſitions montoient
au total avant la guerre à.... 2281855

Ainſi à l'extinction des
droits dont nous venons de
parler, le Peuple payera de
moins qu'avant la guerre..... 7292

Ces droits, ſuivant le calcul ci-deſſus, montent à.... 2274563
Il en faut déduire pour la
régie. 250000

Reſte net. 2024563

Cette ſomme eſt ce que nous avons
à payer pendant quelque tems au Gouvernement ; & c'eſt l'affaire des hommes d'Etat de tirer de ces droits le
meilleur parti qu'il ſera poſſible pour
libérer la Nation.

Il eſt à craindre, d'après de fortes
apparences, que les créances des particuliers ſur l'Etat ne montent à plus
de ſeize millions & demi. En voici à-
peu-près le détail.

Les tailles ou billets de
l'Echiquier, à ceux qui ont.

prêté fur les fonds précédens, & qui ne furent point
payés au 23 Septembre   liv. ft.
1697, font eftimés à.   8882544

Dito fur les excifes héréditaires & momentanées,
& fur les Poftes.   700000

Les affignations fur le
Malt aux fourniffeurs.   1270000

En annuités.   1300000

En Loteries.   1000000

En fonds de la Banque. . . .   1200000

Depuis que les derniers
déficiens ont été remplacés,
il y en aura vrai-femblablement de nouveaux pour la
valeur de.   1500000

Les arrérages dûs à nos
armées de terre, à la flotte,
l'Ordonnance & la Lifte ci-
vile, avec toutes les fuites
d'une longue guerre, ne
montent probablement pas
à moins de.   1700000

Ainfi les dettes de l'An-
gleterre peuvent monter à...   17552544

Je n'entens pas dire que tel eft exactement l'état des chofes ; mais fi nous
approchons de près de la vérité, c'en

fera affez pour établir nos raifonnemens fur un fondement folide.

Les déficiens de l'année derniere , &
les arrérages qui fe trouvent toujours
dûs à la fin d'une guerre, y font compris, parce que jufqu'à ce qu'on y ait
pourvû , l'on ne peut pas dire que les
revenus publics font clairs & liquides.
Nous avons évalué ces articles à
320000 liv. fterl. mais que ce compte
foit trop foible ou non , il n'en eft pas
moins certain qu'il doit par fa nature
avoir place dans l'examen que nous en-
treprenons.

Quelques perfonnes penfent que l'on
ne doit point appeller des dettes les
fommes pour lefquelles on a engagé
des fonds ; c'eft comme fi l'on difoit
qu'un homme qui a emprunté fur fes
terres ne doit rien : ce raifonnement
feroit abfurde , & par la même raifon
nous devons appeller dettes publiques
toutes les aliénations que nous avons
pû faire du produit de nos terres , de
notre Commerce & du travail du Peuple.

Ainfi, quoiqu'une grande partie de
ces dix-fept millions & demi paroiffe
éteinte , puifqu'elle eft affife fur des
fonds affignés pour en répondre , nous

ne laifferons pas de trouver que cette
fomme eft un fardeau très-pefant, tant
fur nos terres que fur toutes nos affaires
intérieures & extérieures. Il eft donc du
devoir de tout bon Citoyen de chercher les moyens d'en foulager fon Pays
le plutôt qu'il fera poffible.

Cette dette eft fi pefante qu'elle abforbe une partie des anciens revenus
deftinés à foutenir le Gouvernement.
Tout ce qu'on peut impofer fur le Commerce eft déja porté au plus haut point,
& peut-être au-delà de fa proportion
convenable ; la plupart des objets de
notre confommation intérieure font fuffifamment chargés , de façon que quoique l'on puiffe dire avoir pourvû à la
majeure partie de nos dettes, il n'en eft
pas moins certain que les reffources
pour l'avenir font beaucoup plus difficiles à envifager.

Ceux qui veulent former un tableau
des affaires nationales doivent commencer par examiner l'état des engagemens
paffés, & les fonds qui ont déja été accordés pour y répondre ; cela lui facili-
tera la connoiffance de ce qui peut être
pratiqué pour l'avenir.

Par ce tableau des dettes & des revenus affignés pour leur payement, on

connoît en combien de tems l'Etat peut être libéré, ce qui revient des revenus actuels pour le service public.

Malgré la grandeur de nos dettes, il est cependant évident que notre Peuple est moins obéré que celui de France ou de Hollande, comparaison faite du revenu général de ces Pays avec le nôtre.

J'ai de bonnes raisons pour penser que pendant la paix le revenu général de la France, c'est-à-dire, celui des terres, des manufactures & du Commerce, montoit environ à quatre-vingt-quatre millions sterlins (a).

Je calcule ce revenu général sur la consommation nécessaire à la subsistance d'un nombre d'hommes pareil à celui que la France possédoit avant la guerre.

J'ai lû un manuscrit écrit depuis la bataille de Nerwinde donnée le 29 Juillet 1693, où les revenus de l'Etat sont très-détaillés, ainsi que la situation de ce Royaume. Il paroît fait avec tant de soin & de jugement, qu'il est clair que son Auteur étoit très-versé dans la con-

(a) L'Auteur évaluoit la livre sterlin à treize liv. de France d'alors, ce qui feroit un milliard & quatre-vingt-douze millions; elle vaut à-présent environ vingt-trois liv. dix sols de France, ce qui fait dix-neuf cent soixante & quatorze millions.

noiſſance détaillée des affaires de ſon pays. Par ce que j'en ai pû raſſembler je vais tâcher de donner un état des diverſes branches du revenu de la France.

liv.

Les Tailles montent à . 40000000.

Les Fermes générales à 55000000

Les Parties caſuelles à 4000000

Les Eaux & Forêts à . 2000000

Les Décimes ordinaires & extraordinaires du Clergé à 2000000

Les Poſtes à 3000000

Dons gratuits à 1000000

Autres droits perçus principalement dans les Pays conquis 9000000

(*a*) Total 125000000

* Tel eſt le revenu de l'Etat, net de tous les frais de régie.

(*a*) Cette ſomme, vû la différence des eſpeces, fait aujourd'hui au-moins 225000000 l. l'on peut en conſéquence calculer, ſuivant cette proportion, toutes les fois qu'il s'agira de l. de France dans ce Mémoire.

* Ces parties ne ſont pas tout-à-fait exactes dans le détail ni dans la totalité; en 1688 les Impoſitions montoient à 117733378 liv. L'Auteur ayant poſé pour fondement de ſon calcul des faits qui lui étoient donnés comme vrais, tous les réſultats de ſes opérations ſe ſont reſſentis de la premiere erreur; mais les principes ſur leſquels il raiſonne n'en ſont pas moins admirables. Il approche d'ailleurs aſſez près de la vérité pour faire ſentir le prix de l'Arithmétique politique.

Il eft à remarquer qu'avant le préfent regne les impôts n'avoient point excédé la fomme de foixante millions de livres de France.

Mais de ces cent vingt-cinq millions de France, une très-grande partie étoit employée avant le commencement de la derniere guerre à payer les intérêts des dettes contractées fous les regnes précédens & dans les premieres années de celui-ci.

Pendant plufieurs années pour lever de l'argent on a eu recours à des créations d'Offices, à des augmentations de gages fur les anciens, à des affignations de rentes fur l'Hôtel-de-Ville de Paris. Les acquéreurs de ces Offices ou les anciens propriétaires payoient ces augmentations par un fupplément de finance qui faifoit entrer à la fois dans les coffres du Roi plufieurs années de ces rentes nouvelles. Ce moyen eft très-propre à lever promptement de l'argent chez un Peuple auffi curieux d'être en Charge ; mais il a accablé pour longtems ce pays fous un fardeau très-pefant par l'aliénation des revenus.

En 1688 on comptoit que cinquante-deux millions de livres tournois étoienr employés à payer les rentes des dettes publiques;

publiques ; reſtoient donc pour les dépenſes courantes ſoixante & treize millions de livres de France.

Cette ſomme n'étoit certainement pas
ſuffiſante pour remplir tous les beſoins
occaſionnés par la derniere guerre.

On croit communément que les dépenſes de la Maiſon du Roi avec les
penſions & l'entretien des
Princes du Sang montent   liv.
à 20000000
    Les dépenſes ſecretes
montent à   4000000
    La dépenſe ordinaire &
extraordinaire des forces
de terre 75000000
    La dépenſe de la Marine 25000000
    Les alliances étrangeres 13000000
                      137000000

    Nous avons vû que les revenus deſ-
tinés à la dépenſe courante montoient
ſeulement à la ſomme de . 73000000
    Par conſéquent la dépen-
ſe excede la recette de . . 64000000

    Il a fallu indiſpenſablement lever an-
nuellement cette ſomme ſur le Peuple
ou la percevoir par voie d'emprunt,
ce qui aura augmenté chaque année la
ſomme des dettes nationales.

Tome V.   I

Les revenus en 1688   liv.
montoient à 125000000

Les dépenses occasion-
nées par la guerre ont pû
monter à 65000000

Pour peu que l'on fasse
attention au nombre prodigieux d'hommes employés
en France au recouvre-
ment des impôts , & aux
grands profits des partisans
& des Fermiers, on éva-
luera ces frais au moins à . 19500000

Total de ce qui a dû être
levé pendant la guerre . . 209500000

Le revenu général de la
France peut être évalué à 1092000000

Ainsi les impôts ont été un peu plus
du cinquieme du revenu général. Mais
il est à présumer que la sortie des Protestans & l'interruption du Commerce
aura réduit les revenus ordinaires à 110500000

Ainsi pour remplir les
déficiens il est probable
qu'on aura tiré annuelle-
ment en Charges , Offices
ou rentes , la somme de . . 45500000
                              156000000

De l'autre part... 156000000

& perçu en augmentation
sur les Tailles, les Aides &
autres droits, celle de 33800000
Ce qui avec les frais & pro-
fits de la régie 19500000

forme le total de 209300000

La guerre, l'interruption du Commerce, & la sortie des Protestans auront vraisemblablement
réduit en 1697 le revenu
général à 100100**0000**

Si la somme de deux cent neuf millions trois cent mille livres n'a pas été
levée, comme nous venons de le dire,
il aura été nécessaire d'aliéner les Domaines & les revenus de la Couronne ;
ce qui revient toujours au même dans
l'objet que nous nous proposons.

Je suppose que le retour de la paix
& un meilleur traitement des Protestans
rétablissent les affaires de cette Couronne ; d'ici à quelque tems il est vraisem-
blable que les revenus pu-
blics n'excéderont pas la
somme de 117000000

Voyons quel ufage cette Couronne en peut faire.

Pendant les neuf années de guerre on peut croire avec fondement que l'Etat s'eft procuré annuellement un fecours de quarante-cinq millions cinq cent mille livres, comme nous l'avons déja dit, par des augmentations de gages fur les Charges, de nouvelles créations d'Offices, de rentes, &c. ce qui formeroit un capital de 409500000

Si nous fuppofons que tous ces effets ont été vendus au denier dix-fept (& ils n'ont pû l'être plus bas), l'intérêt de cette fomme fera fur les revenus publics une charge de   liv. 24088235

Nous avons vû plus haut que l'intérêt des anciennes dettes montoit déja à (*) . . 52000000

Au total 76088235

Il ne refta donc pour les dépenfes courantes fur les

---

* Il eft remarquable que prefque toute l'erreur vient de celle du fait donné comme certain à M. Davenant. Les charges montoient en 1688 environ à trente millions ; & en 1700, après toutes les réductions, à cinquante millions au capital de plus d'un milliard, fans compter l'aliénation de plufieurs parties de Domaines.

liv.

revenus que 40911765

Ces dépenfes même en
tems de paix vont à 78000000

Elles excedent donc les
revenus annuels de 37088235

De ce tableau il réfulte que le Gouvernement de France fupprimera un
grand nombre de ces nouvelles créations, ou qu'il diminuera les affignations de gages, ou qu'il baiffera l'intérêt des rentes fur l'Hôtel-de-Ville. S'il
n'a recours à aucun de ces expédiens,
dont il n'y en a pas un feul qui ne foit
deftructif du crédit public, il faudra
laiffer fubfifter les impôts tels qu'ils
étoient pendant la guerre.

Si réellement l'Etat paye
à raifon des intérêts de fes
dettes 76088235

liv.

En les fuppofant feule-
ment au denier dix-fept,
le capital entier des dettes fera de 1293500000

Une pareille dette mettra indifpenfablement les revenus de la France dans
une pofition auffi mauvaife que ceux

I iij

de l'Espagne ; & quelque sages & habiles que soient les Ministres François ,
ils se trouveront très-embarrassés pour
surmonter cette difficulté.

Ils sont sûrement trop prudens pour
ne pas remédier de bonne heure à cette
maladie intestine qui ronge ce Corps
politique, & qui le réduiroit bien-tôt à
un tel point de foiblesse qu'il seroit absolument hors d'état de résister à aucun
accident, soit intérieur, soit extérieur.

Mais quelle que soit leur économie
& leur adresse, on peut conclure, d'a-
près ce que nous venons de dire, qu'ils
ne peuvent rembourser dans l'espace
de onze années & demie que six cent
cinquante millions de leurs livres, c'est-
à-dire la moitié de leurs dettes, encore
n'y peuvent-ils réussir qu'en continuant
les impôts sur le pied où ils sont actuellement.

Il est probable que la paix portera en
peu de tems le revenu gé-
néral de la France de mille
& un million à 1053000000
_____

Pour qu'il soit possible de rembourser six cent cinquante millions dans
onze ans & demi, il faudra que le
Peuple paye annuellement de taxes

ordinaires & extraordi-
naires. . . . . 175500000 liv.

Cette somme feroit un plus peu d'un
sixieme du revenu général du Peuple,
quoiqu'avant la guerre il ne payât que
le neuvieme environ.

Si le Gouvernement en France eût
continué la guerre sur le pied d'une dépense annuelle de deux cent huit millions de France, & qu'il eût levé cette
somme dans l'année, le Peuple eût payé
près du cinquieme de son revenu général ; mais sur le pied où sont les choses,
si l'on veut libérer les revenus de l'Etat
de la moitié des dettes en onze années
& demie, il faudra percevoir le sixieme
du revenu général. C'est peut-être la
plus grande assurance que notre Nation
puisse avoir de la durée de la paix.

J'ai cru qu'il seroit utile au Public
d'entrer dans ce petit détail sur les affaires de France , par plusieurs raisons.

1°. L'embarras de nos voisins, & l'espece d'impossibilité où ils sont de renouveller si-tôt la guerre, pourra soûtenir
le crédit parmi nous , animer la circulation de l'espece, & encourager le
Commerce étranger.

2°. Cela contribuera encore à mieux

graver dans les esprits la sagesse & la bonne conduite de notre Prince, qui par son courage & sa persévérance a réduit à cet état une Nation qui étoit si puissante.

3°. Le Peuple supportera plus tranquillement les charges que la libération de nos revenus publics rendra nécessaires, lorsqu'il verra que les impôts ont été si bien employés, & que la paix a été solidement établie sur les détresses de nos voisins.

Quant à la position de la Hollande, j'en parlerai très-briévement ici, parce que mon intention est de m'étendre davantage sur ce sujet dans ma seconde partie.

J'ai des raisons pour penser que le revenu général de la Hollande en terres, maisons, Commerce, Manufactures, est environ de . . . . 18250000 *liv. st.*

Le Peuple a payé pendant la guerre le tiers environ de son revenu général . 6900000
_____

Sçavoir,

Les charges ordinaires du Gouvernement 2750000

L'intérêt de vingt-cinq

liv. ſt.

	liv. ſt.
De l'autre part...	2750000
millions ſterlins à quatre pour cent	1000000
Les dépenſes ordinaires de la guerre année commune	3150000
	6900000

Depuis la paix le Peuple paye le quart du revenu général	4750000

Sçavoir,

Pour les charges ordinaires du Gouvernement	2750000
L'intérêt de vingt-cinq millions ſterlins à quatre pour cent	1000000
Dépenſes ſecretes ou accidentelles	500000
Ainſi l'Etat peut rembourſer avec ſes revenus ordinaires par année, & beaucoup plus s'il continue les taxes extraordinaires	500000
	4750000

Quoi qu'il en ſoit, le peu d'étendue des terres des Hollandois, le manque d'autres ſûretés, & ſur-tout le bas prix de l'intérêt de l'argent, mettront les

Etats fort à leur aife , par rapport à la dette de vingt-cinq millions fterlins qu'ils ont contractée vis-à-vis de leurs Sujets.

Par ces comptes, qui font auffi exacts qu'il foit peut - être néceffaire de les avoir dans de pareils calculs, il paroît que le Peuple & le Gouvernement de France fe reffentiront long-tems de la plaie profonde que la guerre leur a faite ; tous leurs revenus font embar-raffés , & il eft impoffible de les libé-rer fans de nouvelles taxes très-pefantes & de longue durée.

La Hollande paroît également char-gée d'un tel fardeau par fes dettes an-ciennes & nouvelles, qu'il lui faut peut-être un fiecle entier pour fe libérer. Il eft vrai que , quoique l'Etat fe foit dé-rangé par la guerre, les Particuliers & le Peuple ont en général augmenté leurs richeffes.

Pour aider la mémoire du lecteur , il ne fera point inutile de repréfenter fur une même table les revenus géné-raux & publics , ainfi que les dettes de la France , de la Hollande & de l'An-gleterre.

	France			Hollande			Angleterre		
	liv. ft.	liv.		liv. ft.	liv.		liv. ft.	liv.	
Revenu général avant la guerre.	84000000	1092000000 *	1974000000	17500000	227500000 *	411250000	44000000	572000000 *	1034000000
Depuis la guerre.	81000000	1053000000 *	1903500000	18250000	237250000 *	428875000	43000000	559000000 *	1010500000
Revenus publics.	13500000	175500000 *	317250000	4750000	61750000 *	111625000	3355472	43621136 *	78853592
Dettes publiques.	100130000000	1301609900000 *	235275000	25000000	325000000 *	587500000	17552544	228183072 *	412484784

* Il y a deux fortes d'évaluations en livres de France ; celle au-dessus de l'* est suivant sa valeur en 1698 : on estimoit alors qu'une livre sterlin valoit treize livres de France ; aujourd'hui elle vaut vingt-trois livres dix sols ; & c'est l'évaluation mise au-dessous de l'* pour la commodité du Lecteur.

Ce tableau eft formé d'après les informations les plus sûres qu'il m'a été poffible d'avoir fur les affaires de France & de Hollande. Pour peu qu'il approche de la vérité, il pourra être utile à ceux qui fe plaifent dans ces fortes de calculs.

Dans des matieres fi compliquées, & dont la connoiffance eft fi importante, telles que les revenus généraux & la dépenfe de tout un peuple, c'eft rendre un grand fervice aux hommes d'Etat & aux Miniftres que de leur préfenter des probabilités bien appuyées; car leur art confifte principalement à connoître la force de leur pays & de leurs voifins.

Dans l'Arithmétique politique, c'eft beaucoup que de commencer par donner une efquiffe des chofes, quoique groffiere & imparfaite; avec le tems & l'expérience on la corrige.

Mon hypothèfe me paroît établie fur des fondemens certains; c'eft-à-dire fur la population des trois pays dont je viens de parler, fur la confommation différente de leurs habitans, fur la comparaifon de leur commerce, de la nature, la fertilité & l'étendue de leurs terres, de leur induftrie, de leur luxe, & de leur frugalité. En balançant les diverfes circonftances de chacun de ces pays, j'ai penfé, que pour nourrir telle quantité d'hommes de telle & telle maniere, il falloit un tel revenu général.

Par le revenu général d'une Nation, j'entends le produit général des terres, du Commerce intérieur & extérieur, enfin de toutes les occupations des citoyens.

Par la dépenfe annuelle j'entends ce qui eft néceffairement confommé pour nourrir, vêtir & loger le Peuple, pour le défendre pendant la guerre, & le foutenir ou le rendre heureux pendant la paix.

Lorfque le revenu général excede la dépenfe, il y a un profit qui peut être appellé la richeffe nationale.

Les revenus publics font une partie du revenu général & de la dépenfe générale.

S'ils font trop confidérables à raifon du revenu général, comme en France, le commun du Peuple eft malheureux, & fuccombe fous la pefanteur des charges: les dépenfes perfonnelles du Monarque ne font pas confidérables ; mais dans de grandes Monarchies, où l'on entretient de nombreufes armées, de

grandes flotes, une Cour pompeufe, la
dépenfe du Gouvernement monte fort
haut ; c'eft-à-dire que le Prince, fes Miniftres & Courtifans, fes forces militaires qui ne font pas la vingt-fixieme
partie de la Nation en tems de paix,
ne laiffent pas d'employer à leur maintien la neuvieme partie du revenu général. Dans de pareils pays, la partie
qui tient au Gouvernement eft riche &
à fon aife ; mais les vingt-cinq autres
parties, c'eft-à-dire le corps de la Nation, gémiffent dans une grande mifere
fous le fardeau des taxes : c'eft ce qu'on
peut obfervèr en France. Cependant
cette malheureufe condition du Peuple
jette le Gouvernement dans un étrange
embarras, lorfque les dettes font fi
confidérables que pour les liquider, il
feroit néceffaire pendant un tems de lever le fixieme du revenu général.

Au contraire dans les Pays où les revenus publics font dans une proportion
médiocre avec le revenu général, comme en Angleterre, le Peuple vit toujours dans l'aifance.

En tems de paix nous n'avons payé
que le vingtieme de nos revenus, &
pendant la guerre environ le huitieme ;
de façon que l'Angleterre paye moins

en tems de guerre au Gouvernement en proportion de fes revenus généraux, que la France en tems de paix.

Cependant il peut arriver qu'un Gouvernement perçoive fur un peuple en tems de guerre plus du tiers des revenus généraux, & le quart environ en tems de paix, quoique la richeffe des fujets s'accroiffe, c'eft ce qui eft arrivé en Hollande ; & cela ne paroît point étrange dès qu'on fait attention à la fituation de ce Pays & aux manieres de fon Peuple.

Une grande partie des fecours qu'il fournit au Gouvernement eft néceffaire au maintien de fa véritable exiftence, c'eft-à-dire de la Navigation. Chaque citoyen referve foigneufement cette portion de fa fubftance, comme une propriété étrangere, & la confacre de bon cœur aux befoins de l'Etat, parce qu'elle met le refte en valeur ; c'eft l'argent qu'ils regardent comme le mieux employé. D'ailleurs dans les Républiques les taxes fe payent plus facilement, parce que le Peuple s'imagine qu'elles font mieux employées ; cependant les fonds publics n'y font peut-être pas moins diffipés qu'ailleurs.

De quelque maniere qu'ils foient adminiftrés, il eft toujours conftant que les fujets s'attendent aux impôts, qu'ils conduifent leurs affaires domeftiques en conféquence ; & que mettant à part une partie de leur fortune, ils s'arrangent pour fubfifter fur le refte. Enfin, fi les befoins du Gouvernement s'accroiffent, chaque particulier diminue fa dépenfe.

Cette économie, à laquelle les Hollandois fe font accoutumés depuis un fiecle, rendra toujours chez eux les impofitions très-faciles ; & l'on en peut conclure que tant qu'ils conferveront leur Commerce libre, la guerre ni les dépenfes qu'elle occafionnera ne leur feront point onéreufes.

Enfin c'eft cette frugalité qui les met en état de fournir en tems de paix au Gouvernement une portion fi confidérable de leur revenu général.

Le coup-d'œil que nous avons jetté fur les affaires de France, de Hollande & d'Angleterre, n'eft peut-être point inutile, parce qu'il pourra donner à des gens plus habiles quelques ouvertures pour former un tableau parfait de nos affaires.

A l'égard des engagemens que les Etats de Hollande ont contraĉtés avec

leurs

leurs fujets, la plus grande partie eft
d'ancienne date, & l'on eft tranquille
fur le refte.

Pour la France & l'Angleterre on
peut avancer comme une maxime, que
celle des deux Nations qui pourra le
plûtôt libérer fes revenus, fera auffi
celle qui s'enrichira le plûtôt dans fon
Commerce, dont la puiffance fera le
plus folidement établie, enfin qui goûtera le plûtôt les avantages de la paix.

Lorfque les dettes publiques font immenfes, une grande portion des revenus que fournit à l'Etat le revenu général, eft néceffairement employée au
payement : d'où il s'enfuit que le produit des terres & le travail du Peuple
eft principalement employé à enrichir
les ufuriers & les gens pécunieux, &
non pas à maintenir le Gouvernement ;
tel eft l'état de l'Efpagne. Il eft donc indifpenfable, fuivant toutes les loix de
la raifon & de la prudence, d'employer
tous les moyens propres à libérer un
Etat le plus promptement qu'il eft poffible.

L'aifance d'un Peuple dépend du plus
ou moins de taxes qu'il paye : d'après
ce principe, il eft clair que l'adminiftration n'eft point fage dans un Etat

qui ne se presse pas de liquider ses revenus. Les dettes publiques sont toujours contractées à un haut intérêt;
ainsi le fardeau qu'on laisse à porter à
la postérité, est propre à l'accabler.

Si en Angleterre nos dettes publiques
étoient payées en un espace de tems
modéré, aussi-tôt le Peuple se trouveroit ne payer comme auparavant que
la vingtieme partie du revenu général.
Nos terres, nos manufactures & toutes nos branches de Commerce seroient
alors dans une position brillante.

Peut-être m'objectera-t-on que ceux
qui ont des créances sur le public de-
sireront aliéner leur capital, & préfé-
reront d'en recevoir annuellement un
bon intérêt comme en Hollande. On en
voudra conclure qu'il n'est pas si intéressant de liquider nos dettes, puisque
ce qui est reçu ou payé entre les uns
& les autres est indifférent au corps du
Peuple.

Je répondrai qu'en Hollande ç'a été
une grande faute de laisser ainsi accumuler les dettes; faute cependant que
les circonstances de plusieurs guerres
coûteuses ont pû rendre indispensable.
Mais indépendamment de cela, notre
position n'est pas tout-à-fait la même.

Ils n'ont qu'un intérêt principal qui eſt le Commerce ; ils lui ont ſubordonné tous les autres, parce que celui des terres eſt médiocre chez eux. Le million ſterlin, que la République paye annuellement pour l'intérêt du capital de vingt-cinq millions ſterlins qu'elle doit, ne porte pas à beaucoup près ſur les terres & le Commerce, autant que ſur les conſommations perſonnelles. Et dans ce cas il eſt réellement indifférent aux Sujets que ce qui eſt retranché ſur le revenu général paſſe par une main ou par l'autre.

En Angleterre, le cas eſt tout autre : la majeure partie des impôts eſt ſupportée par les terres & le Commerce, beaucoup plus que par la conſommation perſonnelle ; ou bien ces impôts ſont perçus en exciſes qui affectent le revenu des terres. Si nous payons l'intérêt des emprunts publics, nous ferons plaiſir à une partie du Peuple aux dépens de l'autre. Nous favoriſerons les uſuriers & les agioteurs, qui ſeront les frêlons de la République, au préjudice des propriétaires des terres, des Fermiers & des Négocians.

Il eſt vrai que par cette aliénation

du capital nous nous mettrons à notre
aife pour le moment ; mais l'effet de
cette conduite dans le Corps Politique
fera le même que celui de certains maux
dans le corps humain, qui le confu-
ment & le détruifent, fi on ne.les gué-
rit pas dans le principe.

Les raifons que je vais ajouter prou-
veront, ce me femble, que la meilleure économie fera de nous animer
nous-mêmes fortement à payer nos dettes dans leur origine.

Moins nous payerons au Gouvernement fur le revenu général de la Nation, plus le Commerce, les Terres &
les Manufactures qui en employent les
productions, feront dans un état floriffant. Ce revenu général étant celui
de la fociété, deftiné à maintenir le
Prince & fon Peuple, tout homme qui
aimera cette fociété devra donc defirer
de le voir clair & liquide.

Le Corps Politique, lorfqu'il y eft
parvenu, reçoit une nouvelle vie : le
Prince eft plus en état de protéger fon
Peuple ; le revenu des terres fe perçoit
facilement, parce qu'il n'eft point em-
barraffé par les impôts ; le Négociant
eft encouragé à étendre fon Commer-

ce, auquel les hauts droits des douanes oppofent une barriere infurmon-
table.

Si nous nous libérons de nos dettes
avant que la France y ait réuffi (&
j'efpere prouver que cela doit arriver),
jamais le Commerce de cette Nation
n'égalera le nôtre ; & de long-tems elle
ne fongera à renouveller une guerre
qui a introduit un tel defordre dans fes
affaires.

Ceux qui voudront travailler au
bonheur de l'Angleterre, doivent donc
préfenter des projets qui nous mettent
en état de payer nos dettes avant la
France.

Nous avons déja obfervé qu'en fuppofant que les François payent le fixieme du revenu général de la Nation ,
& que l'on amortiffe par quartier une
portion des dettes, capital & intérêt ,
ils ne peuvent acquitter en douze années que la moitié de leurs dettes.

A préfent nous allons montrer que
nous ferons bien plutôt libérés , ce qui
doit être un coup-d'œil agréable pour
les bons citoyens.

Nous avons fuppofé les impofitions
en Angleterre au même taux qu'en

liv.

1695, c'eſt-à-dire d'environ 3355472

Nos dettes vont en gros
environ à 17500000

Mais les aſſignations ſur le Malt peuvent être liquidées par ce fonds même :
elles ſont de

liv. ſt.

1270000 Et on y à pourvu par trois
droits additionels de 9 ſ.

1000000 Sera liquidé par la loterie.

1200000 Par le fonds de la Banque.

1300000 Par les Annuités.

700000 Sur l'exciſe & les poſtes
peuvent être liquidées
dans deux ans par le pro-
duit même de ces fonds.

———————
5470000

Les dettes nationales ſe
trouveront alors réduites à   liv. ſt.
la ſomme de 12030000

Mais il y a des fonds aſſi-
gnés & d'autres prolongés
pour l'amortiſſement d'une
partie ; & dans un certain
eſpace de tems on peut eſ-
pérer d'en voir liquider pour 8882544
———————

Il ne reſtera donc plus
que la dette provenant des
déficiens , montant à . . . 3147456
———————

Ces différens articles réunis forment ce que j'appelle les groſſes dettes de la Nation.

Par le compte que je viens de rendre, on voit qu'une grande partie de ces créances eſt aſſiſe ſur des ſûretés ; mais pour ſe faire une idée juſte de nos affaires, il convient de calculer en combien de tems chaque branche de nos fonds publics ſera libérée.

L'Exciſe & la Ferme des Poſtes ſont les ſeules branches des revenus de la Couronne, dont on n'a point diſpoſé pour un long eſpace de tems. Elles peuvent être libérées en deux années : mais il ſeroit à propos de le faire plutôt, s'il eſt poſſible ; parce qu'on en a beſoin pour le maintien immédiat de la perſonne du Roi & de ſa Famille.

La groſſe dette en taillis ou billets de l'Echiquier eſt de.. **8882544** liv. ſt.

Mais il en faut déduire les taillis ſur le ſel, qui ont été remplacés ſur d'autres fonds 1837827

Par la même raiſon les taillis ſur le droit des cuirs. 564700   2602527

Les taillis ſur le droit du Malt. 200000

Reſtent **6280017**

Cette derniere somme eft ce qui porte fur les fonds généraux établis l'année derniere , & ce qui abforbe certainement les branches principales de notre confommation. Il eft vrai que rien
ne pourroit être plus jufte & plus honorable , que ce qui fut fait alors pour
foutenir le crédit public ; mais jufqu'à
ce que ces revenus foient liquidés , il
paroît fort difficile de lever de nouveaux impôts.

Les fonds qui font continués jufqu'au
premier Août 1706 , & qui fervent
d'hypotheque aux 6280017 liv. ft. font

	liv. ft.
Les nouvelles douanes , environ	44847
Les Compagnies conti-nuées.	394907
Les mariages , morts, &c..	54310
Le papier timbré , environ	48000
Les douanes , environ . . .	370909
Les droits fur les fênetres ,	50000
Les droits fur le verre , les cryftaux , &c. environ	10000
Les huit fols par boiffeau de fel , appliqués à ces fonds jufqu'en 1699, pour payer l'intérêt , ...	70000
Total qu'on payera par année	1042973

Si

Si nous fuppofons que ces 6280017 liv. ft. en taillis portent avec eux fept pour cent d'intérêt l'un dans l'autre, comme je penfe qu'on le peut évaluer affez exactement ; & qu'on faffe par quartiers des payemens, tant fur le capital que fur les intérêts, il eft clair que ces dettes feront payées en moins de huit années. Encore je n'évalue ces fonds que fur le produit de 1695.

Ainfi, *quoique l'intérêt foit plus haut ici qu'en France,* nous ferons libérés trois ans plutôt.

Notre condition à la vérité eft moins bonne dans un point que celle de la France & de la Hollande. Les revenus deftinés au maintien du Gouvernement pendant la paix, ont été abforbés par les dépenfes de la guerre ; les douanes, une de nos principales branches, font prefque entierement aliénées pour un long efpace de tems, l'excife & les Poftes font engagées pour deux années.

Malgré cela, nous tâcherons de prouver que l'Angleterre eft en meilleure pofture que ces deux Nations relativement au payement des dettes publiques, lorfque le Parlement aura accordé au Roi de nouveaux fecours capa-

bles de maintenir sa dignité & l'Etat,
& lorsqu'on aura réglé la méthode des
déficiens, montant avec les arrérages
à trois millions deux cent mille livres
sterlins.

Mon dessein n'est pas d'examiner ici
les moyens qu'on pourroit employer
pour suppléer à ces branches que la
défense & la sûreté communes ont englouties pendant la guerre, ni quelle
somme il seroit nécessaire de trouver
dans le moment, pour payer une partie des déficiens & de leurs arrérages.
C'est ce qu'il seroit important de considérer au plutôt pour le maintien du
crédit public; mais pour le moment,
je ne cherche qu'à établir une proposi-
tion sur laquelle je puisse fonder une
hypothèse.

Si l'on ne pourvoit aux déficiens dont
nous avons parlé, il ne restera que très-
peu de chose, comme je vais le prouver, pour la dépense du Gouvernement
dans cette année.

Il est d'ailleurs des parties dans ces
déficiens ou arrérages, qui sont de nature à ne supporter aucuns retards.

Les revenus de la Couronne montoient avant la guerre à deux millions :
supposons qu'il soit encore nécessaire

de les prélever, en même tems qu'on satisferoit à une partie des déficiens & des arrérages, les impôts seroient dans une année de cinq millions trois cent cinquante-cinq mille quatre cent soixante-douze livres sterlins.

On pourra dire que la paix n'aura point amélioré notre condition ; mais on ne considere pas que si la guerre eût continué, il eût fallu cette année, par exemple, outre les trois millions trois cent mille livres sterlins de nouveaux impôts, faire une dépense de cinq millions pour le maintien des troupes de terre & des flottes ; en tout huit millions trois cent mille livres sterlins d'extraordinaire ; c'est-à-dire, que dans une année on eût levé sur le Public cinq millions, & que pour l'excédent on eût eu recours aux emprunts.

Si l'on convient une fois que les besoins de l'Etat exigent la perception des cinq millions trois cent mille livres sterlins dont nous parlons, peut-être ne sera-t-il pas impossible de démontrer qu'on peut lever une pareille somme sans faire tort au Commerce, ni aux terres, si la repartition des taxes est faite avec égalité. Il est à présumer que la paix rétablira bien-tôt notre revenu

général à quarante-quatre millions
sterlins ; les cinq millions trois cent
mille livres sterlins n'en formeront pas
même la huitieme partie.

D'un autre côté, en moins de trois
ans les droits sur le Malt, le Cuir, le
double Tonnage, le Papier & quelques autres, seront éteints ; les impositions ne seront plus que de quatre millions trois cent mille livres sterlins.

Enfin en moins de huit ans, au bout
desquels les dettes nationales seront
payées, on ne payera plus que deux
millions pour le maintien du Gouvernement, & deux cent cinquante mille
liv. sterl. pour les frais de régie. Cette
somme ne fera pas la vingtieme partie
du revenu général : tandis qu'en France
il faudra percevoir le sixieme du revenu général pendant douze ans & demi,
pour acquitter la moitié des dettes nationales, & plus du neuvieme pour les
impôts ordinaires. J'affirme cette pro-
position d'après des raisons assez soli-
des, & d'après la situation de ce Royaume, telle que je l'ai pû recueillir des
personnes qui se prétendent bien ins-
truites.

J'ai pensé autrefois que la guerre
avoit fait plus de tort à l'Angleterre

qu'à la France , parce que mes calculs
étoient fondés fur des préjugés & fur
des apparences : mais fi les faits dé-
mentent mes premieres idées , je ne
penfe pas que les reproches puiffent
tomber fur la méthode & les regles dont
je me fers.

A juger des dépenfes de la France
par les nôtres , on croiroit pouvoir juger en affurance que fes alliances avec
la Porte , fes nombreufes troupes de
terre , fes grandes flottes , enfin les
charges du Gouvernement civil , exigent au moins une dépenfe annuelle
de deux cent-huit millions de livres de
France.

D'après de bonnes informations nous
avons fçû qu'à leur derniere réforme
dans les Monnoies les efpeces d'or &
d'argent ne montoient qu'à deux cent
quatre-vingt-fix millions de leurs livres.

Il ne paroiffoit par aucunes relations
que l'intérêt de l'argent qu'emprunte
le Gouvernement fût tout-à-fait exorbitant.

Il eft vrai qu'une partie du Commerce étranger de la France étoit interrom-
pue ; mais ce defordre étoit en quelque
façon compenfé par la prife de plufieurs riches vaiffeaux , tant Anglois

qu'Hollandois ; par les gains des Corfaires pendant les cinq dernieres années, genre de guerre qu'ils firent avec un grand bonheur , & encore plus de conduite.

Avant ces derniers tems on penfoit que les deux cent huit millions de livres de France de dépenfe annuelle étoient perçûs dans l'année, fans accumuler de grandes dettes fur l'Etat.

Pour peu qu'on foit verfé dans les calculs politiques , on fent qu'il n'étoit pas poffible d'imaginer que la guerre diminuât annuellement la population de la France de plus de cinquante mille hommes.

Il s'en falloit bien que nos affaires euffent fi bonne apparence : le defordre de nos monnoies étoit envifagé comme une bleffure dans les inteftins ; il avoit tourné le change tout-à-fait à notre defavantage au-dehors, & rendu très-incertain notre Commerce , tant intérieur qu'extérieur. Chaque année nous faifions fur mer des pertes confidérables, qui ajoûtoient à la force de nos ennemis ; notre Commerce d'Afrique pouvoit être regardé comme perdu ; celui des Indes Orientales étoit en danger ; des tremblemens de terre , des

ouragans & d'autres calamités laiffoient à peine à nos Ifles des Indes Occidentales affez de force pour fe défendre, & la perte de la Jamaïque eût
entraîné la ruine de tous nos intérêts
en Amérique.

Après la refonte de nos monnoies,
le crédit public étoit fi foible, que cinq
millions accordés par le Parlement ne
fournirent au fervice public qu'un peu
plus de deux millions & demi. Ainfi
chaque année de la derniere guerre en-
dettoit vifiblement la Nation de plus de
trois millions.

Enfin nos monnoies étoient tellement défigurées, qu'il paroiffoit que la
valeur des efpeces d'argent feroit réduite à près de la moitié de leur dénomination. Ces confidérations devoient
naturellement préfenter les affaires de
France fous un meilleur afpect que les
nôtres.

Le meilleur calculateur du monde
n'auroit pû porter fon jugement fur la
quantité d'or & d'argent exiftant parmi nous, puifqu'il n'y avoit aucune
probabilité fur laquelle il fût poffible
d'établir un raifonnement. Quelques
perfonnes évaluoient avec affez d'e-
xactitude les efpeces circulantes en ar-

gent à cinq millions fterlins , & celles
en or à quatre millions fterlins au 4 de
Mai 1696. On avoit encore de fortes
raifons pour croire qu'il n'en refteroit
pas pour une plus grande valeur , quoiqu'aujourd'hui on fçache le contraire.
Alors l'intérêt étoit fi haut, & il y avoit
tant d'avantage à prêter fon argent,
qu'on étoit tenté de croire que notre
capital numéraire étoit forti prefque
en entier.

Il n'eft pas difficile aujourd'hui de
tirer des conféquences raifonnables des
faits paffés & préfens ; mais l'Arithmétique politique n'eft pas refponfable des
caprices, des paffions & de l'humeur
du Peuple. Nul homme n'étoit en état
d'imaginer qu'il y avoit en Angleterre
plus de trois millions quatre cent mille
livres fterlins de bonnes efpeces qui ne
circuloient point ; il eft clair que cette
fomme ne pouvoit produire aucun bénéfice à la Nation, jufqu'à ce que les
Loix la forçaffent de paffer à la Monnoie. On en peut conclure qu'il y avoit
auffi plus d'efpeces au moulin, plus de
guinées & de vieil or chez les particuliers qu'on ne le penfoit ; & conféquem-
ment que la Nation étoit plus riche,
moins incommodée par la guerre, que

les hommes ne se le persuadoient communément. La refonte de la monnoie a prouvé que les craintes conçues par le Peuple sur sa liberté & sa Religion pendant plus de trente ans avoient fait resserrer, beaucoup de bonnes especes que chacun gardoit pour l'occasion. La quantité des especes circulantes étant fort petite, on se persuadoit aisément que le surplus étoit sorti du Royaume ; & dès-lors que nos affaires étoient dans une plus mauvaise posture que celles de la France.

Il est très-facile à un Arithméticien politique de tomber dans l'erreur, lorsqu'une matiere est aussi épineuse, & qu'elle ne lui permet aucun usage des regles de son art. Car quoiqu'il puisse calculer quelle somme est nécessaire à la circulation dans le Commerce d'un pays & pour la subsistance du Peuple, cependant il est presque impossible de calculer quelle somme d'argent l'avarice des particuliers ou la défiance publique font resserrer, au point que ce trésor est mort pour la Nation.

La France ressembloit à ces hommes attaqués d'une maladie de consomption, dont la complexion paroît vigoureuse & florissante. Nous jouissions intérieurement d'une meilleure fanté fous un extérieur languiffant & mal-fain. Le tems a dévoilé la foibleffe des uns, & la bonne conftitution des autres ; on fçait aujourd'hui que l'Angleterre poffede plufieurs millions qu'on ne foupçonnoit pas, & que la France en doit beaucoup plus que l'on ne fe l'imaginoit.

Si les deux cent huit millions de livres tournois de dépenfe annuelle en France euffent été perçûs dans l'année fur le Peuple, fa condition eût été meilleure que la nôtre ; parce que fur la fin nos dettes s'accroiffoient chaque année de trois millions.

En France, pendant le cours de neuf années de guerre, l'emprunt moyen étoit de quarante-cinq millions cinq cent mille livres tournois (trois millions & demi fterlins) ; les nôtres dans le même efpace de tems n'étoient l'un dans l'autre que de deux millions fterlins par an (vingt-fix millions de livres de France) ; ainfi notre dette pendant ce tems n'a été que de dix-fept millions & demi fterlins (foit deux cent vingt-fept millions cinq cent mille livres de France) , & la leur de quatre cent-neuf millions cinq cent mille livres de Fran-

ce (ou trente-un millions & demi ſterlins).

Le revenu général de la France n'eſt
pas le double du nôtre, & les dettes
tant nouvelles qu'anciennes ſont cinq
fois plus conſidérables que les nôtres;
la dépenſe du Gouvernement y excede
de beaucoup celle que nous faiſons, &
toutes les apparences nous diſent que
nous rétablirons plûtôt notre Commerce. Ajoutons à toutes ces circonſtances, que ce pays a eſſuyé une diſette
de bled, & même une famine pendant
la guerre, & qu'il a perdu beaucoup
d'hommes faute de les pouvoir nourrir;
ſes denrées ont eu très-peu de débou-
ché pendant la guerre : la perſécution
des Proteſtans en a fait ſortir un plus
grand nombre d'habitans qu'on ne l'a-
voit d'abord penſé. Tous ces accidens
ont tellement diminué le revenu général de ce Royaume, qu'il n'a pas été
poſſible de lever dans l'année les deux
cent huit millions de livres tournois,
néceſſaires au maintien du Gouvernement; les dettes ſe ſont accrues chaque année, & au point qu'il étoit impoſſible à cette Couronne de ſoutenir
plus long-tems la guerre en ſureté.

En Angleterre le bled n'a été rare

que dans une feule année ; nous avons vû un grand nombre d'Etrangers réparer les breches que la guerre avoit pû faire à notre population. Quoique nos taxes fuffent confidérables , notre richeffe nationale étoit grande , parce qu'elle n'étoit point épuifée , comme celle de la France , par des taxes précédentes ; nos revenus publics étoient liquides ; l'interruption du labourage & des Manufactures dans les autres pays par la guerre , nous avoit valu une grande exportation de toutes nos productions ; & quoique nous euffions une armée à payer au-dehors, notre Commerce retenoit une grande partie de notre argent chez nous. S'il en fortoit quelques parties, on peut dire que le payement des munitions navales dans le Nord , la Ligue avec la Porte , & d'autres Alliances épuifoient la France d'argent.

D'après toutes ces confidérations, il paroît raifonnable de conclure que la guerre a plus dérangé les affaires de la France que celles de l'Angleterre.

La dette de cent millions fterlins contractée par la premiere eft un grand obftacle à fon rétabliffement, & probablement elle nous met pour long-

tems à couvert de ſes mauvais deſſeins,
pourvû que nous prenions des meſures
capables de nous libérer.

Mais ſi nous négligeons ce ſoin important, il n'eſt pas douteux que le revenu général de la Nation, auſſi-bien
que celui de la Couronne, en ſouffri-
ront une diminution conſidérable : nous
ſerons réduits à la condition malheu-
reuſe de l'Eſpagne, hors d'état de nous
ſoutenir & d'aider nos amis.

Probablement ſi nous ne manquons
pas de conduite, nous ſortirons les premiers d'embarras. Les François ſont
hors d'état de renouveller la guerre, &
nous ne pouvons la faire que très-im-
puiſſamment. Les méthodes que nous
employerons pour liquider nos engagemens publics, feront donc la meilleure voie de ſe procurer une paix durable, avantageuſe & honorable, tant
à l'Angleterre qu'à ſes confédérés.

Avec de la prudence & de l'habileté on
peut faire des alliances & des traités ;
mais leur exécution dépend de bien des
accidens, tels que la vie des Princes,
& ſouvent même les caprices de leurs
Sujets. On a beſoin d'un bon média-
teur pour conclure une paix ; mais il
faut encore que l'on puiſſe ſe repoſer

fur la garantie de l'obfervation de cette
paix. La valeur de notre Roi a mis fin
à la guerre ; elle a oppofé une digue à
l'afcendant que prenoit la puiffance de
la France, & affuré pour long-tems la
liberté de l'Europe. Sa conduite nous
promet la durée de ces biens autant
qu'il dépendra de lui ; mais il dépend
en partie d'un autre pouvoir dans l'E-
tat, de mettre nos affaires dans un ordre qui puiffe ôter à nos voifins l'efpérance de pouvoir renouveller la que-
relle avec fûreté.

Nous pouvons compter fur une paix
& une profpérité durable, fi nous met-
tons nos affaires domeftiques en bonne
pofture par des expédiens honnêtes,
modérés & réfléchis, qui foient capables de pourvoir à la fûreté du Gouvernement, fans perdre de vûe la liberté
& l'aïfance de la Nation.

Il eft une fomme de dépenfe néceffaire au maintien de la paix & à la défenfe
de l'Etat, & d'un autre côté il eft une
fomme qu'il feroit poffible de lever
dans cette circonftance & pour un certain tems fans ruiner les terres, le Commerce & les Manufactures ; mais peut-
être cette fomme ne peut-elle être ex-
cédée aujourd'hui, ni levée pendant

un long espace de tems, sans introduire parmi notre Peuple cet air de misere si remarquable chez quelques-uns de nos voisins.

Ce qui a principalement mis les Hollandois en état de payer le tiers de leur revenu annuel, pendant que le Peuple ne laissoit pas de devenir riche, c'est la maniere dont ils s'y prennent pour lever également les taxes sur leurs Sujets.

Ceux qui voudront former un tableau des affaires nationales, nous mettre en état de nous libérer plutôt que la France, pourvoir à la dépense annuelle du maintien du Gouvernement & aux dettes nouvelles qui exigent un prompt payement, & en même tems ménager l'intérêt des terres, du Commerce & des Manufactures, ne doivent point imaginer qu'ils y réussiront par les méthodes employées précédemment. Le cas est bien différent ; nous avons à lever une somme qui eût effrayé nos Ancêtres.

Un pareil calcul devra être fondé sur la connoissance la plus sûre qu'on pourra acquérir du nombre du Peuple : car tout doit sortir de son travail & de son industrie. Il convient ensuite de lui trouver une subsistance commode &

aisée , d'examiner comment on peut
l'occuper , par quels moyens on peut
encourager son travail & l'augmenter.

Si la terre continue trop long-tems à
être chargée de taxes pesantes , la pauvreté sera telle parmi les petits propriétaires , que nos pauvres ne trouveront plus d'emploi ; la consommation
de nos denrées nationales languira &
notre commerce étranger en sera interrompu.

Si c'est sur le Commerce qu'on fait
tomber le fardeau public , il faudra un
si grand capital pour payer les seuls
droits de douane , que nos Négocians
en seront absolument découragés.

Des excises trop fortes sur les consommations tombent sur la terre & portent préjudice à nos Manufactures , qui
font cependant subsister le corps du
Peuple.

Pour éviter de donner sur ces divers
écueils , & ne rien proposer qui soit in-
compatible avec l'aisance commune , il
faut continuellement se souvenir que le
Commerce languira jusqu'à ce que nous
revenions à ne payer que quatre millions annuellement ; & que notre condition ne sera point florissante tant que
nous payerons au Gouvernement plus

du

du vingtieme de notre revenu général. Telle étoit notre position avant la guerre, & telle elle pourra être encore, lorsque nos dettes publiques seront liquidées.

Le point essentiel d'un projet utile au Public consiste à présenter des expédiens propres à rendre les payemens annuels, que nous ne pouvons éviter de faire pendant un certain tems, aussi peu onéreux qu'il est possible aux trois grands mobiles de cet Etat, la terre, le Commerce & les Manufactures.

Si aucun des trois n'est ébranlé par les opérations proposées, notre revenu général augmentera au point que d'année en année nos payemens se trouveront moins onéreux ; mais si l'un des trois perd de sa force, notre revenu général diminuera dans la même proportion ; & conséquemment la charge des payemens annuels s'appesantira de plus en plus. Il est vrai que le revenu des terres peut être diminué, mais jamais détruit par les taxes ; au lieu que le Commerce & les Manufactures peuvent par la succession des tems se trouver anéantis par l'excès des taxes.

La difficulté ne consiste pas à trouver les moyens de lever de l'argent, mais à en lever affez pour le maintien du Gouvernement, en même tems qu'on permettroit à la Nation de goûter un peu les fruits de la paix.

Il fe préfente deux moyens de lever les fommes néceffaires ; l'un eft d'améliorer les taxes déja établies, l'autre d'en créer de nouvelles.

Le premier moyen déplaira d'abord, fon exécution paroîtra dure & occafionnera des plaintes. Je fuis perfuadé cependant que dans la pratique il fouffre moins d'inconvénient qu'aucun autre expédient qui puiffe être propofé.

Nous avons tâché de calculer la valeur de diverfes branches de nos revenus actuels ; & fi ces calculs font juftes, ils font diminués annuellement, fçavoir :

	liv. ft.
L'excife fimple & double d'environ	318000
Les droits fur le fel de	38075
Sur les mariages	26000
Sur les fenêtres	89000
Sur les verres & cryftaux	20000
Sur le papier timbré	15000
	506075

Je penfe donc qu'il conviendroit d'examiner quelle partie de nos dettes on pourroit acquitter, ou à quelle partie de nos dépenſes annuelles il ſeroit poſſible de pourvoir par une meilleure adminiſtration & par l'amélioration des diverſes branches de nos revenus publics. Tous les droits dont nous venons de parler ſont levés ſur notre conſommation intérieure, & ce ne ſeroit certainement pas travailler contre l'aiſance publique, de les faire monter à ce qu'ils doivent légitimement rendre.

Les impôts, tant qu'ils ſont modérés, ne ſont point à charge au Public; ils ne peuvent même qu'animer l'induſtrie du Peuple & l'empêcher de s'adonner à l'oiſiveté. Mais par-tout où la néceſſité a forcé de ſortir de ce point de modération, il convient abſolument que la perception ſoit très-douce & très-commode.

C'eſt une choſe digne d'admiration que d'avoir vû un pays auſſi borné que la Hollande lever pendant la guerre une ſomme annuelle de ſix millions, & cependant le Peuple s'y enrichir en même tems. Cela ne ſeroit jamais arrivé ſans la ſageſſe de ce Gouvernement, qui a toujours eu pour principe d'épargner le Commerce & de taxer les conſommations intérieures.

Si l'importation est sujete à de hauts droits, les Négocians ont besoin d'un si grand capital, qu'ils ne peuvent faire un commerce bien étendu ; les paye-mens à la Douane exigent un capital mort, qui pourroit être employé plus utilement pour la Nation.

Lorsque les droits sont pris sur la con-sommation, il ne faut que de très-petits capitaux pour le payer ; le poids est re-parti par petites portions sur un grand nombre de détailleurs, au lieu qu'un petit nombre de Marchands en gros au-roit peine à le supporter : tout cela est si facile à comprendre qu'il est inutile d'y insister davantage.

Ainsi je voudrois que l'on commen-çât par examiner si les revenus publics ne pourroient pas être levés d'une ma-niere moins onéreuse au Commerce en général. Des trois millions trois cent mille livres sterlins qui sont perçus an-nuellement dans le Royaume, il y en a environ treize cent mille assises sur les importations.

Il est même à craindre qu'une impo-sition si rigoureuse ne porte préjudice à l'industrie de nos Négocians, & n'em-pêche notre Commerce de profiter de la paix pour se rétablir dans son ancien-

ne profpérité. Cette crainte eft d'autant
mieux fondée que la grande quantité de
papiers & de fonds publics occafionnés
par nos dettes entretiendra vraifemblablement encore pendant long-tems l'intérêt de l'argent à un haut prix.

Ainfi ce feroit une confidération digne d'un homme d'Etat, que de rechercher s'il ne feroit pas praticable, lorfqu'une fois la paix aura redonné une
confiftance aux affaires, de diminuer
les hauts tarifs des Douanes pour faire
retomber les droits dans la même proportion fur les denrées, au moment où
elles entrent dans les mains des détail-
lans. De cette maniere la confommation feroit chargée à la place de l'importation.

La principale objection feroit fans
doute que le payement des droits ne
feroit plus auffi certain, & que le recouvrement feroit beaucoup plus embar-
raffant ; mais en fuppofant même ces
inconvéniens réels, on en feroit abon-
damment récompenfé par la facilité in-
finie qu'une pareille perception donneroit au Commerce de l'Angleterre.

Si nous ne prenons quelques mefures
dans ce genre, nous ne ferons jamais
en état de foutenir la concurrence de

nos rivaux dans le Commerce. Les Hollandois fur-tout, par la fageffe de leur
adminiftration, rendront inutiles les
avantages naturels que nous devroient
affurer fur eux l'étendue, la fertilité
& la fituation de nos terres.

Le Commerce ne fleurira point parmi nous, jufqu'à ce que nos Gentilshommes ayent acquis au moins les premieres notions de ce qui le concerne,
& qu'ils prennent chaudement fes intérêts à cœur, par la connoiffance qu'ils
auront de fa liaifon intime avec le produit des terres. Les fept prochaines années en fourniront une démonftration
plus fenfible que ne l'a pû faire cinq
fois autant des années précédentes.

Si l'on donne des facilités au Commerce, il en fupportera bien mieux le
refte des charges que la néceffité nous
force de rejetter fur lui ; il fera en état
de contribuer dans fa proportion à la
fomme que les befoins de l'Etat exigeront vraifemblablement pendant quelque tems fur le revenu général de la
Nation. Enfin fi le Commerce profpe-
re, il eft évident que les terres feront
plus en état de payer leur portion.

Il s'agit donc de trouver les moyens
de répartir avec plus d'égalité, & dès

lors d'une façon moins onéreufe, fur les terres & le Commerce, les trois millions trois cent mille livres fterlins qui font affignés fur divers fonds. Le moyen d'y réuffir fera vraifemblablement de ne furcharger aucune denrée d'une excife trop forte, de foulager les importations, & de rejetter l'excédent fur nos confommations intérieures.

Lorfqu'une fois on aura formé un plan pour le payement des dettes publiques, & que l'exactitude du payement aura diminué le prix des intérêts (car c'eft l'effet qu'on en doit attendre), il deviendra annuellement plus facile de lever les fommes deftinées à la dépenfe courante.

Suppofons donc que pour fatisfaire aux déficiens, aux arrérages, & à la dépenfe de l'année, les néceffités publiques exigent qu'on établiffe un fonds capable de produire trois millions fterlins.

Il eft à craindre dans la pofition où nous fommes, qu'il ne foit pas poffible de lever dans l'année fur la totalité du Peuple plus de deux millions fterlins.

Ainfi le troifieme million fera vraifemblablement levé par voie d'emprunt, & les deux autres le feront de l'une des quatre manieres fuivantes.

1°. En chargeant pour un tems limité une ou plufieurs denrées, foit im-
portées, foit de notre crû, d'un droit
capable de remplir la fomme demandée.
C'eft cette maniere de faire de l'argent
que le Peuple a dénommée en dernier
lieu *fonds éloignés*.

2°. En chargeant plufieurs denrées
d'un droit fuffifant pour lever la fomme
demandée dans le cours même de l'année.

3°. En établiffant la plus grande partie de la fomme fur les terres, par une
cottifation par mois, ou par une taxe
de quatre fchellings.

4°. Enfin par une taxe mixte, levant
une partie fur la terre, une autre partie
par Capitation, & le refte par de nouvelles impofitions tant fur nos productions que fur les denrées étrangeres,
foit à leur confommation, foit à leur
importation.

Pour dreffer un bon plan de Finance
il faudroit combiner profondément ces
quatre moyens de lever de l'argent,
afin de connoître laquelle conviendroit
le mieux à notre pofition, jufqu'à quel
point chacune feroit reffentie par les
Peuples, enfin laquelle préjudicieroit

le

le moins à la terre , au Commerce , aux Manufactures.

Par la voie des fonds éloignés, il eft impoffible d'éviter le haut intérèt de l'argent, le profit exorbitant fur l'efcompte, & la négociation des taillis. C'eft ce qui a ruiné nos affaires depuis cinq ans , & ce qui a plongé en partie l'Etat dans les détreffes où il fe trouve. Cet expédient d'ailleurs ne nous préfente point l'efpérance de liquider nos dettes dans une efpace de tems modéré. Si nous allions nous trouver engagés dans une autre guerre longue & coûteufe avant de les avoir acquittées , ce feroit un terrible fardeau fur la Nation.

Il paroît impraticable de lever fur nos confommations deux millions dans l'année , parce que les articles du meilleur produit font déja fuffifamment taxés.

D'ailleurs ces fortes de revenus ne font pas de nature à être établis dans la premiere année avec affez d'ordre pour efpérer d'en retirer une auffi grande fomme , & que le Gouvernement trouvât fur ce produit l'argent comptant dont il auroit befoin. Vraifemblablement il fe rencontreroit d'abord beaucoup de déficiens fur ces fonds.

Si l'on continue les impôts qui ont été perçus jusqu'à présent sur les terres, les propriétaires seront dans une position plus fâcheuse que pendant la paix. Car quoique pendant la derniere guerre ils contribuassent à la plus forte partie des dépenses, ils reçoivoient quelque sorte de dédommagement en ce que les prix des Fermes ont presque toujours été bien payés. Si à présent que la paix est faite, il n'y a plus autant de demande de nos denrées, il est à présumer que les Fermiers ne payeront plus avec autant de facilité le prix de leur Ferme. Dans ce cas il est indubitable que la terre ne pourroit point supporter une taxe de quatre schellings ou une cottisation par mois.

Il s'ensuit qu'une taxe mixte paroît l'expédient le plus praticable & le moins dangereux.

Il est constant que si l'on pouvoit parvenir à lever deux millions dans une année sans toucher aux terres, il n'y auroit pas de plan plus utile à suivre pour le Public ; parce qu'on donneroit par ce moyen quelque aisance aux propriétaires des terres, qui font la force de l'Angleterre. Cependant celui qui ne travailleroit que d'après ce principe,

trouveroit à la fin , après s'être long-
tems embarrassé & les autres aussi ,
qu'il s'est trompé.

Je conviens que celui qui étudie les
matieres que nous traitons dans le dessein d'être utile à la Patrie , & de fournir des observations aux personnes qui
sont en état d'agir , doit diriger ses
opérations dans ce principe essentiel de
procurer à l'agriculture , non-seulement
la sûreté , mais encore l'aisance.

Ce seroit peu de chose que d'avoir
soulagé les terres de leurs taxes , si à
leur place on substituoit des revenus
capables de mettre un jour la liberté publique en danger.

Pour former un système véritablement utile à l'Angleterre , il ne faut
donc pas tant s'appliquer à épargner
les terres qu'à éviter de tomber dans
des especes d'impositions , dont la perception exige un nombre de Commis
suffisant pour faire la loi aux propriétaires dans leurs propres Bourgs.

Un petit nombre de mains peuvent
recueillir tous les droits qu'il convient
d'asseoir sur nos consommations intérieures ; mais il est impossible par cette
voie de percevoir deux millions sterlins dans une année sans une excise gé-

nérale. Un pareil revenu ne pourroit être affuré dans un Pays ouvert comme le nôtre, autant que l'exigent les befoins de l'Etat, fans une multitude d'Employés, peut-être très-dangereufe pour la liberté.

Dans la préfente conjonĉture, il me paroît donc indifpenfable de tirer quelques fecours des propriétaires des terres : mais il s'éleve ici une queftion pour fçavoir lequel feroit le plus utile dans les circonftances préfentes, d'établir la taxe au marc la livre, ou par cotifation entre les Provinces tous les mois.

La repartition au marc la livre a une plus grande apparence d'égalité; mais peut-être dans le moment préfent avec quelque attention viendroit - on à penfer qu'une cotifation feroit plus égale.

La taxe au marc la livre eût été praticable, & eût procuré une grande fomme au commencement de la guerre, lorfque l'argent étoit abondant, & que chaque diftriĉt en avoit fa proportion.

Mais n'avons-nous pas de fortes raifons de penfer que la refonte a attiré ici les efpeces des parties du Royaume les plus éloignées ? Le fang qui devoit circuler dans les veines ne s'eft-il point

retiré vers la tête ? Enfin, n'eſt-il pas
probable que l'argent ſe repartira plus
vîte dans les environs de Londres , que
dans les parties ſeptentrionales & occidentales de l'Angleterre ?

Tous ceux qui ont quelque connoiſſance de l'intérieur de ce Royaume ,
ſçavent que dans ces parties l'argent
étoit encore très-rare il y a trente ans.
Il ne s'y eſt répandu qu'à la faveur d'u-
ne longue proſpérité & d'un Commerce
immenſe.

Il s'enſuit de cette remarque qu'il y
a tout lieu de préſumer que l'argent ne
rentrera dans ces Provinces , que par
la vente de leurs denrées & de leurs
manufactures : mais ce ne ſera vrai-
ſemblablement pas aſſez-tôt, & pour
qu'elles puiſſent ſupporter les taxes ſur
un pied égal avec les parties de l'Angleterre plus voiſines de Londres. Celles-ci en tireront de grandes quantités
d'eſpeces par la vente de leurs productions.

Ainſi la taxe au marc la livre qui,
au commencement de la guerre & juſqu'à la reforme de la monnoie, eût été
très-ſage, qui nous eût peut-être mis
en état de ne pas contracter des dettes
auſſi conſidérables, ſemble aujourd'hui,

du moins pour quelque tems , n'être
pas conforme à cette proportion géo-
métrique qu'on devroit toujours obferver dans les impôts fur une Nation. Les
opérations doivent changer avec les
circonftances.

La taxe au marc la livre
rendit dans la premiere année de Guillaume & de Ma-

liv. ft.

rie à trois fchellings par livre 1566627

Les quatre fchellings par
livre levés avec le même
foin auroient dû rendre.... 2088836

Cependant ils ne rendirent
fous Guillaume & Marie que 1977713

Différence . . . 111123

Cette taxe a continuellement diminué d'année en année, & dans celle-
ci peut-être plus que jamais, quoique
l'on ait pris des mefures plus rigoureu-
fes qu'auparavant pour en affurer la
recette. Cela a feulement fervi à montrer que les Loix peuvent devenir im-
puiffantes, & c'eft une chofe qu'il eft
toujours effentiel de cacher.

Le déclin de cette taxe n'a procédé
d'aucune diminution fur les fermages;
mais pour parler clairement, chaque
année les divers départemens ont ap-

pris de leurs voisins à se soulager dans
la perception.

Pendant la rareté actuelle de l'argent, si on laisse quelque facilité d'é-
viter le payement, on doit s'attendre
à voir beaucoup de gens en profiter :
ainsi il est très-naturel de croire que
les gens de considération, qui seuls
pourroient contribuer à faire asseoir
la taxe avec égalité, seront bien-aises
après neuf ans de se procurer & aux
autres quelque douceur. En particulier, les Elus chargés de la répartition
se laisseront vrai-semblablement conduire par l'influence & l'autorité de
leurs Seigneurs, plutôt que par la religion du serment par lequel le Parlement les aura astreints à remplir leur
devoir.

Ainsi considérant notre consommation présente, la position de notre Commerce, l'état de nos Manufactures, &
la quantité des especes qui restent
probablement dans chaque Province
ou département (car toutes ces choses doivent être examinées pour former un bon plan), je suis porté à croire
qu'une cotisation par mois est plus praticable actuellement, qu'elle produira
davantage dans la proporption, & enfin

N iiij

que les fonds rentreront avec plus d'e-
xactitude dans le Tréfor de l'Echiquier.

La derniere cotifation par mois fur
toute l'Angleterre étoit de 137641 liv. ft.
18. 2.

liv. ft.

Ce qui produiroit par an 1651702 18

Sur cette fomme, Londres,
Midlefex & Weftminfter produifi-
rent . . . . . 175969 12 ⎫
Le refte d'Angle-　　　　　 ⎬ 1651702 18
terre. . . . . 1475733 6 ⎭

Soit qu'on approuve la taxe au marc
la livre ou par répartition, il paroîtroit
convenable de foulager la terre de la
moitié du fardeau qu'elle a fupporté
pendant la guerre.

La moitié de la derniere répartition
par mois de toute l'An-
gleterre eft de. . . . 68820 19 1

Ainfi le produit an-
nuel fera de 825851 9

Mais Londres, Midlefex & Weftminfter ont beaucoup accru en richeffes & en Commerce, depuis que la
derniere répartition a été arrêtée ; ainfi
peut-être conviendroit-il d'y lever l'impôt au marc la livre, quoique le refte
de l'Angleterre payât par répartition.

Ainfi fi la moitié de la derniere répartition, non compris Londres, Mid-

lefex & Weſtminſter, a liv. ſt.
monté à 737866 13

Deux ſchellins pour li-
vre impoſés à Londres,
Midleſex & Weſtminſter
produiront 153570

Ainſi cette maniere d'im-
poſer les terres rapportoit 891436 13

Tout homme qui réflechira avec
ſoin ſur ces matieres, trouvera, je
crois, que les parties éloignées de l'Angleterre ont beſoin d'être ſoulagées par
une répartition, qui leur eſt beaucoup
plus commode qu'une taxe au marc la
livre. Car les taxes, que la néceſſité
publique occaſionne, ſeront plus facilement payées par les contrées qui auront reſſenti les premieres les douceurs
de la paix. La plus grande partie des
eſpeces eſt actuellement concentrée à
Londres & aux environs ; ainſi ce n'eſt
point un traitement inégal que d'im-
poſer ces départemens dans une plus
haute proportion que les autres.

Dans les impôts mixtes, qui ont été
ci-devant accordés à nos Rois, on a
aſſez communément eu recours à une
capitation ſur le Peuple. En général,
cette methode déplaît, & n'eſt point

populaire : cependant lorfqu'on a befoin d'une plus grande fomme, qu'il
faudroit néceffairement rejetter fur le
Commerce, fur les terres ou fur leur
produit, il me femble qu'une capitation eft fort convenable. Il eft vrai que
c'eft fur le Fermier & fur la derniere
Claffe du Peuple qu'elle porte principalement ; mais quoiqu'elle ait été levée plufieurs fois durant cette guerre,
pour peu qu'on faffe attention à quel
prix fe font foutenues nos productions
naturelles, combien les falaires ont
augmenté, on ne verra point que le
Peuple ait eu fujet de fe plaindre de
cette efpece de taxe.

Les fubfides accordés l'année derniere furent véritablement une capitation, & l'article qui impofoit chaque tête fut ce qui rendit le plus. Une
pareille taxe pourroit, en chargeant
dans une proportion plus forte les conditions plus relevées, foulager les terres, & le Commerce produire annuellement cinq cent mille livres fterlins.

Je conviens qu'elle n'étoit point
goûtée par le Peuple ; mais on pourroit prouver par de bonnes raifons la
néceffité de l'établir encore une fois
dans l'urgence préfente par préférence
à d'autres.

· Elle avoit été établie fur le pied d'un produit de quinze cent mille livres fterlins, & il s'en faut bien qu'elle ait rempli cette efpérance. C'étoit fur cette partie qu'on avoit affigné le payement des billets de l'Echiquier, dont le crédit public exige indifpenfablement une prompte liquidation : ainfi il y auroit une efpece d'équité à les acquitter avec leur premier fonds. Il eft impoffible de lever d'une maniere plus prompte & plus fûre une fomme auffi confidérable, & même de la percevoir autrement fans créer un grand nombre de Commis pour la régie d'excifes & de droits qui affecteront les terres & le Commerce.

	liv. ft.
Si l'on peut lever fur les terres	890000
Par une Capitation, . . .	500000

On aura déja près de la moitié de la fomme demandée 1390000

Ceux qui voudront former un plan de finance, auront enfuite à examiner dans quelle proportion le refte devroit être perçu par forme d'excife fur nos confommations.

Il faudra calculer lequel feroit plus avantageux à la Nation de lever cette

fomme dans une année ou dans plufieurs.

Il eft évident que fi la perception fe
fait dans l'année, la Nation fera plutôt acquittée de fes dettes : mais d'un
autre côté peut-être cela eft-il incom-
patible avec les intérêts du Commerce
& les autres circonftances où l'Etat fe
trouve.

Si les payemens actuels peuvent être
mis dans un ordre capable de ne point
porter de préjudice aux terres, au
Commerce & aux Manufactures, il ne
fera pas difficile de trouver le fonds de
trois millions fterlins pour la dépenfe
courante de l'année, & pour payer
une partie des déficiens & des arrérages.

Il eft vrai que la dette provenant
des déficiens abforbe en partie les fonds
qui pourront être accordés dans cette
feffion : ainfi c'eft un article important
à pefer.

La taxe fur les terres de trois fchellings avoit été établie fur le pied de
quinze cent mille livres fterlins ; mais
la perception n'a pas répondu au calcul figuré. Une partie a été payée en
argent fur lequel il y aura de la perte.
Enfin ajoutant les intérêts dûs, on

peut évaluer le déficient fur
cet article feul à 350000

La Capitation avoit été
également évaluée fur le pied
de quinze cent mille livres
fterlins ; mais on peut encore
évaluer le déficient fur cette
partie, y compris les intérêts fur les billets de l'Echiquier, à 650000

La vente des Annuités évaluée à deux cent quatre-vingt
mille livres fterlins n'a rien
produit ; ainfi en y ajoutant
l'intérêt, ce fera un nouveau
déficient de 300000

Ce fera peu de chofe fi le
déficient fur le droit addi-
tionel d'un fchellin, le double tonnage & le malt, ne
monte qu'à 200000
                              _____
                              1500000
                              _____

Les billets de l'Echiquier, dont le
payement intéreffe immédiatement la
confiance publique, font affignés fur
ces fonds. L'Acte porte que tous les billets qui fortiront ou pourront fortir,
auffi bien pour les quinze cent mille

livres fterlins que pour les douze cent
mille, & qui n'auront point été acquittés fur le produit des fonds accordés le
25 Mars 1698 pour le fervice de la
guerre dans cette année, feront retirés
& payés tant fur les arrérages defdits
fonds qui feront encore en caiffe, que
fur l'argent qui proviendra de nouveaux
fubfides que le Parlement accordera
dans la prochaine feffion.

L'Aɗe fur le Malt porte que dans le
cas où le produit de ce droit feroit
avant le 20 Avril 1698 au-deffous de
huit cent mille livres fterlins, les déficiens en feront pris fur les premiers
fubfides que le Parlement accordera.

Dès-lors fi une partie confidérable
de ces déficiens eft affignée fur des
fonds éloignés, il eft clair que ce fera
le terme de toute forte de crédit.

Si les dépenfes courantes font remplies avec de pareils fonds, il eft également certain qu'on s'abforbera en intérêts.

Je ne crois pas que perfonne con-
feillât de donner de nouvelles atteintes
au crédit; & d'ailleurs tout le monde
feroit fort content de voir les intérêts
à plus bas prix : c'eft ce qui ne peut
arriver tant que les fonds éloignés for-

ceront le Gouvernement d'emprunter.

Il eſt facile de trouver des expédiens pour pallier le mal actuel pendant un certain tems ; il ne s'agit que de rejetter le poids des charges ſur les années à venir : mais cette methode ne ſeroit point avantageuſe à l'Angleterre.

Beaucoup de gens au commencement de cette guerre ne ſe ſoucioient point de lever de l'argent par la voie des exciſes. Cependant nous en ſommes inſenſiblement venus là ; & ſi nous nous y fuſſions pris plutôt , peut-être la Paix eût-elle été faite il y a long-tems : aujourd'hui nous payons d'exciſes

	liv. ſt.
à raiſon du droit additionel de neuf deniers pour un long terme	435950
Droit ſur le ſel à perpétuité	105000
Sur le papier timbré pour près de dix ans	44800
Droit additionel ſur le papier	10000
Droit ſur le malt pour trois ans	600000
Droit ſur les cuirs	100000
Droit ſur les verres & cryſtaux	10000
	1305750

Ajoutant fept cent mille liv. fterlins à cette fomme, avec ce qui a toujours été levé fur les terres, on eût rempli la dépenfe de l'année ; car vrai-femblablement quatre millions payés dans l'année euffent autant acquitté que cinq millions empruntés fur des fonds éloignés.

En effet, plus du cinquieme de ce qui étoit accordé annuellement étoit abforbé par les efcomptes, les hauts intérêts & les profits exorbitans ; ainfi en levant quatre millions par an, nous euffions évité ces dettes immenfes fous lefquelles la Nation gémit.

Si nous euffions alors introduit cet ordre dans nos affaires, le Gouvernement n'auroit aujourd'hui befoin que de fes revenus extraordinaires ; on n'auroit recours à aucune taxe ordinaire fur les terres & fur le Peuple. Enfin nous ne payerions aujourd'hui que le vingtieme de notre revenu général, comme avant la guerre.

Dans la pofition où nous nous trouvons, il paroît impoffible d'éviter quelques augmentations d'excifes, à-moins qu'on ne juge plus à-propos d'augmenter les dettes, ou les taxes fur les terres & le Commerce.

Si

Si l'utilité publique détermine pour des excifes, il ne fera pas difficile de trouver des denrées qui pourront être la matiere convenable de cette forte d'impôt , & qui fuppléeront à ce qui manque pour la dépenfe actuelle.

Mais dans un pareil projet on doit avoir une attention finguliere à ce que le droit n'affecte point trop particulierement quelqu'une des claffes du Peuple , ou qu'elles ne foient onéreufes aux terres & au Commerce étranger.

Pour ne point préjudicier à des branches particulieres de Commerce , il faut que les droits foient plûtôt impofés fur trois ou quatre efpeces de denrées que fur une ou deux.

Pour ne préjudicier ni aux terres ni au Commerce, il conviendroit de répartir le droit fur la confommation intérieure de nos denrées , & fur celle que nous faifons des denrées étrangeres.

Plus ces droits s'éloigneront de la premiere vente, moins ils porteront fur la terre & fur le Commerce, parce qu'alors ils feront plus fûrement acquittés par le confommateur.

C'eft pourquoi les denrées de notre crû que l'on jugera à-propos de taxer,

ne devront payer que lorfqu'elles feront entre les mains des détailleurs, ou
qu'elles auront reçu la derniere forme
qu'elles ont coutume d'emprunter de
l'art : la même regle a lieu vis-à-vis des
productions étrangeres que nous con-
fommons.

De cette maniere on a befoin d'un
moindre capital pour le payement des
droits, parce qu'un plus grand nombre
de perfonnes en font chargées, tandis
que d'un autre côté la promptitude de
la vente rend cette charge moins fenfible. Au contraire, fi le droit fe perçoit fur le premier vendeur, le payement exige un capital confidérable &
oifif; l'impôt retombe alors immédiatement fur la terre même ou fur le
Commerce.

Je conviens que de cette maniere les
recouvremens font plus difficiles; mais
on n'eft pas propre à travailler fur ces
matieres, à-moins qu'on ne fçache ob-
vier à cet inconvénient. Il s'agit de
choifir des denrées, foit nationales,
foit étrangeres, fur lefquelles il foit
aifé de percevoir le droit par le moyen
d'un petit nombre de perfonnes, avec
l'aide des Officiers actuels des douanes
& des excifes.

Une des objections ordinaires contre les droits sur les consommations, c'est qu'à leur occasion les détailleurs augmentent le prix de la denrée au-delà de la valeur du droit : cela peut réellement arriver dans le commencement ; mais lorsqu'une fois le droit est connu, chaque chose revient à son prix juste & naturel.

J'ai pensé autrefois qu'on pourroit prévenir cette exaction des détailleurs par une loi qui fixeroit le prix des denrées ; comme je l'ai proposé dans mon livre intitulé *Essais on Ways and means*, page 125. Mais après avoir mieux réfléchi sur ces matieres, je me rétracte de mon opinion, & je crois qu'une pareille police est impraticable, & tout-à-fait contraire aux progrès de l'industrie ; avec cette différence cependant qu'elle peut être avantageuse dans le cas où la denrée est uniforme dans sa nature, de façon que l'un ne peut la donner meilleure qu'un autre, comme le pain & le sel : mais je pense qu'il est plus convenable aux intérêts du Public de ne point fixer les prix sur les denrées que l'industrie peut améliorer, comme la viande, les boissons. C'est un encouragement qu'il faut laisser aux ou-

vriers & artifans qui voudront s'y diftinguer des autres & acquérir la préférence de la vente.

J'ai d'autant moins de honte de reconnoître cette erreur, ainfi que toutes
celles dans lefquelles je pourrai tomber
dans cet ouvrage, que la matiere que
je traite étant neuve & difficile, j'ai eu
très-peu de fecours à tirer des livres.

Mon but principal eft de trouver la vérité ; ainfi je n'avance aucune opinion
que je ne fois prêt à la changer pour
prendre celle qu'on me démontrera être
meilleure. Un homme qui écrit fur le revenu général & fur la dépenfe de la Nation, voyage dans des terres qui ne font
pas encore bien découvertes ; fi fes car-
tes font fautives, il doit les réformer fur
les connoiffances plus exactes qu'il pourra acquérir : en attendant il peut defirer
que fes travaux foient pris en bonne
part, & que fon amour pour le bien
public compenfe le défaut de fes lumieres dans l'efprit de ces concitoyens.

On ne peut toucher à des matieres
auffi délicates fans s'expofer à la cenfu-
re, aux repliques, à une guerre litté-
raire, & fans fe faire beaucoup d'ennemis ; mais je fais peu de cas de ces inconvéniens, fi je fuis affez heureux pour

être de quelque secours à ceux qui s'oc-
cupent du bonheur & de la prospérité
de la Nation, qui souhaitent ardemment
de rendre la paix durable; enfin de faire
jouir le Roi d'une administration facile
après tant de hasards qu'il a courus pour
notre défense. Nous n'y pouvons réussir qu'en nous mettant en état de payer
nos dettes publiques, & en mettant
quelque ordre dans nos Finances.

Je suis intimement persuadé que ceux
qui s'appliqueront à ces recherches,
trouveront à la fin que dans le cas où
les besoins de l'Etat exigeront qu'on
leve trois millions, nous n'y pouvons
réussir que par un impôt mixte. Il con-
sistera, comme je l'ai proposé, en une
taxe sur les terres & une Capitation,
& en droits sur les denrées soit nationales, soit étrangeres que nous consom-
merons.

Mais il faut dresser son plan de façon
que l'Etat ne soit point obéré par les intérêts, & que les fonds remplissent d'une
maniere certaine l'objet de leur destination.

Dans cette conjoncture rien ne peut
être plus avantageux à l'Etat que de
diminuer le prix de l'argent ou des intérêts : car jusques-là les taxes seront oné-

reuses, & le Commerce languira né-
cessairement.

Tant que l'Etat sera forcé par ses besoins de payer un gros intérêt de ses
emprunts, toutes les Loix pour le réduire parmi le Peuple seront impuissan-
tes & sans effet ; mais il baissera de lui-
même dès que les affaires seront dans
un assez bon ordre pour que l'Etat cesse
d'emprunter.

La plus grande partie de la somme
qui manque sera produite incontestable-
ment par la taxe sur les terres & par une
Capitation. Il ne sera pas difficile, par
quelques branches des droits de consommation, de se procurer une somme
de quatre cent dix mille livres sterlins ;
& si ces droits sont établis pour deux
ans, on aura une somme de huit cent
vingt mille livres sterlins. Il seroit encore facile de trouver annuellement
deux cent mille livres sterlins par quelqu'autre expédient. Il ne seroit même
peut-être pas impossible de proposer un
moyen de lever une somme considérable sans charger que médiocrement pour
le présent le Corps du Peuple. Il suffi-
roit que ceux qui avanceroient cet argent au Gouvernement y trouvassent
leur compte ; & peut-être se contente-

roient-ils de fonds éloignés, s'il y avoit un bon fonds établi pour le payement des intérêts.

Par exemple, je suppose que quelques Compagnies pourroient, en faveur d'un privilege ou d'un établissement, s'obliger à avancer une grande somme en deux ou trois payemens dans l'année. Elles pourroient prendre l'hypotheque de leur avance sur le fonds général établi l'année derniere pour payer les déficiens ; & les taillis qui leur seroient délivrés viendroient immédiatement après la dette qui est déja assignée sur ce fonds.

Je suppose donc qu'aux diverses branches qui composent le fonds général, on en ajoûte une suffisante pour payer les intérêts, & que l'intérêt de la somme à emprunter soit assigné dessus.

On a vû que nos dettes hypothéquaires peuvent être acquittées en moins de huit ans, suivant les produits actuels de nos revenus ; & si ces revenus étoient améliorés au point de tirer de chaque branche sur les consommations ce qu'elle doit rendre réellement, je présume que non-seulement les anciens engagemens hypothéquaires pourroient être payés sur ces fonds, mais encore

qu'ils fuffiroient à acquitter le nouvel
emprunt que je propofe dans le même
efpace de tems.

Il eft probable qu'en faveur de quelque bon établiffement on trouveroit des
Compagnies qui feroient volontiers des
avances confidérables au Gouvernement pendant huit années , pourvû
qu'on leur allouât un intérêt modéré.

Si l'emprunt propofé étoit affigné à
la fuite de nos anciens engagemens fur
le fonds général , un droit de quatre
fchellings par boiffeau de fel produiroit trente-fix mille livres fterlins par
an , & fuffiroit pour payer l'intérêt à
fix pour cent.

À l'égard de la partie de nos dettes
qui eft formée par les arrérages dûs , elle a été évaluée au premier coup d'œil
à dix-fept cent mille livres fterlins ; mais
après une fi longue guerre , il eft à craindre que cette partie ne monte plus haut.
Quoi qu'il en foit , il eft douteux s'il n'y
en a pas une portion dont le payement
ne peut être remis , & qui doit néceffairement entrer dans les trois millions
qui manquent cette année ; en ce cas la
fageffe du Gouvernement y pourvoira
fûrement.

J'obferverai feulement que les perfonnes

fonnes, chargées de former le tableau
des affaires nationales, doivent examiner, s'il ne feroit pas à propos de joindre au fonds général établi l'année derniere pour fatisfaire les anciens déficiens, la partie des arrérages dont le
payement peut être différé, mais qui
doivent recevoir une affignation & une
fûreté, fuivant les regles de la juftice.

Ce fonds général avec quelques le-
geres additions aura rempli probablement au 6 Août 1706 toutes les dettes
de cette efpece : car la paix & une
meilleure adminiftration amélioreront
vraifemblablement chaque branche des
impôts.

Il eft vrai que le rembourfement des
taillis devant fuivre celui d'une aulli
grande fomme, paroîtra fort éloigné ;
mais lorfque la paix aura donné une
confiftence aux affaires & renouvellé
le crédit de l'Echiquïer, des affignations
bien affurées, & auxquelles on joindra
un intérêt raifonnable, n'en feront vrai-
femblablement pas moins eftimées,
principalement fi le fonds fur lequel ces
affignations feront affifes eft bon, &
tel que l'extinction du capital puiffe être
attendue dans un tems limité.

Il eft une opération cependant qui re-

leveroit infiniment le crédit de ces taillis : car les fonds affignés doivent durer
neuf ans , ce qui eft un terme fujet par
fa longueur à un grand nombre d'accidens ; ainfi il conviendroit que quelque
Loi ftatuât que ces fonds ne pourront
être appliqués à aucun autre ufage , ou
enfin , que le Parlement leur accordât
une fûreté plus grande. Si la diftraction
de ces fonds devenoit un crime capital, ce feroit peut-être la Loi la plus
utile aux intérêts du Prince , & la plus
convenable à la liberté de la Nation.

	liv. ft.
Suppofons donc qu'il fera levé fur les terres	890000
Par quelque droit qui ne fera point une excife	200000
Par Capitation	500000
Par excifes en deux années	820000
Par emprunts fur les fonds éloignés en faveur de quelque Charte de privilége ou d'établiffement	600000
On aura pour payer les dé-ficiens , les arrérages & les intérêts	3010000

D'après ce tableau on n'auroit

	liv. ft.
levé fur le Peuple dans l'année que	2000000
Il y a déja de payé . . .	3300000
Ainfi le payement annuel fera de	5300000
Ce ne feroit pas tout-à-fait le huitieme de notre revenu général de	44000000

Par cette raifon je penfe qu'il feroit plus à propos de percevoir pendant deux ans des excifes modérées, que de lever toute la fomme en une année. Car il n'eft pas de l'intérêt du Commerce ni des autres claffes du Peuple, que nos payemens annuels excedent le huitieme de notre revenu général.

C'eft par le même motif que je crois à propos de chercher à s'arranger avec quelques Compagnies qui fourniroient une fomme confidérable, fans charger la Nation par de nouvelles impofitions : car il ne feroit point mal-aifé de trouver de nouvelles manieres d'impofer, non plus que de faire la perception par une quarantaine d'Officiers.

Si la taxe fur les terres étoit une cottifation par mois, elle rendroit certainement en entier l'évaluation qui en auroit été faite. Une Capitation approchante de ce qui fut levé l'année derniere seroit acquittée par quartier; les deux cent mille livres sterlins mentionnées dans le tableau rentreroient de même ; l'emprunt des six cent mille livres sterlins pourroit être regardé comme de l'argent comptant. A l'égard des nouveaux droits à percevoir en deux années, les taillis qui seront délivrés à valoir sur leur produit auront cours dans le Public comme la monnoie même. Ainsi l'état, en se procurant trois millions par ces divers moyens, ne passera point par la main des usuriers, ni des gens pécunieux , ce qui fera une grande économie. Car à mesure que les occasions d'emprunter deviendront plus rares , le prix de l'argent baissera ; & sans cela le Commerce ne peut fleurir.

A cette occasion je remarquerai qu'il seroit très-utile au Commerce en général , d'empêcher la Banque d'Angleterre d'emprunter & de payer des intérêts : car la facilité d'y obtenir trois à quatre pour cent de son argent , sans peine & sans risque , sera toujours un

obstacle à l'industrie ; & elle a dernie-
rement occasionné dans la circulation
du Commerce une altération très-pré-
judiciable au Public.

Pour récapituler en peu de mots ,
nous avons tâché de montrer jusqu'à
présent que notre pays peut se relever
plus promptement que la France & la
Hollande ; que d'après le produit des
taxes en 1695 , nous devons espérer
d'avoir payé nos dettes en huit années ,
& plutôt même si l'administration amé-
liore les diverses branches de nos revenus ; enfin que la Nation goûtera les
avantages de la paix à mesure que ses
dettes se liquideront.

Quant à mes observations sur la maniere de faire des fonds cette année ,
elles pourront peut-être fournir quelques ouvertures à ceux qui sont chargés de dresser un plan sur les affaires
de la Nation.

C'est avec beaucoup de peines & de
contradictions que je suis parvenu à
jetter un coup d'œil sur les comptes re-
latifs aux revenus ; & c'est peut-être un
mauvais procédé vis-à-vis d'un homme
qui consacre toutes ses études au service du Public. Les Regiftres des princi-

paux Officiers ont été en quelque façon
fermés à mes recherches ; ce qui a rendu cet ouvrage plus imparfait qu'il ne
l'eût fans doute été. J'efpere cependant que les erreurs ne feront pas confidérables dans l'évaluation que j'ai faite du produit annuel des principaux
droits.

Ceci étoit écrit en Octobre dernier,
tems auquel il étoit impoffible de devi-
ner ce que rendroient les nouvelles
impofitions fur le cryftal, la fayence,
les pipes, le papier & le parchemin ;
mais depuis que les premiers cahiers de
ce traité ont été imprimés, je me fuis
procuré le compte fuivant.

Le droit fur les
verres & cryftaux a
produit du 29 Septem-
bre 1695 au 17 Août   liv. ft.
1697 24953   0   7½
    Sur les pipes & la
fayence, du 17 Mai
1696 au 17 Août 1697   20389   8 10
    Sur le papier & par-
chemin, du 1ᵉʳ Mai au
15 Novembre 1697 . . . 9114   2   6½
    Si les Actes du Parlement pour l'éta-
bliffement de ces droits étoient revi-

fés, & qu'on y insérât de nouvelles clauses pour assurer mieux l'exactitude du payement, on pourroit en retirer annuellement . . . . liv. st. 55000

J'avois évalué les déficiens à . . . . liv. st. 1500000

Et les arrérages dûs à 1700000
_____
3200000

Non pas que je prétendisse être très-exact dans ce dernier calcul ; mais il falloit bien établir un point fixe duquel nous pussions partir pour en tirer des conséquences. Quoi qu'il en soit, je me suis peu écarté de la vérité sur l'article des déficiens, ce qui n'est pas une legere confirmation des regles & de la méthode que je suis ; en même tems qu'on voit clairement que je ne marche point à l'avanture. En effet j'ai été guidé par les regles de l'Arithmétique politique dans la supputation des déficiens ; mais l'art de raisonner des choses par chiffres ne pouvoit me conduire à la connoissance des arrérages dûs à raison des flottes & des armées. En voici le détail tel que je l'ai appris.

Les déficiens mon-
tent à 1493000

Les arrérages dûs
aux armées de terre,
aux garnisons 2028818 4 9

Les arrérages de
l'extraordinaire des
guerres 428055 10

Les arrérages aux
troupes d'Irlande . . . 99951 18 4$\frac{1}{2}$

Les arrérages à l'Of-
fice d'Artillerie (ou-
tre 178164 liv. ft. 14
10$\frac{1}{4}$, qui ont été fournis en taillis non ac-
quittés) . . . . 26052 11 5$\frac{3}{4}$

Les arrérages de la
Marine (outre un mil-
lion qui a été payé au
Tréforier en taillis
non acquittés) . . . 1522523

Total des déficiens
& arrérages . . . . . 5598401 4 7$\frac{1}{4}$

Cela forme une augmentation confidérable fur nos dettes : cependant en
examinant les chofes de plus près, peut-
être verroit-on qu'une partie des arrérages eft confondue avec d'autres par-

ties que nous avons mentionnées plus
haut, ou avec quelques-uns des déficiens actuels. Après tout je répete que,
fi plufieurs branches de nos revenus
publics reçoivent une meilleure forme
de régie, la Nation trouvera facilement
les moyens de fe libérer.

Lorfqu'un Etat eft dans le defordre
& furchargé de dettes, enfin dans les
tems difficiles, c'eft un devoir commun
à tous les citoyens de combattre toutes
les idées de découragement, & d'em-
braffer avec plus de chaleur le Gouvernement, comme firent les Romains
après la bataille de Cannes. C'eft lorfque la République eft affligée, que nous
devons lui tendre une main fecoura-
ble, & dévouer à fon fervice les reffources de notre efprit, ainfi que notre
vie.

La guerre introduit néceffairement
la corruption dans les manieres & le
relâchement dans l'adminiftration; deux
effets qui conduifent furement les particuliers & l'Etat à la pauvreté.

Lorfqu'on a perdu ou dépenfé en
peu d'années ce que l'économie & la
fageffe de plufieurs âges avoient amaffé;
lorfque les revenus publics font mal
régis & réduits à rien; lorfque l'Etat a

perdu plusieurs branches très-riches de son Commerce, & que les autres sont en danger ; lorsque les besoins publics ne peuvent être satisfaits par un peuple de bonne volonté ; lorsque ceux qui sont à la tête des affaires ne sçavent que demander, quoique rien ne leur soit refusé, ou qu'ils ne sçavent que faire avec le pouvoir de disposer de toutes choses ; enfin lorsque la plûpart des partis que l'on suit ont une mauvaise issue ; il faut croire qu'il est dans le Corps politique quelque maladie secrete, qui ne peut être guérie par un remede appliqué sur une seule partie, mais en purifiant toute la masse du sang qui est corrompue.

La société ne peut avoir une existence solide, si toutes les classes des Citoyens ne cooperent à la conserver, non par des faux semblans, mais par une conduite active & vigoureuse.

Car si ceux qui tiennent le premier rang ne prennent pas un intérêt vif au bien & à l'honneur de leur patrie, & si le même génie ne regne pas universellement dans le second ordre ; on verra bien-tôt la foiblesse & l'esprit de vertige s'emparer de l'administration : la ruine de l'Etat est certaine.

Si l'intérêt d'un grand nombre eft de porter le defordre dans les affaires, elles y arriveront furement malgré les efforts d'un Prince fage & vertueux & d'un bon Parlement. Ainfi pour bien réformer le Gouvernement, il faut commencer par réformer la Nation.

Pour y parvenir, les meilleurs moyens font vrai-femblablement d'infpirer, par les préceptes & par les exemples, autant qu'il eft poffible, ce zele & cette affection qu'on doit à fon pays, d'entretenir le peuple dans le refpect dû à la Religion, de répandre une bonne morale parmi les conditions plus relevées; enfin de donner aux hommes en général un intérêt à être bons, en ne laiffant de fentiers à la fortune & aux préférences que le mérite & la vertu.

Sous un Gouvernement violent il eft peut-être plus utile & plus fûr d'ufer d'une adminiftration relâchée, & de corrompre les manieres du peuple : car on y éteint avec foin la lumiere importune qui découvriroit trop de chofes : mais il n'en eft pas de même fous un Gouvernement fondé fur les Loix, où le Prince ne forme qu'un feul Corps avec fon Peuple; car fi les membres inférieurs font viciés, leur mal porte insensiblement à la tête des vapeurs & des fumées dont elle est immanquablement affectée.

Lorsqu'un pays a été long-tems en proie aux malheurs soit des guerres civiles, soit des guerres étrangeres, les esprits du peuple prennent ordinairement différentes tournures. Quelquefois ils se portent à une grande piété, quelquefois ils se livrent aux excès du vice. Après le sac & l'embrasement de Rome par les Gaulois, le peuple fut échauffé par un esprit de dévotion, qui fit revivre l'ancienne discipline, la justice, & ces vieilles Loix presque oubliées, d'où dépendoit la force de la constitution ; enfin il reprit sa premiere vertu.

Mais après les guerres civiles qui désolerent l'Empire sous Galba, Othon, & Vitellius, la Nation ne fut point corrigée par ses calamités ; ce qui est le plus grand symptôme de la dépravation. Car lorsque les troupes de Vespasien s'emparerent de Rome, les uns pilloient & égorgeoient leurs concitoyens, tandis que les autres s'abandonnoient à la débauche & à la prostitution : on y voyoit à la fois le spectacle d'une guerre barbare, & d'une paix licentieuse.

De fages Légiflateurs pourroient tirer avantage d'une crife favorable.

A la fin d'une longue guerre par
exemple, ils pourroient entreprendre
avec fruit une réforme : car lorfque la
pauvreté fe fait fentir aux hommes, ils
font plus portés à écouter la vertu &
les confeils propres à rétablir leurs affaires.

Rien n'entraîne la multitude & ne la
plie plus furement à la réforme que l'e-
xemple des Grands. Si ceux-ci fe mon-
trent contens d'un pouvoir, d'une fortune & d'honneurs modérés, le Peuple
apprend alors à borner fes defirs. Les
factions fe déracinent auffi-tôt, car c'eft
une graine qui la plûpart du tems n'eft
fertilifée que par des defirs ambitieux :
& un Gouvernement tranquille eft bien
plus fufceptible de régles & moins ex-
pofé aux dépenfes. Sous le régne des
factions, les hommes s'attendent à être
careffés, & payés largement du foin
qu'ils prennent de leur propre fûreté.

La corruption n'a pas tant de char-
mes (du moins relativement à toute
une Nation) pour qu'il ne foit pas poffible de perfuader aux hommes de quitter fes voies, dès qu'ils trouveront leur
compte à employer des moyens plus

honnêtes. Pourquoi fous les derniers regnes vit-on tant de Proteftans favori-
fer les projets du Papifme, finon parce
que cette voie étoit la feule d'obtenir
des graces ? Et n'eft-ce point parce
que la Cour avoit rendu la vente des
droits de la Nation un Commerce avantageux, que nous avons vû tant de
traîtres dans les tems précédens ? S'il
eût été poffible d'arriver aux graces &
aux honneurs par d'autres dégrés ; fi les
perfonnes qui dirigeoient les affaires
euffent diftingué & encouragé les hommes zélés pour la Religion de l'Etat,
jaloux de fa liberté & de fa fûreté, fi
l'intégrité eût été appellée à remplir les
poftes du Gouvernement ; le fiécle, il
n'en faut pas douter, fe feroit corrigé
de lui-même par degrés ; la corruption
& la folie euffent perdu contenance ;
la vertu & le bon fens euffent repris la
fupériorité.

S'il n'eft qu'une feule carriere pour
s'avancer, les hommes la rempliront
à l'envi, quelque éloignée qu'elle puiffe
être de l'honnêteté ; s'il n'eft qu'un feul
endroit où les places & les dignités s'ob-
tiennent, les hommes s'y porteront,
quelque chofe qu'il leur en coûte.

Ne voyons-nous pas les talens les

plus en vogue, soit pour l'utilité, soit pour le plaisir, être plus cultivés que les autres & se perfectionner rapidement? Chacun s'efforce d'exceller dans ce qui est le plus agréable ou le plus avantageux aux yeux des autres.

La même chose se passe à l'égard du vice & de la vertu, suivant qu'on les aime ou qu'on les décourage. Fermez la porte au vice, & vous verrez les hommes chercher d'eux-mêmes à se distinguer par le courage, la prudence, la modération, l'intégrité, l'esprit public, la magnanimité & la véritable sagesse. Levez un autre étendart, & ces mêmes hommes employeront tous leurs efforts à réussir, comme d'autres auront fait, par la fourberie, de basses complaisances, l'artifice, les rapines, la prostitution de leurs talens & de leur éloquence. Enfin lorsque la République est livrée au brigandage des hommes corrompus, quelques-uns de ceux mêmes qui ont une bonne réputation sont tentés de prendre leur part du butin.

Dans un Pays libre, l'intérêt du Prince est évidemment de rétablir la vertu dans ses prérogatives, de déposer le vice, & surtout de le bannir du Ministere & des Conseils.

A mesure que nous quittons les sen-
tiers de la vertu, qui peuvent seuls conduire à la véritable sagesse, nous tom-
bons sans cesse dans l'erreur ; & jusqu'à ce que nous ayons rentré dans la
bonne voie, nous n'éprouvons que
misere & que confusion. Quiconque
abandonne l'honnêteté, est bien-tôt
abandonné lui-même par la prudence ;
& le déréglement général d'un Peuple
enhardit des gens de peu de capacité à
s'immiscer dans les affaires publiques.
Ces pilotes mal-adroits vont briser sur
les rochers le vaisseau qui leur est con-
fié. Dans un pareil pays, à moins qu'il
n'y ait une disposition générale à re-
prendre les anciens principes de l'honneur, les affaires se détérioreront chaque jour, jusqu'à ce qu'au bout d'un
petit nombre d'années elles tombent
dans un dépérissement total.

Dans un Pays libre, si un petit nombre seulement parmi les Grands con-
serve dans son cœur l'amour de l'honneur & de la Patrie, c'en est assez pour
sauver la République, ou du moins
pour arrêter les progrès du desordre.

Lorsque la fortune eut résolu de ren-
verser la République Romaine, Caton
seul par sa vertu balança ses efforts. A

plus

plus forte raifon, fi dans une Nation
il refte plufieurs bons Patriotes, ils peuvent, par leurs travaux, défendre la
conftitution contre les entreprifes de
gens mal-intentionnés, qui n'ont ni
les richeffes de Craffus, ni la réputation de Pompée, ni la bonne conduite
de Céfar, mais tout au plus la fureur
& l'indécence de Clodius.

Lorfque l'Etat panche vers fa ruine,
les hommes font fujets à blâmer le Miniftere, quoique ce ne foit peut-être
pas toujours fa faute, mais plutôt celle
de la corruption du Peuple.

Car un Pays peut avoir décliné pendant un fi long efpace de tems que les
affaires ne puiffent être fi-tôt remifes
fur un bon pied.

Mais fi quelque corruption s'eft glif-
fée dans les parties fubordonnées du
Gouvernement, c'eft affurément dans
un tems de calme & de paix qu'on y
doit remédier: furtout lorfque les bons
citoyens font affurés que leurs efforts
feront encouragés par un Prince dont
l'intérêt & l'inclination le portent à
chercher la profpérité & le bonheur de
fon Peuple.

Perfonne vrai-femblablement ne
trouvera hors de place ce lambeau des

excellens ouvrages de M. Davenant.
La fituation actuelle de l'Angleterre &
de la Hollande font la preuve la plus
frappante de la folidité de fes raifonnemens. On ne s'arrêtera point ici à
fuivre la comparaifon entre les trois
Puiffances ; ce détail appartient à la Politique , & feroit la matiere d'un très-
beau travail pour ceux qui aiment à
méditer fur les grands objets.

L'état des dettes publiques & des revenus de l'Angleterre fe trouve en divers ouvrages François. On fçait que
cette Couronne doit aujourd'hui de
foixante dix-fept à foixante-dix-huit
millions fterlins , que prefque tous les
impôts mis pendant la derniere guerre
fubfiftent encore en entier, excepté la
taxe fur les terres qui eft réduite de
quatre fchellins pour livre à deux. Tous
les objets fufceptibles d'être la matiere
d'une impofition, paroiffent en porter
une ; la majeure partie du fonds d'a-
mortiffement eft aliénée : le Commerce principalement eft affecté, & par
l'excès des impôts, & par les hauts
prix où les richeffes artificielles ou en
papier ont porté toutes chofes.

La réduction des intérêts a véritablement foulagé l'Etat pour le moment,

mais en portant à fon crédit (malgré
les fauſſes apparences de liberté) une
bleſſure ſecrette que le tems & l'occaſion décéleront. Car tout emprunt qu'il
propoſera déſormais, avertira ſes créanciers anciens & nouveaux que le prix
de leur argent baiſſera encore; puiſque
dans la conſtitution préſente, les impôts ne peuvent être portés plus loin
ſans détruire la circulation, l'aiſance
nationale & l'impôt même à la longue.

Il paroît qu'au beſoin l'Angleterre
peut augmenter ſes revenus pendant
quelques années de quinze à ſeize cent
mille livres ſterlins : ſçavoir, un million en hauſſant la taxe des terres à
quatre ſchellins ; & cinq à ſix cent
mille livres en augmentations forcées
ſur d'autres branches.

En réduiſant encore les intérêts à
deux & demi pour cent, cette Puiſ-
ſance paroît pouvóir emprunter encore vingt millions ſterlins environ,
ſans rien changer à l'état actuel de ſes
revenus. Mais ſi ſes emprunts étoient
pouſſés juſqu'à quarante millions, il
faudroit en cas qu'elle trouvât des prêteurs augmenter néceſſairement à perpétuité les impôts de cinq cent mille

livres fterlins environ ; ce qui porte-
roit préjudice, comme on vient de le
dire, foit aux terres, foit à l'induftrie.
Ses reffources réelles font connues ;
mais plufieurs font précaires : quelques
autres trouveront un long obftacle dans
les vices qui fe font introduits dans la
conftitution.

« A l'égard de la République des Pro-
vinces-Unies, l'unique fource de fon
opulence s'épuife chaque jour ; & fans
compter les caufes intérieures de dé-
cadence, les progrès de toutes les Nations dans le Commerce mineront encore plus immédiatement fa puiffance.
Comme la nature & la fituation de fes
Finances font généralement moins connues parmi nous, voici quelques détails fur celles de la Province de Hollande, qui contribue de cinquante-trois
pour cent dans les charges de la République. Les dettes font encore dans cette
année 1754 les mêmes à-peu-près qu'à
la fin de la derniere guerre ; les mêmes impôts fubfiftent, à l'exception
d'un demi-centieme denier fur les maifons.

Suivant ce tableau, le total des revenus eft de vingt-deux millions deux
cent quarante-un mille trois cent tren-

te-neuf florins ; les charges montent à quinze millions huit cent foixante-trois mille huit cent quarante florins ; excédent des revenus, fix millions trois cent foixante-dix-fept mille quatre cent quatre-vingt-dix-neuf florins.

On n'a point compris dans le montant des charges la Loterie de fix millions de l'année 1750, non plus que celle de 1751 d'une fomme femblable, en prenant pour chaque billet de mille florins à difcompter trois cent florins de vieilles obligations, de forte que les dettes augmenterent de huit millions deux cent florins à trois & demi pour cent.

CINQUIÉME ÉPOQUE.

ANNÉE 1715. 2 *Septembre.*

CE ne seroit point sans doute tirer des faits qui ont passé sous nos yeux dans la derniere Epoque toute l'instruction nécessaire, que d'abandonner le tableau des affaires, dans l'état de confusion & d'impuissance où elles se trouvoient à la mort du Roi. Pour dévélopper l'étendue du desordre, pour en approfondir les conséquences, il est intéressant de connoître les opérations qui se firent pendant les premieres années de la Régence, l'embarras prodigieux & les difficultés en apparence insurmontables que rencontra l'administration.

Dans les divers dépôts où j'ai eu la permission de faire des recherches, j'ai trouvé des pieces autentiques, qui me mettent en état de rendre un compte exact de ce qui s'est passé dans l'espace de vingt-huit mois. Il fut même fait vers le milieu du mois de Juin de l'année 1717 un rapport général de toutes les opérations, qui occupa plusieurs féances : il fut fuivi d'un Comité chez M. le Chancelier, compofé de différens Miniftres du Confeil de Régence & de tous les Préfidens des Confeils particuliers.

Il eft inutile de retracer ici les maux où nous étions plongés ; un Peuple épuifé par des guerres continuelles depuis l'an 1666, à quelques petits intervalles près ; des campagnes prefque defertes ; un Commerce anéanti ; la confiance perdue entre les hommes ; un nombre infini de familles réduites à une pauvreté extrême, avec des titres de propriétés immenfes ; ces objets terribles ne doivent point être oubliés, mais le fouvenir en eft toujours douloureux. Un Enfant, rejetton unique de cette tige augufte, fi floriffante peu d'années auparavant, formoit tout l'efpoir de l'Etat chancelant. La Providence ne daignoit pas même nous permettre de nous livrer à nos efpérances fur le feul bien qui nous reftoit. Objet continuel d'inquiétudes & d'allarmes, il nous fit oublier d'autres malheurs, en rempliffant nos cœurs tremblans de craintes plus fenfibles & plus grandes. Ce font nos pleurs que virent couler les premiers regards du jeune Roi, &

jamais ſes Peuples n'en ont verſé qui
ne leur fuſſent cheres.

Ses foibles mains cependant ne pouvoient encore ſoutenir le poids du
Sceptre. Pluſieurs années de minorité,
tems ordinaire de prétentions, de ca-
bales & de deſordres, ſembloient pré-
ſager à la France un avenir déplora-
ble ; mais le Ciel, dont la juſtice ſçait
compenſer les biens & les maux, veil-
loit ſur ce Royaume. Il ſuſcita dans la
perſonne du premier Prince du Sang,
un homme capable de raſſurer les fondemens ébranlés de l'Etat. Si l'on doit
rendre à la Nation cette juſtice, que
dans les premiers momens chacun s'em-
preſſa de concourir au bien, il n'en
eſt pas moins vrai que ce Prince fut
aſſez habile pour réunir toutes les parties ſéparées, & les diriger vers l'a-
vantage commun. Son affabilité & ſon
éloquence naturelle firent valoir beaucoup de talens qu'il raſſembloit en lui,
& qui lui attirerent pendant long-tems
les vœux & l'applaudiſſement de la Nation. L'Etat fut redevable à ſon habileté de la conſervation de la paix au
dedans, & de la conſidération ſingulie-
re qu'il acquit parmi les étrangers.

S'il eut de grandes qualités, il étoit
homme ;

homme : mas toutes les erreurs en matiere d'Etat ne doivent pas fe porter au tribunal du vulgaire. Peut-être certains évenemens pourroient-ils fe préfenter fous un afpect plus favorable, fi les circonftances étoient pefées, & qu'aucune paffion ne tint la balance. Des mains plus dignes porteront l'encens dû à la mémoire de ce Prince, à qui l'Hiftoire ne refufera point divers éloges. Suivons l'objet de nos recherches.

Dès le deux Septembre, M. le Duc d'Orléans fut en poffeffion du titre qui lui étoit dû ; jamais droits ne furent reclamés avec autant de dignité. Ce fut dans cette occafion qu'il proféra ces belles paroles, dignes feules d'éternifer fon nom : *Qu'il ne vouloit être indépendant que pour faire le bien, & qu'il confentoit qu'on le liât tant qu'on le voudroit pour ne point faire de mal.* Si ce fentiment fait honneur à fon cœur, fon habileté fe développa dans le plan qu'il fe propofa dès ce jour, d'établir différens Confeils fur chaque partie de l'adminiftration, dont le travail fe rapporteroit au Confeil de Régence. Il eft difficile de concevoir une plus belle idée, indépendamment de l'autorité & de la réputation qu'acquéroit ainſi la Régence. La ſageſſe des déciſions dépend principalement de la maturité de l'examen, & de la ſûreté de ceux qui examinent : l'établiſſement des divers Conſeils réuniſſoit dans un degré éminent ces deux avantages : la ſurcharge du travail fatigue les génies les plus actifs, ou précipite les délibérations, ou ralentit le cours des expéditions ; trois inconvéniens également fâcheux & importans. Ici les affaires partagées entre les divers membres de chaque Conſeil, pour être rapportées en commun, & de-là miſes ſous les yeux du Conſeil ſupérieur, qui s'en réſervoit la reviſion, ne pouvoient attendre que des déciſions promptes & refléchies, tandis que le tems & la liberté d'eſprit permettoient à chacun d'entrer lui-même dans ces détails eſſentiels, dont l'oubli dénature quelquefois le ſujet de la queſtion.

La ſûreté des perſonnes ne ſe borne pas à la ſeule fidélité toujours ſuppoſée : mais un nombre d'hommes que leur naiſſance, leur rang, leurs emplois ou leurs talens raſſemblent pour une même déciſion, s'éclairent les uns les autres ; l'émulation, véritable reſſort des Etats, anime les études & le travail; les complaifances, les penchans font étouffés ; les furprifes font plus rares , & les importunités moins puiffantes.

Si le travail de ceux qui font chargés des détails de l'adminiftration eft moins pénible, celui qui gouverne n'eft pas moins foulagé ; il voit plus de chofes ; il les voit plus fûrement & avec plus de facilité : mais cette difpofition n'eût-elle d'effet particulier que de former de longue main des hommes d'Etat, d'infpirer un amour plus général des connoiffances & du travail, en préfentant plus d'objets d'émulation, elle feroit admirable. Ce projet étoit un de ceux qui avoient été préfentés à M. le Duc de Bourgogne , & ce jeune Prince avoit travaillé lui-même à le perfectionner.

La Déclaration qui l'établit eft trop belle, & contient de trop grands principes de Gouvernemens, pour ne pas trouver ici fa place.

Déclaration du 15 Septembre 1715., portant établiffement de plufieurs Confeils pour la direction des affaires du Royaume.

« LOUIS, &c. Le feu Roi de glo-
» rieufe mémoire, notre très - honoré
» Seigneur & bifayeul, pouvoit par fes
» qualités perfonnelles & fes vertus émi-
» nentes fuffire feul au gouvernement
» de fon Royaume ; la droiture de fon
» cœur, l'élevation de fon efprit, l'é-
» tendue de fes lumieres, augmentées
» & foutenues par une longue expé-
» rience, lui rendoient tout facile dans
» l'exercice de la Royauté ; mais la foi-
» bleffe de notre âge demande de plus
» grands fecours ; & quoique nous puf-
» fions trouver tous ceux dont nous
» avons befoin dans la perfonne de no-
» tre très-cher oncle le Duc d'Orléans,
» Régent de notre Royaume, fa modef-
» tie lui a fait croire que pour foutenir le
» poids d'une Régence qui lui a été fi
» juftement déférée, il devoit propofer
» d'abord l'établiffement de plufieurs
» Confeils particuliers, où les princi-
» pales matieres qui méritent l'attention
» directe & immédiate du Souverain

» feroient difcutées & réglées, pour re-
» cevoir enfuite une derniere décifion
» dans un Confeil général, qui ayant
» pour objet toute l'étendue du Gouver-
» nement, feroit en état de réunir &
» de concilier les vûes différentes des
» Confeils particuliers. Cette forme de
» Gouvernement a paru d'autant plus
» convenable à notre très-cher oncle le
» Duc d'Orléans, Régent du Royaume,
» qu'il fçait que le plan en avoit déja
» été tracé par notre très-honoré Pere,
» dont nous aurons au moins la fatis-
» faction de fuivre les vûes, fi le Ciel
» nous a privé de l'avantage d'être for-
» mé par fes grands exemples. Il étoit
» perfuadé que toute l'autorité de cha-
» que partie du Miniftere étant réunie
» dans la perfonne d'un feul, devenoit
» fouvent un fardeau trop pefant pour
» celui qui en étoit chargé, & pou-
» voit être dangereufe auprès d'un Prin-
» ce qui n'auroit pas la même fupério-
» rité de lumieres que le Roi notre bi-
» fayeul ; que la vérité parvenoit fi
» difficilement aux oreilles d'un Prince,
» qu'il étoit néceffaire que plufieurs per-
» fonnes fuffent également à portée de
» la lui faire entendre ; & que fi l'on
» n'intéreffoit au Gouvernement un

» certain nombre d'hommes auſſi fide-
» les qu'éclairés, il ſeroit preſque im-
» poſſible de trouver toujours des Su-
» jets formés & inſtruits, qui fiſſent
» moins regretter la perte des perſon-
» nes conſommées dans la ſcience du
» Gouvernement, & qui fuſſent mê-
» me en état de les remplacer : nous
» ferons donc au moins revivre l'eſprit
» de notre très-honoré Pere, en éta-
» bliſſant des Conſeils ſi avantageux
» au bien de nos Etats ; & nous nous
» y portons d'autant plus volontiers que
» cet établiſſement ne peut être ſuſpect
» par ſa nouveauté, puiſque nous ne
» ferons que ſuivre l'exemple de ce qui
» s'obſerve avec ſuccès dans d'autres
» Royaumes, & qui s'eſt obſervé dans
» le nôtre même pendant le regne de
» pluſieurs des Rois nos prédéceſſeurs.
» Le dérangement que vingt-cinq an-
» nées de guerre, & pluſieurs autres
» calamités publiques, ont cauſé dans
» les affaires de cette Monarchie ; le
» deſir ardent que la qualité de Roi
» nous inſpire de remettre toutes cho-
» ſes dans leur ordre naturel, & de ré-
» tablir la confiance & la tranquillité
» publique, font encore de nouvelles
» raiſons qui appuyent la ſageſſe des

» conseils que notre très-cher oncle
» le Duc d'Orléans nous a donnés sur
» ce sujet. Nous sçavons d'ailleurs que
» chargé du Gouvernement de l'Etat
» jusqu'à notre majorité, tous ses vœux
» ne tendent qu'à nous le remettre
» tranquille & florissant, & à y par-
» venir par des voies qui montreront
» à tous nos Sujets qu'il ne cherche
» qu'à connoître & à employer le mé-
» rite & la vertu, qu'il veut que les bons
» Sujets de toutes conditions, & sur-
» tout ceux de la plus haute naissance,
» donnent aux autres l'exemple de tra-
» vailler continuellement pour le bien
» de la Patrie; que toutes les affaires
» soient réglées, plutôt par un concert
» unanime, que par la voie de l'auto-
» rité; & que la paix, fidélement en-
» tretenue au dehors avec nos voisins,
» regne en même tems au dedans par
» l'union de tous les Ordres du Royau-
» me. A ces causes, de l'avis de notre
» très-cher & très-amé oncle le Duc
» d'Orléans Régent, de notre très-cher
» & très-amé oncle le Duc de Bour-
» bon, de notre très-cher & très-amé
» oncle le Duc du Maine, de notre
» très-cher & très-amé oncle le Comte

» de Touloufe , & autres grands & no-
» tables perfonnages de notre Royau-
» me , & de notre certaine fcience ,
» pleine puiffance & autorité Royale ,
» nous avons dit & déclaré , & par ces
» préfentes fignées de notre main , di-
» fons , déclarons , voulons & nous
» plaît.

   » Premierement, qu'outre le Confeil
» général de Régence , il en foit éta-
» bli fix autres particuliers, qui feront
» compofés chacun d'un Préfident &
» d'un nombre convenable de Confeil-
» lers & de Secrétaires , felon la na-
» ture des affaires dont chaque Confeil
» fera chargé ; fçavoir le Confeil de
» Confcience , où l'on traitera des af-
» faires Eccléfiaftiques ; le Confeil des
» affaires étrangeres ; le Confeil de
» guerre & de tout ce qui y a rapport ;
» le Confeil de Finance ; le Confeil de
» Marine & de tout ce qui en dépend ;
» le Confeil des affaires du dedans du
» Royaume, qui étoient ci-devant por-
» tées au Confeil des Dépêches ; le tout
» fans rien innover à l'égard du Con-
» feil Privé, même des Directions pour
» ce qui regarde les affaires contentieu-
» fes de Finance, lefquelles fe tien-

» dront ainſi que par le paſſé., ſauf à y
» être apporté dans la ſuite tel Régle-
» ment qu'il appartiendra ; comme auſſi
» ſans que les affaires dont la connoiſ-
» ſance appartient à nos Cours & au-
» tres Tribunaux & Juriſdictions de
» notre Royaume , puiſſent être portées
» dans leſdits Conſeils.

  » 2°. Et atrendu que le Commerce
» a preſque un égal rapport avec les
» Finances & la Marine , il ſera fait
» choix de quelques-uns des membres
» de ces deux Conſeils pour y travail-
» ler avec les Députés des Villes du
» Royaume , qui ont eu entrée juſqu'à
» préſent dans le Conſeil de Commer-
» ce ; & en cas que la matiere ſoit im-
» portante, les Conſeils de Finance &
» de Marine ſe réuniront pour la diſcu-
» ter conjointement.

  » 3°. Ceux qui ſeront choiſis pour
» entrer dans ces différens Conſeils, ſe-
» ront tenus de s'aſſembler inceſſam-
» ment dans le lieu qui ſera deſtiné à
» tenir chaque Conſeil , pour dreſſer
» un projet de Réglement ſur la forme
» qui y ſera obſervée par rapport à l'or-
» dre & à la diſtribution des affaires ,
» au tems & à la maniere de les trai-
» ter , à la rédaction qui ſera faite des

» délibérations, & aux Regiſtres qui en
» feront tenus ; & ce projet fera porté
» au Conſeil de Régence, pour y être
» autoriſé & confirmé ainſi qu'il fera
» jugé à propos.

» 4°. Toutes les matieres qui auront
» été réglées dans les Conſeils particu-
» liers, feront enſuite portées au Con-
» ſeil général de Régence pour y être
» pourvû par notre très-cher oncle le
» Duc d'Orléans Régent du Royaume,
» ſuivant la pluralité des ſuffrages, ſi
» ce n'eſt qu'il y eût égalité d'avis, au-
» quel cas celui du Régent prévaudra
» & ſera déciſif ; & néanmoins en ce qui
» concerne les Charges & Emplois, les
» nominations & collations des béné-
» fices, les gratifications, penſions,
» graces & rémiſſions, notre très-cher
» oncle le Duc d'Orléans Régent du
» Royaume pourra en diſpoſer, ainſi
» qu'il jugera le plus à propos, après
» avoir conſulté le Conſeil général de
» Régence, ſans être aſſujetti à ſuivre
» la pluralité des voix à cet égard ; le
» tout conformément à l'Arrêt rendu le
» 2 du préſent mois par notre Cour de
» Parlement, & dont nous avons or-
» donné l'exécution dans notre Lit de
» Juſtice du 12 Septembre préſent mois.

» 5°. Le Préſident de chaque Conſeil
» particulier aura ſéance & voix déli-
» bérative au Conſeil général de Ré-
» gence pour les affaires qui regarde-
» ront le Conſeil dont il ſera Préſident,
» & fera le rapport des réſolutions qui y
» auront été priſes ; & s'il eſt jugé né-
» ceſſaire en certains cas d'y appeller
» encore quelques-uns des Conſeillers
» dudit Conſeil, ſoit pour faire le rap-
» port des affaires dont le Préſident n'au-
» ra pû ſe charger, ou pour d'autres
» raiſons, ceux qui y entreront alors
» auront pareillement voix délibérative
» dans le Conſeil général de Régen-
» ce.

» 6°. Dans les affaires importantes,
» notre très-cher oncle le Duc d'Or-
» léans Régent du Royaume, appel-
» lera audit Conſeil général, quand
» il eſtimera le devoir faire, tous les
» Préſidens des Conſeils particuliers,
» même tels des Conſeillers deſdits Con-
» ſeils qu'il jugera à propos d'y joindre.

» 7°. Il commettra un des Conſeillers
» du Conſeil général, pour recevoir
» deux fois la ſemaine, à l'iſſue dudit
» Conſeil, avec deux Maîtres des Re-
» quêtes de notre Hôtel, qui feront ac-
» tuellement de ſervice en notre Con-
» ſeil, tous les Placets qui ſeront por-

» tés dans une des falles du Palais où
» nous ferons notre demeure ; & feront
» lefdits Placets remis entre les mains
» defdits Maîtres des Requêtes pour en
» faire l'extrait, dont ledit Confeiller
» rendra compte en leur préfence à
» notre très-cher oncle le Duc d'Or-
» léans Régent du Royaume, qui les
» renverra enfuite aux Préfidens des
» Confeils, ou aux Officiers des Com-
» pagnies, ou autres que chaque Pla-
» cet pourra regarder.

» 8°. Et pour ce qui concerne les Ré-
» glemens généraux qui pourront être
» à faire pour l'adminiftration de la Juf-
» tice dans notre Royaume, voulons
» qu'il y foit procédé par notre très-
» cher & féal Chancelier de France,
» avec tels des Chefs & Préfidens des
» premieres Compagnies, Officiers du
» Parquet, & autres Magiftrats que
» nous jugerons à propos de choifir, &
» auxquels nous donnerons les ordres né-
» ceffaires à cét effet, nous réfervant de
» les appeller même à nos Confeils avec
» voix délibérative, lorfque leur préfen-
» ce y pourra être néceffaire pour notre
» fervice & le bien de notre Royaume,
» fans les détourner de leurs fonctions
» ordinaires.

» 9°. Voulons auffi que les affaires

» de nature à être portées auxdits Con-
» feils , dans lefquelles notre Domaine
» ou les droits de notre Couronne pour-
» roient être intéreffés , foient commu-
» niquées à nos Avocats & Procureur
» Généraux en notre Cour de Parle-
» ment de Paris , pour y donner leur
» avis par écrit , qui fera lû auxdits
» Confeils , où ils pourront même être
» entendus , quand ils croiront devoir
» le demander , avant que lefdites af-
» faires y foient réglées ».

Le Confeil des Finances fut compofé
du Régent , comme Ordonnateur ; de
M. le Maréchal Duc de Villeroi Pair
de France , auquel on conferva la premiere place , en conféquence de ce qu'il
avoit été nommé par le feu Roi , Chef
du Confeil Royal établi par M. Colbert ;
de M. le Duc de Noailles Pair de France , en qualité de Préfident ; de M. le
Marquis d'Effiat en qualité de Vice-Préfident. Pour Confeillers on nomma MM.
le Pelletier des Forts , Rouillé du Coudray ; Directeurs des Finances & du
Contrôle général , le Pelletier de la
Honflaye & Fagon Confeillers d'Etat ;
les fieurs d'Ormeffon , Gilbert de Voi-
fin , de Gaumont , de Baudry , Maîtres
des Requêtes , & le fieur Dodun. Préfi-

dent aux Enquêtes ; & pour Secrétaires les fieurs Lefebvre & de la Bliniere.

Le Régent figna feul toutes les Ordonnances concernant les dépenfes comptables & les comptans, & fe réferva la faculté de commettre tant au Tréfor Royal qu'aux Parties cafuelles, qui bon lui fembleroit pour en rendre compte.

Le Contrôle général fut exercé par les deux Gardes des Regiftres du Contrôle général, fous la direction du fieur Rouillé.

Les états de diftribution de Finances devoient être fignés par le Régent, le Chancelier, le Chef du Confeil, le Préfident, le Vice-Préfident, & celui des Confeillers qui auroit fait le rapport.

Le Confeil s'affembloit au Louvre le Mardi & le Vendredi matin ; la grande Direction s'affembloit tous les quinze jours, & le Préfident du Confeil des Finances devoit y affifter toutes les fois qu'elle feroit affemblée.

Le Confeil du Commerce, dont les opérations font fi étroitement liées à la Finance, & principalement dans l'épuifement général des Peuples, fut compofé de M. le Marechal de Villeroi, de M. le Duc de Noailles, de M. le Ma-

réchal d'Estrées Président du Conseil de
Marine, de MM. Daguesseau, Amelot,
de Nointel, Rouillé du Coudray, d'Ar-
genson, Conseillers d'Etat; de MM. Fer-
rant, de Machault & Roujault Maîtres
des Requêtes. Les Députés des Provinces & Villes de Commerce du Royaume y eurent entrée & séance à l'ordinaire. Dans les matieres de Commerce
extérieur, le Conseil de Commerce
& celui de Marine se réunissoient; &
de cette façon pour la seconde fois ce
grand tout fut conduit par les mêmes
vûes & les mêmes principes, suivant
l'esprit de son institution.

M. le Duc de Noaille eut la principale part dans l'administration des Finances, & c'est sur lui qu'ont roulé les
opérations dont nous allons rendre
compte.

L'Histoire a droit d'écarter des hommes dont elle s'occupe l'éclat étranger
des titres & des dignités; mais elle doit
compte des talens & des vertus qui ren-
dent un citoyen aussi cher qu'utile à sa
Patrie, & dont l'exemple servira d'instruction à la postérité. Cependant on
s'éloignera dans cet ouvrage des regles
ordinaires; un simple récit des faits
conduira le lecteur au terme qu'on s'est

propofé. Si même les principes employés jufqu'à préfent nous conduifoient à des doutes fur quelque opération, ils feront expofés. Ce ne fera pas, on en convient, rendre à la vérité d'une maniere tout-à-fait impartiale ce qui lui appartient ; mais peut-être cette méthode eft-elle plus digne d'un génie d'un ordre auffi fupérieur ; la véritable gloire brille de fon propre éclat.

Il étoit dû par l'Etat au premier Septembre 1715 :

Sur les dépenfes de **1707** . . .	33708517	
Refte dû des Ordonnances expédiées pour les années **1708**. . .	19211502	
1709. . .	23668527	liv.
1710. . .	40356242	369111593
1711. . .	54003174	
1712. . .	42508520	
1713. . .	53659612	
1714. . .	37366519	
1715. . .	64628980	

Le montant véritable des billets de l'Extraordinaire des guerres & de la Marine, des promeffes de la caiffe des emprunts, billets des Receveurs géné-

raux

liv.

De l'autre part... 369111593

raux , de Legendre , arrérages des rentes & gages ,
des parties employées fur
les grands & petits états ,
des charges dûes des an-
nées précédentes fur les
recettes générales & les
recettes des tailles , enfin
de tout ce qu'on pouvoit
appeller dettes exigibles ,
pour les diftinguer du capital des aliénations non
exigible , étoit inconnu ,
& les perfonnes qui pou-
voient en inftruire les évaluoient au total d'après
des eftimations incertai-
nes à 374020850

Total 743132443
Le projet des dépenfes
montoit à 146824181

Total des fommes à
payer 889956624

Pour répondre,
les Impofitions de
1715 montoient à la
fomme de 165576992

De l'autre part... 889956624 liv.

Les charges perpétuelles à... 86009310
Les diminutions & remifes ... 10756885
} 96766195

Total des parties du Tréfor Royal . . . . . . 68810797 liv.

Ainfi tant pour les dépenfes courantes que pour les autres, il manquoit de fonds 821145827

Cependant après une révifion plus exacte, & au moyen de la découverte des doubles emplois, le total des ordonnances & affignations de toute efpece, & autres effets compris fous le nom de dettes exigibles, n'étoit que de fept cent dix millions neuf cent quatre-vingt-quatorze mille livres ; & le manque de fonds de fept cent quatre-vingt-huit millions fept cent cinquante-fept mille trois cent foixante-quatre liv.

Pour fatisfaire au courant il fe trouvoit comptant à la caiffe des Fermes générales environ fept à huit cent mille livres. Sur les foixante-neuf millions des parties du Tréfor Royal, il n'y avoit de libres que quatre à cinq millions.

On a vû dans l'époque précédente qu'il avoit été confommé d'avance fur les revenus de 1715 la fomme de quatre-vingt-fix millions cent trente-quatre mille cinq cent quatre-vingt-douze livres, & fur les revenus de 1716 la fomme de cinquante-fix millions fept cent cinquante mille neuf cent deux livres. Plus de la moitié des fonds de 1717 étoient même confommés.

Les reftes de 1712 montoient à la vérité à 7433317 19 6

Ceux de 1713, 1714, 1725, à . . . 34465971 8 10

liv. f. d.

41899289 8 4

Mais indépendamment de la difficulté des recouvremens on ne pouvoit y compter qu'en 1716 ; & ils étoient affectés naturellement aux dépenfes de cette année.

Tel étoit le tableau des Finances lors du premier Confeil qui fe tint le 20 Septembre. Nul crédit ouvert ; la caiffe des emprunts & celle de Legendre étoient abfolument décriées, fix mois avant la mort du feu Roi. La confiance que cette derniere caiffe avoit infpirée auparavant, avoit été acquife aux dépens du Tréfor Royal, dont les affignations & les billets parurent des effets peu folides, dès que les fonds en fortirent pour paffer dans une autre caiffe ; ou plutôt dans les crifes du crédit public la feule reffource pour fubfifter en attendant la réforme eft de le tranfporter le mieux qu'il eft poffible d'une branche à l'autre, parce qu'un crédit neuf eft ordinairement abondant dans fon origine.

Quelque defefpérée que parût cette fituation, le Régent & le Confeil fe refuferent au projet honteux & violent de ne pas reconnoître les dettes contractées par le feu Roi. Il fut unanimement réfolu de maintenir la foi publique ; & fans prévoir encore les expédiens qu'il étoit poffible d'employer, ce fut d'avance une confolation d'avoir rejetté celui-là dans une circonftance où la néceffité avoit femblé en excufer la propofition.

Avant d'aller plus loin, il eft à propos de mettre fous les yeux du lecteur l'état des revenus, des charges & des dépenfes.

ETAT ABREGE

DES REVENUS DU ROI

ils étoient à la mort du feu Roi au premier Septembre 1715, &
Charges aſſignées ſur iceux.

	Eſtimations.		Diminutions & Charges.	Parties Tréſor R
s caſuels.	liv.			
uelles.	1700000		liv.	1700
. . . . .	2179542	Charges	922276 .	1257
	3879542		922276	2957
SITIONS.				
d'Elections.				
. . . .	41287178	Dimin. 3457000 } Charges 24473635 }		13356
, montant des Cotes, Affran-t.	14065915	Dimin.	2109886	11956
es biens fonds..	13750627	Idem.	2062592	11688
es Charges . . .	760779			760
	69864499		32103113	37761
d'Etats.				
uits	6248183	Charges.	804514	5443
. . . .	8833284	Diminut.	2157407	6675
es biens.	4708366	Idem.	120000	4588
	19789833		3081921	16707
énérales deſdits ɛtats & Provin-ies	Impoſitions, 4344453	Charges.	2905773	1438
ɔitations	2920615			2920

	liv.		liv.		liv.
ales	47000000	*Charges*	51000000		
rticulieres.					
Flandre . . .	700000	*Idem.*	603000		97000
ongwy . . .	12000				12000
ccident . . .	420000	*Idem.*	197000		223000
Alface, & e Metz & mté. . . .	1020000	*Idem.*	668100		351900
x & Quaran-on	240000	*Idem.*	134400		105600
Amortiffe-fes réunis, s, Affir-.	723750	*Charges*	206520		517230
. . . . .	3100000	*Idem.*	480992		2619008
. . . . .	1625000	*Idem.*	18000		1607000
Actes	3000000	*Idem.*	3000000		
xploits . . .	520000	*Idem.*	268000		252000
. . . . .	70000				70000
eurs	300000	*Diminut.*	300000		
la Bourfe Huiffiers	20000				20000
. . . .	550000	*Diminut.*	550000		
du fel en nté.	120000				120000
boiffons . . .	527100	*Charges*	327100		200000
	59947850		57753112		6194738
ral	165596792		96766195		72810797

e de la partie du Tréfor Royal pour le manque
charges des Fermes générales.

DEPENSES.

1715.

MAISONS ROYALES.

Maison du Roi.

		liv. f.
Dépenses ordinaires , 99226 liv. 8 f. par quartier	396905 12	
Gages des Grands Officiers. . .	90000	574905 12
des Officiers des Princes	88000	

Chambre aux Deniers.

Dépenses ordinaires , 230588 liv. 12 f. 9 den. par quartier . . .	922354 11	
Dépenses ordinaires par Ordonnances particulieres	60000	
Augmentations	74000	
Dépenses ordinaires	300000	
Parfait payement.	20000	
Officiers de Paneterie	6000	1636442 3
Officiers de Fourriers	9300	
Officiers de Fruiterie	4500	
Capitaine des Charrois.	6387 10	
Indemnité au Pourvoyeur . . .	120000	
Indemnité au Boulanger. . . .	24000	
Livrées d'aucuns Officiers . . .	80000	
Autres livrées	9900	

Argenterie.

Dépenses ordinaires , 31194 l. 1 f. 3 den. par quartier	124776 5	
Entretenemens des tapisseries...	4000	
Parfait payement de la garde-robe	7000	371776 3
Dépenses du garde-meuble. . .	120000	
Pour achat des pierreries. . . .	116000	

2583123 18

liv. f.

De l'autre part 2583123 18

Menus.

Dépenfes ordinaires, 49548
liv. 5 f. 9. den. par quartier. . . . 198193 3

Logement du Grand-Prevôt. . . 3000

Logement des Muficiens. . . . 8000

Penfions des Ouvriers de Théa-
tre 900

Pour le Garde-meuble 30000

240093 3

Ecuries.

Dépenfes ordinaires, 53804 liv.
5 f. 6 den. par quartier. 215217 2

Augmentation de la grande
Ecurie 77317 10

Augmentation de la petite
Ecurie 120944

Dépenfes extraordinaires. . . . 140000

Pour le Haras 40000

Petite oye des livrées 12000

Pour les Selliers. 6000

Pour l'Eperonnier. 4000

Pour les Hautbois & Mufettes.. 8000

Pour les Médecins, Chirurgiens
& Apothicaires 2000

Pour les habillemens & fournitures. 260000

Pour la lingerie. 3000

Pour livrées 20222 10

908701 2

Achat de chevaux.

Dépenfes ordinaires, 3000 liv.
par quartier. 12000

Offrandes.

Dépenfes ordinaires {
Quartier de Janvier. 9725
Quartier d'Avril . . . 5825
Quartier de Juillet.. 2215
Quartier d'Octobre.. 3415
} 21200

Parfait payement pour le touche-
ment des malades. 2000

Parfait payement des livres de la
Semaine-fainte. 2000

25200

3769118 3

		liv.	f.
De l'autre part	**3769118**	**3**

Aux Pauvres des Faubourgs	20000	
Aumônes à plusieurs Communautés	60000	
Pour les nouveaux Catholiques . . .	60000	
Pour les nouvelles Catholiques. . .	7200	
Pour la maison des nouveaux Convertis	4000	
Pour le Séminaire de Saint Nicolas du Chardonnet.	1200	
Pour l'Hôtel-Dieu	3600	
Pour la Communauté de Ste Agnès	1000	242850
Pour la Communauté du bon Pasteur	5500	
Pour les filles de Saint Joseph . . .	3000	
Pour l'union chrétienne	3000	
Pour la Fabrique de S. Germain . . .	1500	
Pour les Sœurs de la Charité de Saint Germain.	5850	
Pour les Annonciades de Meulan...	5000	
Pour les Bernardines de Courville..	2000	
Pour les Maisons des nouveaux & nouvelles Catholiques	60000	

Prevôté de l'Hôtel.

Dépenses ordinaires, 3009 liv. 19 f. 9 den. par quartier.	11039 19	
Parfait payement.	44000	62039 19
Gages extraordinaires du Grand Prevôt.	6000	

Cent-Suisses.

Dépenses ordinaires, 10092 liv. 2 f. 3 den. par quartier	40368 9 4	
Pour la solde de trente-six Suisses d'augmentation.	12726	53094 9 4

Venerie & Fauconnerie.

Dépenses ordinaires, 33743 liv. 2 f. 4 den. par quartier	134972 5	
Parfait payement de la Venerie	52125	
Idem de la Fauconnerie	29360	228457 5
Au sieur Comte de Mornay pour les Suisses du Parc S. Germain....	12000	

	4355559 16 4

liv. f. d.

De l'autre part 4355559 16 4

A lui pour les Faisandiers, Renardiers & Valets de limier 3600

Au fieur Marquis de Saint-Heran, pour ceux de Fontainebleau 3600

Au fieur Marquis de Saumery, pour ceux de Chambord. 3000

A lui pour les cafaques des Officiers de Chambord. 5640

Au fieur Bontemps pour celles du Louvre. 5000

Au fieur de Menas, pour celles de Blois .... 4050 } 118116 10

A M. le Duc de Trefmes, pour celles de Montreaux. 2570

A M. le Duc d'Humieres, pour celles de Compiegne. 1880

Penfion du fieur de Sorey ... 1000

Au fieur Vathois, pour l'équipage du vol pour lievre 3987 10

Pour les gages des Officiers des Capitaineries royales. 83788 12

Louveterie.

Dépenfes ordinaires, 5818 liv. 5 f. par quartier 23273

Au Marquis d'Heudicourt, Grand Louvetier .... 10300 } 35073

A lui gratification 1500

Maifon de Madame la Duchefse de Berry.

Dépenfes ordinaires, 145000 liv. par quartier . 580000

Maifon de Madame.

Dépenfes ordinaires, 60000 liv. par quartier. 240000

Augmentations. .... 48000 } 300000

Parfait payement. 12000

5388748 18 4

Maifon

liv. f. d.

De l'autre part . . . 5388748 18 4

Maiſon de Monſeigneur le Duc d'Orléans.

Dépenſes ordinaires, 135000 liv.
par quartier 540000
Dépenſes extraordinaires . . . . . 100000 } 810000
Parfait payement 20000
Penſion de M. le Duc de Chartres 150000

Maiſon de Madame la Ducheſſe d'Orléans.

Penſion . . . . 150000 } 250000
Intérêt de ſa dot 100000

Récompenſes des Officiers de la Maiſon du Roi.

Dépenſes ordinaires. { Quartier de Janvier. . . .	24012 10	
Quartier d'Avril	24012 10	95970
Quartier de Juillet	23972 10	
Quartier d'Octobre	23972 10	

Aux Maréchaux-des-Logis à raiſon de 900 liv. par mois 10800

Aux Fourriers des Logis à 1800 liv. par mois 11600

Aux Trompettes à raiſon de 240 liv. par mois 2880

A quatre Gardes de la Porte qui ſervent près de la Reine d'Angleterre, à raiſon de 960 l. par quartier 3840

Au ſieur de Villeneuve, Lieutenant de la Prévôté 1200

Au ſieur la Chapelle, Capitaine des Gardes, à raiſon de 900 liv. par quartier 3600

Aux Femmes-de-chambre de M. le Dauphin 4200

Aux Officiers de M. le Dauphin pour la Chapelle 1800

Au ſieur Balon, Maître à danſer de M. le Dauphin 3600

149490

6598238 18 4

liv. f. d.

De l'autre part 6598238 18 4

Comptant du Roi.

Dépenfes ordinaires , 36000 liv. par quartier 144000

Au Roi pour la petite Ecurie... 180000

A Sa Majefté pour les trois pre-miers quartiers, à raifon de 200000 liv. chacun. 600000

} 924000

Total des dépenfes des Maifons royales... 7522238 18 4

Dépenfes du Roi & de la Reine d'Angleterre.

Pour les dépenfes pendant les douze mois, à raifon de 50000 liv. par mois . . . 600000

Bâtimens.

Dépenfes ordinaires, 1715.. 1939145

Supplément de dépenfes par comparaifon à 1714. 1000000

Penfions.
{
Au Sieur Deville 12000
au Sr Merlet . . . 2000
au Sr Balon. . . . 1000
au Sr Defgodets.. 2000
au Sr Bailly. . . . 1500
au Sr Pigoreau... 1500
au fieur Dufreny. 1200
au Sr Mazagatti.. 400
au Sr Soulaigre... 400
au Sr Chevalier... 400
à la veuve Jourdain 300
à la veuve Fleuron 300
} 23000

2978304 5

Pour l'entretien des Miffion-naires de Fontainebleau 6000

Pour les Officiers des Bâti-mens à Fontainebleau 2900

Aux héritiers de M. l'Arche-vêque de Rouen , pour loyer de maifon à Paris pour la Bi-bliotheque du Roi 5000

Au Collége de Cambray . . , 1200

Au Curé de Marly, pour in-demnité 684 5

A celui de Croiffy . , . . . 375

11100543 3 4

De l'autre part 11100543 3 4

Ligues Suisses.

Dépenses ordi-naires. $\begin{cases} 80000 \\ 35000 \\ 80000 \end{cases}$ 195000 $\Big\}$

Parfait payement par com-paraison à 1714 370505

Pour change, différence d'especes & remise des fonds ci-dessus . . . . , 161810 5 1 $\Big\}$ 1181568 5 1

Pour le renouvellement de l'Alliance en 1715 363253

Pour le payement des Chai-nes & Médailles d'or 91000

Garnisons ordinaires.

Pour les dépenses ordinaires desdites garnisons 2381920

Pour supplément d'appointe-mens par Ordonnances particu-lieres . 67117 $\Big\}$ 2467225

Aux Officiers Majors des Places rasées. 18188

Ordonnances expé-diées pour la solde des troupes du mois de $\begin{cases} \text{Janvier.} & 4026000 \\ \text{Février.} & 4026000 \\ \text{Mars} \dots & 3355000 \\ \text{Avril} \dots & 3202500 \\ \text{Mai} \dots & 3050000 \\ \text{Juin} \dots & 3050000 \\ \text{Juillet} \dots & 3050000 \\ \text{Août} \dots & 3050000 \end{cases}$ 39009500

Ordon-nances à expédier $\begin{cases} \text{Septemb.} & 3050000 \\ \text{Octobre} & 3050000 \\ \text{Novemb.} & 3050000 \\ \text{Décemb.} & 3050000 \end{cases}$ $\Big\}$ 39091606

Pour les appointemens des Offi-ciers Majors de la Cavalerie. . . . 61366

Pour les appointemens de l'Etat Major des Dragons 20740

538409 8 5

liv. f. d.

De l'autre part... 53840941 8 5

Etapes.

On estime que la dépense pourra monter à 300000

Artillerie.

Ces trois articles font tirés par comparaifon aux années précédentes.

Pour les gages des Officiers en titre... 680000
Pour les dépenfes de l'Artillerie.... 150000 } 1330000
Pour les Poudres, 500000

Troupes de la Maifon du Roi.

Gardes du Corps.

Ordonnances expédiées.

Janvier..... 143500
Février..... 143500
Mars..... 143500
Avril..... 143500
Mai..... 143500
Juin..... 164000
Juillet..... 164000
Août..... 164000 } 1865500

Ordonnances à expédier.

Septembre.... 164000
Octobre..... 164000
Novembre.... 164000
Décembre.... 164000

} 2141747

Pour le payement du Guet près le Roi.............. 201775

Pour récompénfes des quatre Officiers du Guet, à raifon de 1225 liv. par quartier............. 4900

Pour les Penfions des Officiers des Gardes du Corps......... 68572

Chevau-Légers & Moufquetaires.

Ordonnances expédiées.

Janvier..... 61750
Février..... 61750
Mars..... 61750
Avril..... 61750
Mai..... 61750
Juin..... 61750
Juillet..... 61750
Août..... 61750 } 494000

liv. f. d.

De l'autre part.... 60806689 8 5

Ordonnances à expédier	Septembre....	61750	
	Octobre....	61750	295250
	Novembre....	61750	
	Décembre....	110000	

Pensions des Officiers des Mousquetaires. . . . . 42000 | 374825

Pensions des Maréchaux-des-Logis des deux Compagnies 7200

Pensions des Grands Officés de Chevaux-Legers & Gens-d'armes.... 30375

Gendarmerie.

Ordonnances expédiées.	Janvier....	61250	
	Février....	61250	
	Mars....	55125	
	Avril....	55125	
	Mai....	55125	716625
	Juin....	55125	
	Juillet....	55125	
	Août....	73500	

Ordonnances expédiées.	Septembre....	61250	
	Octobre....	61250	
	Novembre....	61250	
	Décembre....	61250	

919837

Pensions des Officiers de la Gendarmerie 196612

Pensions des Maréchaux-des-Logis 6600

Régimens des Gardes.

Ordonnances expédiées.	Janvier....	159250	
	Février....	160550	
	Mars....	159990	
	Avril....	159990	
	Mai....	159990	1283300
	Juin....	159990	
	Juillet....	159990	
	Août....	164000	

63384651 8 5

liv. f. d.

De l'autre part.... 63384651 8 5

Ordonnances à expédier.
{ Septembre.. 164000 }
{ Octobre..... 164000 }
{ Novembre.. 164000 } 656000
{ Décembre... 164000 }

Penfions des Officiers defdits
Gardes. . . . . 87250 } 745950
Au fieur de Salians, Lieutenant
Colonel 2700

Marine.

Dépenfes ordinaires. 14000000
Pour les bâtimens des Arfe-
naux   60000
Pour les dépenfes fecretes.... 100000 } 15166000
Pour les jeunes Orientaux,
penfions 6000
Pour les gages des Officiers
en titre, par eftimation 1000000

Galeres.

Dépenfes ordinaires. . . . . 2800000 } 2810500
Pour les bâtimens de l'Arfenal. 10500

Fortifications.

Comparaifon à 1714.
{ Pour les dépenfes des Places de ter-
re . . . . 1020833 }
Pour les Places maritimes... 612500 } 1673139 5
Gratifications des Ingénieurs 24806 5
Pour les Fortifications de
Lyon 15000

Ambaffades.

Pour les appointemens des Ambaffa-
deurs & Envoyés dans les Cours etrange-
res, par eftimation . . . . } 1000000

La Baftille.

Pour les dépenfes des Prifonniers
de la Baftille 80000
Pour ceux de Vincennes. . . . 15000
Pour ceux de Pierre-en-Cize.... 30000 } 136765
Pour ceux des Ifles Ste Marguerite 5000
Pour ceux de Saumur, Loches,
& autres. 6400
Pour un prifonnier à Nantes ... 365

84917605 13 5

liv. f. d.

De l'autre part 84917005 13 5

Penfions.

Officiers des troupes.

Aux Officiers des troupes, par
Ordonnances particulieres 2300000
Aux Lieutenans - Colonels,
Majors & Capitaines de Grena-
diers 150000
Aux Majors des Régimens de
Cavalerie . . . . 25000 } 2561000
Aux Officiers du Régiment des
Carabiniers 36000
Aux Officiers Majors de Dra-
gons 50000

Autres Penfions.

A M. le Duc de Bourbon . . . { 100000
10000
A Madame la Duchesse de { 100000
Bourbon 90000
A Madame la Princesse de Conty,
premiere Douairiere 100000
A Madame la Princesse de Conty,
seconde Douairiere 60000
A M. le Prince de Conty 70000
A M. le Duc du Maine . . . . . 100000 } 960700
A M. le Comte de Toulouse.. { 75000
15000
A M. le Prince de Vaudemont. 72000
Aux Prélats & Barons de Lan-
guedoc 66500
Pour les Gentilshommes aux
Etats de Bretagne. 33000
Pour les Académiciens 52400
Aux Femmes qui ont servi les
Princes 16800

Penfions, gratifications, & menus dons
par Ordonnances particulieres, par eftimation 3500000

91938705 13 5

T iiij

De l'autre part.... 91938705 13 5

Appointemens & gages du Conſeil.

Appointemens & gages du Conſeil, des Grands Officiers, des Cours ſupérieures, Miniſtres & Secrétaires d'E-tat 1291167 10

Quartier retranché des ga-ges 330330

Au ſieur Marquis de la Vrilliere 4500

Appointemens des Commis au Bureau des Fermes. . . . 118000

Appointemens de Commiſ-ſaires pour la régie du dixieme 36875

Appointemens de Commiſ-ſaires pour les rentes ſur les Tailles 33000

Appointemens de Commiſ-ſaires pour les rentes ſur le Contrôle des Actes 33000

Ces deux Bureaux finiſſent cette an-née. { *Idem* pour le jugement des Pri-ſes. 31700

Idem pour les vivres . . . . 17437 10 } 2532510

Appointemens d'Inſpec-teurs de Manufactures . . . 16000

Aux Agens du Clergé. . . 3000

Aux Doyens des Maîtres des Requêtes 9600

Aux Profeſſeurs Royaux pour gages. 22900

Appointemens des Inten-dans dans les Provinces . . . 575100

Autres dépenſes & appoin-temens de Commis, par Or-donnances particulieres 20000

Acquits Patens.

Pour les Miniſtres, Secrétaires d'Etat, leurs premiers Commis, & autres 220000

94691215 13 5

liv. f. d.

De l'autre part 94691215 13 5

Appointemens des Grands Officiers de la Couronne & Maréchaux de France.

Appointemens de M. le Duc
du Maine, en qualité de Général
des Suisses 12000
Appointemens des
Maréchaux de France 122000 } 134000 } 530940

Idem des Grands Officiers de la
Maison du Roi 396940

Gratifications extraordinaires & autres dépenses.

Les Ordonnances expédiées
pendant les huit premiers mois
montent à . . . . 8500000 }
} 15000000
On estime que celles qui pourront être expédiées pendant les
quatre derniers mois monteront à 6500000

Guet de Paris & Brigades.

Au sieur Duval pour le Guet . . . 135000
Au Porteur pour les Brigades . . 26536 } 169425
Au sieur Duval 1500
Aux Commandans des Brigades 6400

Affaires secretes.

Subsides de Cologne à raison
de 101500 liv. par mois 1218000
Pensions à l'étranger 140000

Dans cet article
sont compris prés
de trois millions
d'Ordonnances
pour l'Electeur de
Baviere. { Le montant
des autres
Ordonnances
expédiées
pendant les
huit premiers
mois 1715,
est de . . . . 5000000 } 6358000

On croit qu'il en sera encore
expédié pendant les quatre derniers mois pour 500000

117249581 13 5

liv. f. d.
De l'autre part 117249581 13 5

Intérêts d'avances & remises de Traités.

Les Ordonnances expédiées
pendant les huit premiers mois
1715, montent à . . . . 8760000 ⎫
On croit qu'il pourra en être   ⎬ 15000000
expédié pendant les quatre der-   ⎪
niers mois pour . . . . 6240000 ⎭

Ponts & Chauſſées.

Par Ordonnance de ſupplément, outre
le fonds fait dans les états des Finances,
monte par comparaiſon aux années précédentes à. 120000

Pavé de Paris.

Pour les dépenſes ordinaires 154600

Voyages & Vacations.

On eſtime que les Ordonnances expédiées & à expédier juſqu'à la fin de l'année
monteront à 300000

Rembourſemens.

Les Ordonnances expédiées pendant les ⎫
huit premiers mois 1715, pour rembourſe- ⎪
ment d'Offices, droits & autres,   ⎬ 14000000
montent à 9000000   ⎪
On croit qu'il pourra en être   ⎪
encore expédié pendant le reſtant   ⎪
de l'année pour 5000000   ⎭

Total 146024181 13 5

Pluſieurs points très-importans ſe pré-
ſentoient à exécuter à la fois. Il falloit d'a-
bord pourvoir au courant, principalement
au payement des troupes & à celui des
Rentiers. Il étoit impoſſible de former au-

cun plan folide pour l'avenir fans une connoiffance très-exacte des dettes , de leur nature ; fans difcuter tous les articles de charges & de dépenfes , afin de les régler ; fans approfondir la nature des divers revenus , les améliorations dont chacun d'eux étoit fufceptible ; enfin fans s'inftruire à fond de la fituation des Peuples.

Le premier article , comme le plus preffé , fut le fujet des premieres délibérations : on eut le courage , malgré l'inftante néceffité des affaires , de fe réfoudre à n'employer ni les Traités extraordinaires , ni les créations de charges & de rentes ; fources uniques du defordre & de la confufion où fe trouvoient les Finances. Chacun fentoit combien il feroit avantageux pour le Roi , de faire porter directement fans frais au Tréfor Royal le montant des impofitions , de fe fecourir foi - même dans l'abandon général où l'on étoit de la part des gens d'affaires , qui efpéroient que les détreffes publiques mettroient un nouveau prix à leur argent.

Les Receveurs Généraux avoient fait des avances qui paroiffoient confidérables , mais on leur en avoit alloué une grande partie pour des intérêts :

ils s'étoient fait donner des quittances comptables, non-seulement des exercices passés, mais même de leurs exercices à venir; en sorte qu'ils comptoient que la partie du Trésor Royal leur appartenoit presque en entier jusqu'à l'année 1718.

On proposa au Conseil d'envoyer dans toutes les Provinces à la fois un ordre aux Maires & Echevins de nommer dans chaque département quelques Notables pour faire les recouvremens, dont ils enverroient toutes les semaines le produit au Trésor Royal : mais ce parti parut trop vigoureux dans l'état de foiblesse & de crise où le Royaume étoit réduit; il sembla plus sûr de se ménager les Receveurs Généraux, & de les gagner par quelques complaisances, en attendant que les ténebres dont on étoit environné disparussent. Les Receveurs Généraux signerent enfin un résultat, par lequel ils s'obligeoient de fournir deux millions de livres pendant chacun des quatre derniers mois de 1715, & deux millions cinq cent mille livres pendant chacun des douze mois de 1716. On verra bien-tôt quel secours apporta cet arrangement, qui ne fut conclu que

les premiers jours d'Octobre 1715.
En conféquence de l'accord fait avec
eux, il fut rendu une Déclaration le
12, par laquelle ils étoient confirmés
dans l'exercice de leurs charges dans
la maniere ordinaire, foit pour employer leurs recettes au payement des
troupes, foit pour fe rembourfer de
leurs avances. Comme leur recette n'é-
toit pas fuffifante pour fatisfaire à ces
deux objets à la fois dans le courant
d'une année, il fut reglé qu'à l'échéance de leurs billets ils en payeroient le
tiers comptant; & que les deux autres
tiers feroient partagés en deux billets,
dont l'un payable dans un an & l'autre
dans deux avec l'intérêt y compris à
fept & demi pour cent.

Même difpofition pour les billets de
le Gendre endoffés par les Receveurs
Généraux, dont ils avoient reçû la valeur en affignations ou quittances comptables fur leurs recettes.

Quant à ceux de ces mêmes billets
qu'ils avoient endoffés par ordre, fans
en avoir reçû aucune valeur, il fut arrêté que chaque Receveur Général qui
les avoit endoffés, feroit tenu de les
convertir aux échéances en fes billets
particuliers, payables un tiers au 10

Novembre 1717, un tiers au 10 Novembre 1718, un tiers au 10 Novembre 1719 ; l'intérêt à sept & demi pour cent, compris dans chacun de ces billets ; ils montoient à six millions.

Il fut ordonné que tous les billets faits & les rescriptions données à l'avenir par les Receveurs Généraux, seroient acquittés en entier à leurs échéances en deniers comptans, sans surséance ni retardement.

La partie du Trésor Royal sur les impositions étoit trente-sept millions sept cent soixante-un mille quatre cent six livres ; ainsi le résultat étant de deux millions cinq cent mille livres par mois, il ne restoit que sept millions sept cent soixante-un mille quatre cent six livres pour l'acquittement des billets des Receveurs Généraux faits pour le compte de l'Etat. Lorsqu'au mois de Novembre on compta avec eux, afin de connoître leur situation & les engagemens de l'Etat, leurs billets montoient suivant leurs Mémoires à. . . . .

liv.

66922817

Ceux de le Gendre endossés par eux à. 6634040
—————————
73556857

Il eût donc fallu environ dix années pour éteindre les capitaux, fans compter les intérêts.

Pour acquitter les rentes on obtint auffi un fecours de quatre millions des Fermiers Généraux, en leur paffant un nouveau bail, à condition de les laiffer jouir des deux fols pour livre des droits des Fermes établis le 2 Mai 1715.

Les Fermes générales avoient été régies fous le nom de Charles Yfembert pendant cinq années, depuis le premier Octobre 1709, jufqu'au dernier Septembre 1714. Par un réfultat du 15 Septembre 1714, cette Régie avoit été convertie en bail fous le nom de Louis François de Nerville pour fix années, commencées au premier Octobre 1709, & finies le dernier Septembre 1715.

Le prix du bail étoit pour chacune des deux premieres années,   liv. de. 36607683

Et pour chacune des quatre dernieres, de 44009328

Par un autre réfultat du 17 Juin 1715, les Fermes avoient été adjugées fous le nom d'Edme Bonne, pour fix années, à commencer du premier Octobre 1715, jufqu'au dernier Septembre 1721.

Le prix du bail étoit pour
la premiere année de..... 46300000 liv.

Pour la feconde..... 46800000

Pour chacune des quatre
dernieres.......... 47300000

Ce réfultat n'eut point lieu ; & le 5
Octobre il en fut arrêté un autre, qui
adjugea les Fermes fous le nom de Paul
Manis pour fix années, moyennant le
prix fuivant.

Pour la pre-
miere année... 48500000

Pour la fecon-
de & la troifie-
me....... 49000000

Pour les qua-
trieme, cinquie-
me & fixieme... 50000000

Dans ce dernier bail furent compris
les deux fols pour livre des droits des
Fermes établis par la Déclaration du 7
Mai 1715, pour le payement des promeffes de la caiffe des emprunts : ce fut
la condition du prêt des quatre millions.

Il fut auffi ftipulé, que les Fermiers
ne payeroient que quarante-cinq millions par an, pour l'acquittement des
rentes & autres charges des Fermes :
le furplus devant être laiffé pour fervir
aux payemens des avances & intérêts
dûs

dûs aux cautions de Ferreau, Nerville & Yfembert.

Etat de ce qui étoit dû à la mort du feu Roi, des charges affignées fur les Fermes unies, & autres dépenfes defdites Fermes, pour l'année entiere 1715, & les précédentes.

	liv.
Rentes de l'Hôtel-de-Ville de Paris.	11709715
Cours fupérieures de Paris.	4383769
Cours fupérieures des Provinces.	4703901
Secrétaires du Roi & Officiers de la grande Chancellerie.	4974133
Tréforiers de France. . . .	1080867
Charges des états du Roi des Fermes unies, affignées fur les Gabelles de France & Lyonnois, cinq groffes Fermes, Aides & entrées...	8135841
Charges des états du Roi des Gabelles de Languedoc & Rouffillon, Provence & Dauphiné.	5520911
Charges locales des Domaines.	1917771
	42426908

De l'autre part.... 42426908 liv.

Avances des Fermiers généraux, Sçavoir :

Pour les années
ordinaires 18000000
Par extraordinai-
re au bail de Ner-
ville . . . . 4000000 } 22000000

qui ont été confommées au moyen des payemens faits au Roi, qui ont excédé confidérablement le prix du bail de Nerville, & des autres précédens.

La Caiffe des Fermes a prêté outre cela par ordre du Roi à la caiffe des emprunts la fomme de 8672792 liv. pour employer au payement des intérêts des promeffes de lad. caiffe des emprunts, depuis le mois d'Avril 1714 jufque & compris le mois de Juillet 1715, de laquelle fomme Sa Majefté doit le remboursement à ladite caiffe des Fermes . . . 8672792

Total . . . 73099700

Etat des rentes, & autres char-
ges affignées fur les Fermes.

RENTES. Sçavoir :

Rentes perpétuel- les , par eftimation..	33649300	
Rentes purement viageres	1900000	
Rentes viageres de la Tontine. . . .	800000	liv.
Gages & taxations des Payeurs & Con- trôleurs.	1653500	38200000
Nouveaux gages réunis auxdits Offi- ciers , par Edit de Février 1716	197200	

Gages & augmentations de ga-
ges des Cours fupérieures af-
fignées tant fur les Fermes
unies que fur les petites Ga-
belles. Sçavoir :

Parlement de Paris.	848260	
Chambre des Comp- tes.	674080	
Cour des Aides . . .	218968	
Grand-Confeil. . . .	195744	2139168
Cour des Monnoies de Paris.	127777	
Cour des Monnoies de Lyon.	74339	

40339168

liv.

De l'autre part.... 40339168

Parlement de Dijon.	250698	
Chambre des Comptes de Dijon. . . .	189362	
Parlement de Bordeaux.	129340	
Cour des Aides de Guienne.	84687	
Parlement de Touloufe	244787	1574297
Cour des Comptes de Montpellier	59958	
Parlement & Cour des Comptes de Provence.	342004	
Parlement & Chambre des Comptes de Dauphiné.	273461	

Autres charges employées dans les états des Fermes... 6593435

Charges locales du Domaine 1587111

Paſſeports & indemnités extraordinaires, par eſtimation 905989

Total. 51000000

On voit clairement que ſur la ſeule partie des Fermes la dépenſe devoit excéder pendant long-tems la recette de deux millions cinq cent mille livres, & preſque à perpétuité.

Une grande partie des prétentions
& des demandes formées sur l'Etat, n'a-
voit d'autre fondement que la confusion des comptes ; & elle ne régnoit
nulle part autant que dans les affaires
où la nécessité avoit forcé l'administration de subir la loi des Entrepreneurs.
Les premiers soins du Conseil regardè-
rent ces sortes de revisions.

Le 28 Septembre il fut ordonné à
tous les Entrepreneurs des traités faits
depuis le commencement de la derniere
guerre pour les fournitures des fourrages, lits de garnisons, hôpitaux, &
voitures pour les vivres, de remettre
dans quinzaine leurs comptes avec
ceux de leurs Commis ou Sous-Entre-
preneurs, ensemble les pieces justifica-
tives, entre les mains de M. Fagon,
pour procéder à leur examen. Pareil
ordre fut donné pour la revision de ceux
des Munitionnaires des vivres pour le
service des quartiers d'hyver depuis le
commencement de la derniere guerre ;
comme cela s'étoit pratiqué en 1714
pour la fourniture des vivres des troupes servant en Campagne.

On nomma en même tems des Commissaires pour arrêter tous les comptes
des traités & recouvremens d'affai-

res extraordinaires faits depuis l'année
1687.

Le premier retranchement sur les
charges tomba sur les rentes constituées
au denier douze sur les Tailles. Il seroit
difficile de rendre d'une maniere plus
noble & plus persuasive les motifs de
cet Edit, qu'ils ne sont exposés dans le
préambule même.

« La condition trop avantageuse des
» rentes qui ont été constituées sur les
» Tailles, par les Edits des mois de Juin
» 1712, Juillet & Décembre 1713, &
» Mars 1714, ayant été une des causes
» qui ont contribué à décréditer les ren-
» tes créées sur l'Hôtel de notre bonne
» Ville de Paris, que nous regardons
» comme la plus favorable & la plus
» privilégiée de toutes les dettes de l'E-
» tat, nous avons crû ne pouvoir rien
» faire de plus convenable pour en ré-
» tablir le crédit & la valeur, que de
» réduire d'un côté au denier vingt-
» cinq les arrérages des rentes créées
» sur les Tailles, pendant que de l'au-
» tre nous avons déja pourvû de telle
» maniere au payement de celles de
» l'Hôtel-de-Ville, qu'elles seront exac-
» tement acquittées à l'avenir dans les
» termes accoutumés. Nous ne doutons

» point que les propriétaires des rentes
» créées fur les Tailles n'ayent compté
» eux-mêmes fur la réduction que nous
» voulons faire, foit parce que le taux
» a dû leur en paroître exceffif, ou parce
» que plufieurs de ceux qui en ont ac-
» quis avoient devant les yeux l'Edit
» par lequel les rentes conftituées fur
» l'Hôtel-de-Ville ont été réduites au
» denier vingt-cinq : nous leur confer-
» vons d'ailleurs l'avantage de recevoir
» fucceffivement le rembourfement de
» leurs capitaux de fix mois en fix mois
» fur les mêmes fonds deftinés audit
» rembourfement par lefdits Edits ; mais
» comme ladite réduction, au denier
» vingt-cinq produit un revenant-bon
» de huit cent quatre-vingt-fix mille
» trente-deux livres feize fols, huit de-
» niers par chacun an, nous avons crû
» devoir l'employer pendant quelques
» années au rembourfement des finan-
» ces de plufieurs Offices que nous
» avons réfolu de fupprimer, parce que
» les gages en font trop à charge à notre
» Etat ; & au payement des intérêts au
» denier vingt-cinq defdites Finances
» principales, qui par ce moyen en fe-
» ront entièrement rembourfées & les
» intérêts payés en fept années ou en-

» viron, après lequel remboursement
» desdites Finances lesdits huit cent
» quatre-vingt-six mille trente-deux liv.
» seize sols huit deniers rentreront &
» seront joints au fonds destiné pour le
» remboursement desdites rentes sur les
» tailles qui seront entierement étein-
» tes & amorties : sçavoir celles du pre-
» mier Edit en neuf ans, celles du deu-
» xieme en neuf ans & demi, celles du
» troisieme en dix ans, & celles du qua-
» trieme en onze ans ; au lieu que sui-
» vant les Edits de création desdites
» rentes, il auroit fallu un tems plus
» considérable pour en consommer le
» remboursement ; après lequel les im-
» positions destinées pour le rembour-
» sement des principaux & pour le
» payement des arrérages desdites ren-
» tes, demeureront éteintes & suppri-
» mées à la décharge des taillables : &
» afin qu'il n'y ait ni faveur ni préfé-
» rence dans lesdits remboursemens,
» nous prendrons sur cela les précau-
» tions qui conviennent ; mais quelque
» nécessaire que soit le retranchement
» que nous faisons, & quelque peu oné-
» reux qu'il soit à nos Sujets à cause du
» remboursement qu'ils recevront, nous
» le ferions néanmoins à regret, si nous
n'étions

» n'étions résolus de prendre beaucoup
» plus sur nous-mêmes par les grands
» retranchemens que nous nous propo-
» sons de faire sur notre dépense, pour
» parvenir à la libération de l'Etat &
» au soulagement de nos Peuples par la
» voye la plus convenable à l'affection
» que nous avons pour eux ».

L'établissement des divers Conseils
& la nécessité de diminuer les charges, firent supprimer les sept Offices
d'Intendans des Finances & les six d'Intendans du Commerce.

Les gages des cinquante Inspecteurs
des Fermes créés en 1707 furent réduits
de deux mille à douze cent livres, c'est-
à-dire sur le pied du denier vingt-cinq
de leur finance au lieu du denier quinze.

Il n'étoit pas possible dans les circonstances de faire de grands biens ni de
les faire promptement ; mais il étoit
important d'inspirer au Peuple la confiance que méritoient les intentions du
Gouvernement, & de lui rendre au
moins son fardeau plus leger, en lui
montrant qu'on l'aimoit, qu'on s'occupoit de lui. Ces sortes de démarches
réussissent toujours dès qu'on ne cesse
point de marcher vers l'exécution. Le
Régent écrivit le 4 Octobre une lettre

circulaire aux Intendans des Provinces qui mérite d'être lue, par le fentiment & par les inftructions qu'elle renferme.

« Monfieur . . . . . . Comme je defire » rétablir l'ordre dans la régie & le re- » couvrement des deniers du Roi, & » procurer à fes Sujets les foulagemens » & les diminutions qu'ils font en droit » d'efpérer de la tendreffe & de l'affec- » tion que j'ai toujours eu pour eux ; » j'ai crû devoir donner les premiers » foins de ma Régence à ce qui regarde » les Tailles : mon intention fur ce point » eft d'arrêter le cours des frais excef- » fifs que font aux taillables les Rece- » veurs, Huiffiers & autres ; d'établir » une jufte égalité dans les impofitions ; » d'empêcher & les vengeances que les » Collecteurs exercent contre ceux » dont ils croyent avoir lieu de fe plain- » dre, & les protections injuftes qu'ils » donnent à leurs parens & à leurs amis ; » de remédier aux non-valeurs fuppo- » fées ; de régler les effets qui ne font » point faififfables ; enfin de mettre dans » ce recouvrement une forme certaine » & invariable.

» Le Réglement que je me propofe » de faire fur cette matiere demande de » férieufes reflexions ; mandez-moi ce

» que vous croyez que je pourrois or-
» donner de plus utile : la connoiſſance
» que vous avez dû prendre tant des
» biens & facultés de ceux qui ſont dans
» votre Généralité , que du produit des
» terres & des différens Commerces qui
» s'y font , vous met en état de me don-
» ner les avis qui me ſont néceſſaires :
» mais en attendant que je puiſſe pro-
» curer aux taillables le ſoulagement
» que je deſire , vous donnerez tous vos
» ſoins dans le Département prochain ,
» à détruire entierement les abus qui ſe
» ſont commis juſqu'à préſent.

  » Je ſuis informé que la liaiſon qui
» eſt ſouvent entre les Officiers des
» Elections & les Receveurs , donne
» lieu à la multiplicité des frais , qu'ils
» regardent comme des revenans-bons
» de leurs Charges : je ſçai que pluſieurs
» d'entre-eux employent leur autorité
» plûtôt à protéger les riches qu'à ſou-
» lager les pauvres , & que les frais ,
» qu'on fait toujours payer par préfé-
» rence à la Taille , en empêchent ou
» en retardent le recouvrement , qui
» doit préſentement ſe faire avec plus
» de facilité depuis la ceſſation des ſom-
» mes qui s'impoſoient pour l'uſtenſile ,
» pour les fourrages , pour les voitures

» & pour le rembourfement ou fuppref-
» fion de beaucoup d'affaires extraor-
» dinaires.

» C'eft à cet abus que je veux remé-
» dier, afin que les Peuples jouiffent
» des fruits de la paix, en leur procu-
» rant les moyens de rétablir la culture
» & l'engrais des terres, qui eft un ob-
» jet important à l'Etat. Et comme il
» eft de la juftice & de la piété d'empê-
» cher l'oppreffion des taillables, je
» crois qu'il n'eft point de peine affez
» forte pour punir ceux qui voudroient
» s'oppofer au deffein de les foulager.

» Pour concourir de votre part à ce
» deffein, vous aurez foin de me man-
» der les noms des Officiers ou Rece-
» veurs qui ne rempliront point leur
» devoir : vous recevrez les plaintes
» des Collecteurs fur l'excès des frais
» qui peuvent leur avoir été faits, &
» en procédant aux Départemens vous
» vous informerez aux Officiers des
» Elections du montant des taxes qu'ils
» auront faites aux Receveurs pour
» chaque Paroiffe. Je me propofe, pour
» arrêter ces vexations, de faire fup-
» porter par les Officiers des Elections
» les frais qu'ils auront taxés, & d'o-
» bliger les Receveurs de rapporter le

» quadruple de ceux qu'ils auront faits,
» lorfqu'ils feront exceffifs. Mais com-
» me je veux diftinguer ceux qui don-
» neront des marques de leur probité,
» je me propofe en même tems d'accor-
» der une récompenfe chaque année à
» un ou deux Receveurs en chaque
» Généralité, qui fe trouveront avoir
» apporté plus de ménagement dans les
» pourfuites.

  » Vous vous informerez avec beau-
» coup d'exactitude, fi les Huiffiers
» employés au recouvrement ne reçoi-
» vent point d'argent des Collecteurs
» ou autres redevables, même s'ils n'en
» exigent point. Vous aurez la même
» attention fur la conduite des Rece-
» veurs des Tailles, & des Officiers
» des Elections, pour connoître s'ils ne
» reçoivent point de préfens qui les
» portent à accorder des protections
» injuftes; & vous ferez exécuter en
» tous ces cas les Ordonnances avec
» une grande févérité.

  » Vous tiendrez la main à ce que les
» Collecteurs, procédant par voie d'e-
» xécution contre les taillables, n'enle-
» vent point leurs chevaux & bœufs
» fervant au labourage, ni leurs lits,
» habits, uftenfiles & outils avec lef-

» quels les ouvriers & artifans gagnent
» leur vie.

» La juftice de l'impofition de la taille
» étant mon principal objet, vous au-
» rez foin de me mettre en état, par des
» connoiflances certaines & par des
» Mémoires bien réflechis, de faire un
» Réglement pour l'affeoir avec égali-
» té, tant par rapport aux biens affer-
» més ou que l'on fait valoir, que par
» rapport au Commerce & aux facul-
» tés des artifans & manouvriers.

» Dans l'examen des moyens, vous
» préférerez toujours ceux qui favori-
» feront la culture des terres, augmen-
» teront le Commerce & la confom-
» mation des denrées, faciliteront le
» recouvrement, & feront le moins à
» charge aux Sujets du Roi.

» Vous porterez toute votre atten-
» tion à prévenir & borner l'autorité
» que les Officiers des Jurifdictions &
» les perfonnes puiflantes exercent fur
» les Collecteurs pour fe procurer à
» eux ou à leurs Fermiers des cotes mé-
» diocres, & faire rejetter fur les autres
» habitans la taille qu'ils devroient fup-
» porter. C'eft de-là que font venues
» les non-valeurs, la difficulté dans les
» recouvremens, les contraintes pour

» les folidités , la ruine enfin de plu-
» fieurs taillables. Ce pouvoir injufte
» a eu des fuites trop malheureufes
» pour le laiffer fubfifter plus long-
» tems.

» La multiplicité des Officiers créés
» depuis plufieurs années, & les diffé-
» rens priviléges de nobleffe & d'e-
» xemptions de tailles qui étoient attri-
» bués à leurs Offices, ayant beaucoup
» contribué à furcharger les taillables,
» dont j'ai les intérêts extrêmement à
» cœur, la fuppreffion qui a été faite
» d'une partie de ces Offices doit tour-
» ner à leur décharge ; ainfi il eft de
» votre devoir de taxer d'office ces Of-
» ficiers fupprimés à une cote jufte &
» proportionnée à leurs biens , fans
» néanmoins les furcharger.

» Defirant au furplus de rendre pu-
» blique l'intention que j'ai de travail-
» ler au foulagement des Peuples fati-
» gués depuis plufieurs années par dif-
» férentes impofitions, & voulant que
» tous Sujets zélés me puiffent fournir
» des avis pour remédier aux abus qui
» fe font commis jufqu'à préfent, je
» fouhaite que vous envoyiez des copies
» imprimées de cette Lettre aux Syn-
» dics ou Marguilliers de toutes les Pa-

X iiij

» roiffes de votre Généralité, afin que
» perfonne n'ignore quelles font mes
» difpofitions à cet égard.

» Travaillez donc inceffamment à ce
» que je vous mande. Donnez-moi des
» marques de votre zele. Examinez les
» inconvéniens qui arrivent dans l'im-
» pofition de la taille, les abus qui fe
» commettent, & les remedes qu'il
» convient d'y apporter, pour rendre
» aux Sujets du Roi la juftice qu'ils at-
» tendent : vous m'engagerez par-là à
» vous donner auprès de Sa Majefté
» des marques de ma protection &
» de la bienveillance particuliere que
» j'ai pour vous.

Le fuccès de cette Lettre ne fut pas
auffi heureux cependant qu'on avoit
lieu de l'efpérer.

Tandis que tant de précautions
étoient prifes, foit pour confoler les
Peuples, foit pour les foulager, on ap-
prit que, malgré la fuppreffion faite le
9 Juillet précédent des traités extraordinaires faits avant l'année 1713,
plufieurs Traitans ne laiffoient pas de
faire des pourfuites à l'occafion de ces
traités ou recouvremens de taxes,
même d'exercer des vexations fous
différens prétextes : les uns parce qu'u-

ne partie des Edits , quoique donnés avant l'année 1713 , n'avoient été enregiftrés que depuis. Quelques-uns qui avoient obtenu par divers Arrêts la permiffion de lever des impofitions à leur profit , pour leur tenir lieu de traités d'un recouvrement difficile , fe croyoient en droit de les continuer, puifque l'Edit ne parloit que de la révocation des traités. Pour réprimer ce defordre, l'Edit du 9 Juillet fut confirmé & étendu ; la reftitution ordonnée dans quinzaine des fommes levées ou perçues depuis le jour de la publication de l'Edit ; fauf à pourvoir au rembourfement des Traitans , en juftifiant de leurs avances.

Ce ne fut pas là le feul travail qu'occafionnerent les traités faits fous le Regne précédent. Dans l'efpace de vingt mois , il fut dreffé une multitude prodigieufe d'états particuliers de rôles de modération & de réformation pour ôter tout prétexte aux Traitans de refufer des quittances de finance à ceux dont ils avoient reçu & dont ils retenoient les deniers.

Une Déclaration fupprima tous les Offices dont les finances n'avoient pas été payées en entier, & ordonna qu'il feroit expédié des quittances de finance de toutes les fommes reçues à compte. Enfin, par les diverfes recherches qui furent faites dans toutes les Générali- tés de tous les récépiflés des Traitans, par des états diftingués par nature d'af- faires, il leur devint impoffible de re- tenir à cet égard les deniers du Roi & du Public.

On fit auffi une réforme d'une con- féquence bien importante pour la fûreté des Sujets & dès-lors pour le fervice du Prince. Sous le Miniftere de M. de Louvois, l'ufage s'étoit introduit de faire des impofitions militaires, com- me fourrages, quartiers d'hyver, &c. fur de fimples Lettres de Miniftre. Le Régent fentit combien cette méthode pouvoit devenir abufive, & qu'elle étoit également contraire à l'autorité royale & aux anciennes Ordonnan- ces du Royaume. Il défendit de le- ver aucune efpece d'impofition, fi elle n'étoit ordonnée par Arrêt & en con- noiflance de caufe.

Quoiqu'il fût impoffible de diminuer d'une façon fenfible les impofitions juf- qu'à ce que les charges le fuffent pro- portionellement, jamais les campa- pagnes n'en avoient tant eu de befoin.

Les tailles pour l'année 1716 furent diminuées de trois millions quatre cent foixante mille huit cent quatre-vingt-fept livres. Diverfes remifes furent auffi accordées fur la capitation & le dixieme de l'année 1716. La nourriture du bétail étoit de toutes les parties de l'agriculture celle qui languiffoit le plus, & elle eft d'une conféquence extrême pour la fertilité des terres : la rareté de l'efpece étoit fi grande, que les beurres & fromages manquoient; on fut obligé d'en permettre l'entrée exempte de tous droits jufqu'au mois de Septembre 1716. L'adminiftration étoit trop éclairée pour ne pas en encourager le tranfport de Province à Province : ces denrées furent exemptées de tous droits locaux, excepté des péages ordinaires : cette exemption fut depuis étendue au commerce des beftiaux.

Dès le mois de Mai, il avoit été ordonné que les divers droits des Communautés fur les ports, halles & marchés de Paris feroient réduits, & les titres des Offices créés depuis 1689 fupprimés. En conféquence, il avoit été formé un nouveau Tarif qui réuniffoit les droits en un feul, & les diminuoit réellement fur quelques denrées, mais en rejettant l'augmentation fur d'autres ; le Public s'en étoit apperçu & s'en plaignoit. D'un autre côté, la juftice exigeoit qu'on accordât aux Titulaires & à leurs créanciers un tems convenable pour faire la liquidation. Le féjour du Roi à Paris y augmentoit confidérablement les confommations ; il fut donc réfolu de mettre les droits en régie pendant un an entre les mains des Communautés, qui les percevroient fur le pied des trois quarts, afin qu'au bout de ce tems le produit mieux connu procurât de plus fortes encheres fur la Ferme qu'on étoit réfolu d'en faire, & dont le produit feroit deftiné au remboursement des Titulaires.

Il avoit été vendu pour foixante-dix-fept millions quatre cent foixante-dix-neuf mille cinq cent vingt-fix livres d'Offices à deux mille quatre cent foixante-une perfonnes, auxquelles divers droits avoient été attribués dans la Capitale. On liquida la finance de ces Offices, & les dettes contractées par ces diverfes Communautés, qui montoient à cinquante - cinq millions trois cent quatre mille cinq cent quatre - vingt-quatre livres. Les droits fur la volaille furent mis en Ferme, ainſi que ceux attribués aux Inſpecteurs de Police ſur les boiſſons ; au moyen de ces divers arrangemens, les rembourſemens devoient être conſommés dans huit ou dix années, quoique les droits euſſent été diminués effectivement ; l'ancien tarif fut réimprimé, & le droit réduit marqué dans une colonne ſéparée que chacun pouvoit comparer.

Les circonſtances vouloient qu'on accordât à la Capitale ce ſoulagement, qu'il eût ſans doute été bien plus utile de répartir dans les campagnes ; mais on leur ouvrit du moins les ſources de leur abondance. Le tranſport des grains fut déclaré libre de Province à Province, ſans payer aucuns droits, ainſi que le tranſport à l'étranger ; obligeant ſeulement les Négocians, en cas de ſortie du Royaume, de déclarer les quantités. N'eſt-ce pas diminuer véritablement l'impôt du laboureur, que d'accroître ſon émulation & ſon aiſance ?

Diverſes réformes furent faites dans les troupes, & même dans celles de la Maiſon du Roi. On ne ſe contenta point de diminuer par cette opération les dépenſes, on profita de cette néceſſité pour réparer la population des

campagnes. Tous les foldats & gens
de guerre réformés furent déclarés
exempts de taille pendant fix années,
en prenant à bail, à cens, ou à ferme
une maifon inhabitée depuis cinq ans,
ou des terres incultes dans la campagne.

Il fut défendu aux Juges & Greffiers
de prendre plus de trois livres pour le
procès-verbal qui feroit dreffé de l'état
des lieux, & aux Fermiers du droit de
Contrôle plus de cinq fols par chaque
acte de conceffion à cens, à bail, à rente
ou à ferme. Dans le cas où les foldats ou
gens de guerre continuant à exploiter
des terres incultes, ou à habiter dans
les campagnes des maifons abandonnées, auroient huit enfans vivans non
Religieux ni Religieufes, ils devoient
être exempts de toutes charges publiques, de tailles & autres impofitions.
Si leurs enfans ou partie venoient à
mourir en portant les armes pour le
fervice du Roi, les peres & meres ne
laiffoient pas de jouir du privilége. Pareilles prérogatives étoient offertes aux
Officiers & foldats étrangers de la Religion Catholique, qui auroient fervi
pendant dix ans dans les armées de
France. Tous ceux qui feroient leur

déclaration au Greffe du Préfidial du reffort, qu'ils entendoient s'établir, vivre & mourir dans le Royaume, étoient cenfés naturalifés fans autre forme ni procédure.

Pour parvenir au rembourfement des Offices de Secrétaires, Audienciers, Contrôleurs, Gardes des Sceaux des Chancelleries, des Cours fupérieures & des Préfidiaux, fupprimés ci-devant, on demanda un fupplément de finance aux réfervés dont les gages leur feroient payés fur le pied du denier trente.

A mefure que l'ordre & la clarté fe rétabliffoient dans les Finances, la libération des revenus y gagnoit quelque chofe. En examinant chaque partie de rentes, plufieurs furent trouvées fufceptibles de réduction. « Au mois » d'Octobre dernier, dit le Roi dans un nouvel Edit du mois de Décembre, » Nous avons réduit au denier vingt- » cinq les rentes créées fur les tailles » au denier douze; pour ne leur pas » laiffer un fi grand avantage fur celles » de l'Hôtel de notre bonne Ville de » Paris, & pour en employer le reve- » nant-bon à éteindre des dettes oné- » reufes à l'Etat, il n'eft pas moins né-

» cessaire de réduire les autres especes
» de rentes dont on a chargé presque
» tous nos revenus, & d'observer à cet
» égard la même proportion qui a été
» gardée par l'Edit du mois de Décem-
» bre 1713, en distinguant d'une ma-
» niere exacte les rentes dont les prin-
» cipaux ont été reçus en deniers comp-
» tans, d'avec celles qui n'ont été acqui-
» ses qu'en papiers, soit pour le tout ou
» pour partie, afin de rendre à chacun
» la justice qu'il a droit d'espérer. Dans
» le nombre des rentes de cette der-
» niere espece, nous pourrions avec
» justice supprimer, sans aucun rem-
» boursement, les rentes constituées
» pour le rachat de la Capitation, at-
» tendu que le principal, qui a été payé
» par ceux qui les ont acquises, n'est
» qu'une simple avance qu'ils ont faite
» en un seul payement, de la capita-
» tion qu'ils auroient payée dans le
» cours de six années, dont ils ont été
» exemptés & affranchis par l'acquisi-
» tion desdites rentes ; ainsi en leur
» conservant le principal & réduisant
» la rente au denier vingt-cinq, c'est
» une pure grace que nous voulons
» bien leur accorder en considération

» du

» du zele avec lequel ils fe font portés
» à faire cette avance. Le bénéfice de
» ces différentes réductions & des re-
» tranchemens que nous continuerons
» de faire fur toutes les dépenfes qui ne
» feront pas abfolument indifpenfables,
» fera pareillement appliqué au paye-
» ment des dettes de l'Etat, dont la libé-
» ration eft notre principal objet, & doit
» être le vœu commun de tous ceux qui
» aiment leur Patrie.

Toutes ces fecondes rentes payées
hors de l'Hôtel-de-Ville furent réduites
au denier vingt-cinq, à commencer au
premier Octobre 1716. Les rentes moitié perpétuelles, moitié viageres au
denier vingt-cinq, & la partie de rentes viageres fupprimée ; les rentes perpétuelles créées en 1702, 1709, 1714
& 1715 fur le Contrôle des actes des
Notaires ; celles affignées fur les Recettes générales & dons gratuits par
les Edits de 1704, 1706, 1707, 1710,
1711, 1714; celles conftituées en 1713
fur le contrôle des exploits, durent
être rembourfées par le Garde du Tréfor Royal en d'autres rentes au denier
vingt-cinq à raifon de trois cinquiemes
du capital, à moins qu'elles n'euffent
été achetées en deniers comptans ;

dans ce dernier cas, le capital étoit conservé en entier.

Les rentes viageres sur les tailles des années 1714 & 1715 achetées en deniers comptans ne furent soumises à aucune réduction ; mais celles dont les contrats portoient payement moitié en papiers décriés , moitié en argent, furent réduites au trois quarts de la jouissance ; celles dont l'acquisition avoit été faite au total en papiers ne devoient plus être payées que sur le pied de la moitié.

Enfin les arrérages dûs au premier Janvier 1716 devoient être convertis en rentes au denier vingt-cinq.

La table ci-jointe fera connoître en détail ces réductions & leur bénéfice ; ainsi le capital des rentes qui n'étoient point payées à l'Hôtel-de-Ville , fut réduit à soixante-dix-neuf millions huit cent quarante neuf mille trois cent soixante-quatorze livres treize sols neuf deniers : le montant des rentes sur la Ville étoit de trente-deux millions quatre cent quarante-trois mille quatre cent vingt-neuf liv. dix s. 9 den. au capital de douze cent quatre-vingt millions.

Suivant les informations prises alors , la propriété en étoit ainsi partagée.

	liv.	f.	d.
Aux Princes & perfonnes titrées...	1086761		
A la Nobleffe...	3251827	16	8
Aux Officiers militaires.	1989767	11	8
Aux gens de Robe, des Confeils du Roi, & Cours fupérieures	4094227	16	2
Aux Officiers des Juftices inférieures & des Chancelleries	5332137	15	10
Aux Officiers du Roi & des Maifons Royales.	1416594	8	6
Aux Communautés Eccléfiaftiques, Hôpitaux, Abbayes & Prieurés.	2429151	4	6
Aux Marchands, gens de Commerce ou Banquiers. . . .	1992144	13	
Aux Artifans & gens de métier. . . .	1302435	14	8
Aux Prêtres, Filles majeures, &c....	3508982		4
Aux Gens d'affaires	453732	16	
Aux perfonnes inconnues.	4333719	8	9
Aux Etrangers...	1251947	4	6
	32443429	9	9

Les opérations faites jufqu'alors n'é-
toient capables que d'infpirer la confiance, puifqu'en établiffant l'égalité
de condition entre ceux qui avoient
pris des engagemens avec l'Etat, en
confervant une jufte préférence pour
ceux que n'avoit point dictés une néceffité preffante, c'étoit affurer l'exécution de ce qui étoit reconnu légitime.
Mais une plaie fi profonde, & que le
tems avoit envenimée, ne pouvoit être
guérie que par une longue fuite de remedes. Le crédit languiffoit, & chacun
raifonnoit diverfement fur les caufes
qui le tenoient éloigné du Commerce.
Les uns prétendoient que le rétabliffement de la Caiffe des Emprunts feroit
le feul principe utile de la confiance publique : mais le Gouvernement fentoit
à merveille que ce n'étoit point là un
véritable crédit, qu'il ne fe foutenoit
qu'à la faveur des gros intérêts, &
qu'il replongeroit les affaires dans la
dépendance des gens d'affaires, les
feuls riches de l'Etat. Un deffein tout
contraire occupoit le Confeil; mais en
attendant qu'il fût permis de fonger à
remettre l'équilibre entre toutes les
claffes du Peuple par le rétabliffement
de l'Agriculture & du Commerce, il

falloit commencer par rendre quelque activité au Corps Politique.

D'autres se persuadoient que l'absence des especes étoit dûe à l'avantage que l'on trouvoit à les faire passer dans l'étranger, & au préjudice que la derniere diminution avoit apporté au Commerce. De ces deux causes, la premiere paroît peu réelle, puisque la valeur des anciennes & des nouvelles especes se trouvoit rapprochée, la proportion entre l'or & l'argent établie de maniere à ne laisser aucun bénéfice considérable. La seconde cause, c'est-à-dire, la diminution des especes influoit véritablement sur le Commerce de deux manieres : les salaires, comme on l'a toujours remarqué, ne diminuent pas aussi-tôt que l'espece, comme ils n'augmentent pas non plus sur le champ autant qu'elle : cet intervalle est court ; mais tandis qu'il passe, le Commerce souffre & languit. D'un autre côté, toutes les diminutions depuis trente ans étoient le prélude d'augmentations subites ; & le Public s'y étoit tellement accoutumé, que malgré deux Déclarations données depuis la Régence sur l'importance de la stabilité des mon-

noies, perfonne ne vouloit fe perfuader qu'elles reflaffent au même point.
Le préjugé commun entraîna en quelque façon le Gouvernement malgré lui :
telle eft quelquefois l'efpece d'engagement que d'anciennes fautes font prendre à la poftérité ; tel eft le danger de
ne pas affeoir l'adminiftration fur la
confiance publique.

Dans le fait, fi les diminutions avoient
fufpendu le mouvement du Commerce,
elles n'y avoient pas contribué feules ;
la chute énorme & précipitée de tous
les crédits à la fois, de la Caiffe de Legendre, de celle des emprunts, avoient
beaucoup ajouté à la défiance. Une
quantité immenfe de papiers, qui tous
perdoient foixante-dix à quatre-vingt
pour cent fur la place ; une nouvelle
adminiftration, l'incertitude du fort
qu'auroient tous ces effets, l'impoffibilité apparente d'y faire honneur ; tels
étoient les vrais motifs de l'inaction
dans laquelle reftoient l'argent & l'induftrie. La furcharge des Peuples n'y
contribuoit pas moins ; elle étoit produite par la diminution des efpeces fous
le dernier Regne, en ce que les impôts, les fermages & les rentes confer-

voient en monnoie forte le même numéraire qu'en monnoie plus foible d'un
tiers environ, dans laquelle on avoit
contracté pendant vingt-quatre ans.

Cependant les opinions générales
s'arrêterent à ces deux points ; rétablir le crédit de la Caisse des emprunts,
augmenter les monnoies d'un tiers, &
le faire recevoir en papier comme en
1709. Tous les Mémoires du tems qui
me font tombés entre les mains, même ceux des Négocians, & particulierement des six Corps des Marchands
de Paris, rouloient sur ces proposi-
tions. Personne n'imagina la réduction
des impôts, des fermages & des engagemens contractés en monnoie foible,
en proportion de la monnoie forte ; ce
qui eût sauvé l'Etat, sans que personne
ne pût s'en plaindre.

Pour établir une Loi générale, on
eût pû borner cette réduction au sixieme seulement pour tous les engagemens contractés, tant par le Roi que
par les Particuliers, depuis l'année
1689 jusqu'à l'année 1714. Quoique
le montant des augmentations dans cet
intervalle eût été d'un tiers en sus,
comme tous les engagemens n'avoient

pas eu part à la totalité de l'augmentation, il n'eût pas été jufte de leur en faire fupporter en entier la compenfation, & celle du fixieme paroît affez conforme au cours moyen des révolutions, que les monnoies avoient éprouvées dans cet efpace de tems.

Pour retirer le fruit convenable de cette opération, il eût fallu commencer par donner l'exemple fur les revenus du Prince, proportionnellement aux befoins de l'Etat qui étoient évidens, & voici fon effet fur les Finances.

On verra qu'en 1716 les revenus montoient à cent foixante - fept millions, comme avant les réductions faites en 1712 & années fuivantes; réduits d'un huitieme feulement, ils euffent rendu 146125000 liv. & fur cette partie, voilà déjà le Public, furtout les pauvres, foulagé de plus de vingt millions.

Les charges & les diminutions montoient à quatre-vingt-onze millions, dont environ fix en diminutions, qui devenoient inutiles au moyen de la diminution générale. Ainfi les charges de quatre - vingt-cinq millions, réduites comme tous les autres engagemens

liv.

De l'autre part ... 146125000

gagemens contractés en monnoie
foible, n'eussent
plus été que de... 70833334
les dépenses mon-
toient à quatre-
vingt millions, &
pour cette année ne $\left.\right\}$ 150833334.
pouvoient guere
être réduites,
l'ayant déjà été... 80000000

On eût donc été au même point cette
année, sans que cette opération eût
empêché celles dont on se servit pour
reconnnoître les doubles emplois, &
liquider les engagemens usuraires, que
la nécessité avoit forcé de contracter.
Tout le Peuple débiteur du Prince eût
été soulagé; les particuliers débiteurs
& créanciers les uns envers les autres
auroient facilement conçu qu'ils ne fai-
soient que se rendre la même justice,
puisqu'ils avoient continué à se donner
& à recevoir autant en poids & en titre qu'ils avoient compté donner & recevoir lors de l'engagement. Le laboureur particulierement eût été soulagé
de deux manieres, vis-à-vis du Roi, &
vis-à-vis de son Propriétaire. La culture & la consommation eussent repris
leurs cours, les denrées, ainsi que les

Tome V. Z

falaires, fe feroient mis au niveau de
l'argent fort ; & vrai-femblablement la
confiance renaiffant dans le Commerce
par la folidité des engagemens, le crédit eût repris vigueur. Il paroît enfin
qu'on feroit arrivé au même but plus
promptement & avec moins de perte
pour l'Etat.

Il eft certain du moins que le mal
étoit occafionné par les dernieres diminutions à la fuite d'une fucceffion
conftante d'augmentations, & qu'il n'y
avoit que deux remedes ; celui qu'on
vient de propofer, ou de ramener les
monnoies à la valeur numéraire qu'elles avoient eu pendant fi long-tems.
Cette augmentation a fervi d'exemple
à M. Melon en faveur de fon fyftême :
mais quoique plus heureux dans fes réflexions fur cette opération que fur
celle de 1709, il ne s'en eft pas moins
trompé dans l'application qu'il en a
voulu faire ; car au lieu de fonder un
principe en faveur des augmentations
fur cet exemple, il falloit en examiner
les circonftances ; l'on auroit vû que
celle-ci ne fut un bien qu'en corrigeant
le defordre d'une diminution confidérable, après vingt-quatre années d'augmentation, & que fans cette diminu-

tion imprudente, l'augmentation n'eût pû être justifiée. La conséquence eût été, qu'il faut laisser invariablement les monnoies sur le pied où les engagemens ont été contractés.

Par malheur, on s'étoit habitué à attacher à l'idée de l'augmentation numéraire des monnoies, celle d'un bénéfice en faveur du Prince. La pauvreté du Trésor ne pouvoit être plus grande, le besoin décida pour une opération qui répugnoit : le pressentiment du Public se trouva justifié, malgré la promesse qu'on avoit annoncée de ne pas toucher aux monnoies.

Au mois de Décembre 1715, une refonte fut ordonnée : les louis d'or réformés durent avoir cours au premier Janvier 1716 pour vingt livres au lieu de quatorze, & les écus réformés pour cinq livres au lieu de trois livres dix sols.

Dans les Hôtels des Monnoies, les louis d'or anciens furent reçus pour seize livres, & les écus pour quatre.

Le bénéfice accordé aux Sujets n'étoit pas suffisant pour arrêter le billonnage, qui fut extraordinaire, malgré les défenses. Une partie se fit à la vérité dans le Royaume même ; mais une autre partie très-considérable se fit chez l'étranger, qui retenoit une portion de notre capital numéraire pour prix d'une industrie très - ordinaire. A cette perte, il eût fallu ajoûter celle du change, si une très-belle opération ne l'eût soutenu dès les premiers mois de l'année 1716.

Les réflexions qui se sont présentées dans le cours de cet ouvrage sur les mutations de monnoies, sont encore reproduites par le même évenement, il est inutile d'y insister : mais une remarque qui s'offre rarement à faire dans l'Histoire, c'est que le Ministre patriote, qui se trouvoit à la tête des Finances, convint dans le tems que l'opération avoit ressemblé à toutes celles qu'exige une nécessité dure & précipitée. Un pareil aveu n'appartient qu'aux belles & grandes ames.

La plus forte des refontes de monnoies avoit été jusqu'alors celle de 1689 ; pendant laquelle il fut fabriqué quatre cent soixante-cinq millions cinq cent mille livres. Cette somme au prix du nouvel Edit de 1715, formoit celle de . . . . . 627000000 liv.

Il convient d'ajoûter les especes non rentrées

liv.

De l'autre part... 627000000

dans cette premiere ré-
formation, environ.... 173000000

On comptoit que de-
puis 1689 il étoit entré
dans le Royaume de ma-
tieres étrangeres pour en-
viron 200000000
_____

1000000000
_____

Ainſi le bénéfice apparent étoit conſidérable ou le quart d'un milliard : cependant il ne fut monnoyé juſqu'au dernier Juillet 1717 que trois cent ſoixan-
te-dix-neuf millions deux cent trente-
ſept mille livres ; dès-lors le bénéfice
ne pouvoit être que de quatre-vingt-
quatorze millions huit cent neuf mille
deux cinquante livres ; ſur quoi il faut
déduire les frais de réformation de fa-
brication. On ne devoit pas eſpérer
non plus que cette ſomme exiſtât dans
le Royaume , parce que le diſcrédit
continuel dans lequel les affaires ſe
trouvoient abîmées depuis quinze ans ,
avoit fait ſortir un argent infini, ſans
compter les pertes des refontes précédentes.

La reforme actuelle accompagna par

Z iij

malheur une autre opération très-délicate, & dont elle diminua les bons effets.

Il étoit néceſſaire de pourvoir à tous les papiers royaux, & à une grande multitude de billets faits pour le ſervice de l'Etat, qui circuloient dans le Commerce aux quatre cinquiemes de perte. L'incertitude de l'état où ſe trouveroient bientôt les porteurs de ces effets, inſpiroit une défiance réciproque entre tous les Citoyens : il étoit difficile de connoître la quantité que chacun en poſſédoit, & dès-lors le doute étoit général ſur toutes les fortunes. Les ſeuls propriétaires de l'argent ſe croyoient en ſureté,& n'avoient garde de s'en déſaiſir : le propriétaire des denrées n'oſoit les vendre à crédit, il ne vouloit point recevoir d'effets chancelans ; & l'argent étoit à un ſi haut prix, qu'il épuiſoit le ſalaire de l'induſtrie : ainſi le travail & la conſommation manquoient également.

Aucun moment n'avoit encore été perdu depuis la Régence ; mais il falloit mettre fin à cette ſituation violente qui duroit depuis près d'un an.

Pour comble de diſgrace on n'avoit pas même de connoiſſances aſſez cer-

taines sur la nature de chacun de ces
effets, ni sur leur totalité, pour se ré-
soudre à quelque chose de décisif. On
sçavoit seulement que beaucoup de
doubles & de triples emplois dans les
comptes avoient accru la quantité de
ces papiers ; que plusieurs étoient passés
à vil prix de la main du créancier légitime dans celle de l'usurier ; enfin qu'il
étoit des parties souffrantes auxquelles
l'Etat devoit des égards quels que fussent ses besoins.

M. le Duc de Noailles détermina le
Conseil à une opération qui tout-à-la-
fois procuroit la connoissance exacte
des papiers, & mettoit à portée d'en
suivre l'origine, de constater les doubles emplois ; enfin qui en assurant la
condition des propriétaires devoit rendre la confiance au Public, déchargeoit
l'Etat des intérêts payés sans fondement, & lui donnoit le tems de prendre des mesures pour s'acquitter à fur
& à mesure que les revenus se rétabli-
roient.

Tel fut l'objet de l'Edit du 7 Décembre, qui portoit que tous les billets faits
pour le service de l'Etat, les promesses
de la Caisse des Emprunts, les billets
de le Gendre non-endossés par les Re-

ceveurs Généraux, tous les billets de l'extraordinaire des Guerres, de la Marine, de l'Artillerie, ou ceux faits en forme de billets de tontine, de loterie, ou autrement, pour parvenir à l'extinction de ceux defdits Tréforiers, les certificats donnés aux Ingénieurs & Entrepreneurs des Fortifications, les affignations de toute nature, les ordonnances fur le Tréfor Royal pour les fommes dûes jufqu'au premier Septembre, feroient rapportées par-devant les Commiffaires défignés avec le certificat des propriétaires pour en faire la vérification & la liquidation. Ecoutons le langage que le Miniftre prêtoit au Roi dans le préambule de l'Edit.

« S'il eût été poffible à notre avé-
» nement à la Couronne d'acquitter les
» dettes immenfes qui ont été contrac-
» tées fur l'Etat pendant les deux der-
» nieres guerres, & de fupprimer en
» même tems toutes les impofitions ex-
» traordinaires dont nos Peuples font
» furchargés, notre fatisfaction auroit
» été encore plus grande que celle de
» nos Peuples mêmes. Mais il n'y avoit
» pas le moindre fonds, ni dans notre
» Tréfor Royal, ni dans nos Recettes,
» pour fatisfaire aux dépenfes les plus

» urgentes ; & nous avons trouvé le
» Domaine de notre Couronne aliéné,
» les revenus de l'Etat presque anéan-
» tis par une infinité de charges & de
» constitutions, les impositions ordi-
» naires consommées par avance, des
» arrérages de toute espece accumulés
» depuis plusieurs années, le cours des
» Recettes interverti, une multitude
» de billets, d'ordonnances & assigna-
» tions anticipées de tant de natures
» différentes, & qui montent à des som-
» mes si considérables, qu'à peine en
» peut-on faire la supputation. Au mi-
» lieu d'une situation si violente, nous
» n'avons pas laissé de rejetter la pro-
» position qui nous a été faite de ne
» point reconnoître des engagemens
» que nous n'avions pas contractés.
» Nous avons aussi évité le dangereux
» exemple d'emprunter à des usures
» énormes ; & nous avons refusé des
» offres intéressées dont l'odieuse con-
» dition étoit d'abandonner nos Peu-
» ples à de nouvelles vexations. Ces
» expédiens pernicieux, que l'obliga-
» tion de soutenir la guerre, pour par-
» venir à une paix glorieuse, a pû ren-
» dre nécessaires, auroient bien-tôt
» achevé de précipiter l'Etat dans une

» ruine totale, & nous auroient fait
» perdre jusqu'à l'espérance de pouvoir
» jamais le rétablir. La premiere réso-
» lution que nous avons crû devoir
» prendre, a été d'assurer d'abord le
» payement de deux charges privilé-
» giées, la subsistance des troupes, &
» les arrérages des rentes constituées
» sur l'Hôtel de notre bonne Ville de
» Paris. A l'égard des autres dettes,
» nous avons écouté les avis & exami-
» né les Mémoires qui nous ont été pré-
» sentés de toutes parts, avant que de
» nous déterminer ; & après avoir pesé
» les inconvéniens de chaque proposi-
» tion, nous n'avons eu garde d'accep-
» ter aucune de celles qui tendoient à
» obliger de recevoir des billets dans
» les payemens, ou à les convertir en
» rentes, parce que nous ne voulons
» gêner ni le Commerce ni la liberté
» publique ; & que bien loin de créer
» de nouvelles rentes qui rendroient
» perpétuelles les impositions de la ca-
» pitation & du dixieme, notre inten-
» tion est d'en affranchir nos Peuples,
» aussi-tôt que les mesures que nous pre-
» nons pour l'arrangement de nos affai-
» res auront eu leur effet. Dans cette
» vûe nous n'avons rien trouvé de plus

» convenable que de faire faire la véri-
» fication & la liquidation de tous les
» différens papiers dont la poſſeſſion eſt
» devenue preſque inutile par le décri
» où ils ſont tombés, pour les conver-
» tir dans une ſeule eſpece de billets
» qui ne ſeront plus ſujets à aucune
» variation, juſqu'à ce qu'ils ayent été
» entierement retirés. Nous nous ſom-
» mes portés d'autant plus volontiers
» à prendre ce parti, qu'il nous a été
» inſpiré par les plus habiles Marchands
» & Négocians, & unanimement ap-
» prouvé par les Députés pour le Con-
» ſeil du Commerce des principales
» Villes de notre Royaume ; & que
» d'ailleurs il fera ceſſer les uſures cri-
» minelles qui s'exercent & ſe multi-
» plient à l'occaſion de la diverſité des
» papiers. En ſubſtituant de nouveaux
» billets aux anciens, notre objet n'eſt
» pas de nous en faire une reſſource ;
» nous prétendons uniquement rendre
» l'état de chaque particulier certain,
» & rétablir l'ordre dans nos Finances,
» non-ſeulement pour proportionner la
» recette à la dépenſe ordinaire, mais
» encore pour parvenir à la ſuppreſſion
» des charges les plus onéreuſes à l'E-
» tat. Au ſurplus, dans la réduction qui

» sera faite des anciens papiers, si nous
» avons à considérer ceux auxquels il
» est légitimement dû, nous ne sommes
» pas moins obligé de faire attention à
» la situation de nos Peuples sur qui
» tombent les impositions qu'on doit
» employer à l'acquittement des dettes.
» Et tenant cet équilibre, nous ren-
» drons, autant qu'il nous sera possible,
» la justice que nous devons également
» à tous nos Sujets : & comme nous
» voulons payer régulierement les in-
» térêts des nouveaux billets, & en
» éteindre successivement les capitaux,
» nous employerons à cet effet les
» moyens les plus convenables, & nous
» y destinons dès à présent des fonds
» certains, outre une partie de ceux
» qui reviendront de la réduction des
» dépenses les plus onéreuses, des
» grands retranchemens que nous fai-
» sons & que nous continuerons de
» faire sur nous-mêmes, & de la sage
» dispensation de nos revenus ».

Au lieu des anciens billets ou autres
papiers dont la liquidation auroit été
faite, il devoit être distribué de nouveaux billets timbrés appellés billets
de l'Etat ; chacun de ces billets signé
du Prévôt des Marchands & d'un Dé-

puté des six Corps des Marchands.

A mesure que ces billets de l'Etat s'acquitteroient, il fut ordonné de les brûler à l'Hôtel-de-Ville en présence d'un Commissaire du Conseil, du Prévôt des Marchands, des Echevins & du Syndic des six Corps des Marchands. En attendant il leur étoit adjugé un intérêt à quatre pour cent, assigné sur le produit de divers revenus à commencer du premier Janvier 1716.

Les certificats exigés aiderent à découvrir à quel titre chacun se trouvoit possesseur, & à régler les réductions que l'on méditoit. L'utilité de cette importante résolution, la seule convenable peut-être aux circonstances, eût été ressentie plus pleinement encore & plus promptement, si l'augmentation des monnoies n'eût fait resserrer les especes.

Tandis qu'on travailloit à l'exécution de ce grand ouvrage, les Conseils continuerent de veiller aux encouragemens du Commerce & de l'Agriculture. Les gênes & les restrictions s'étoient étendues sur toutes sortes d'objets, & jamais leur effet destructif n'a démenti les conséquences qui résultent du principe de la liberté.

En 1714 la fortie de la térébentine, de la réfine & du brai fec hors du Royaume avoit été prohibée : auffi-tôt les habitans des landes abandonnerent la culture des pins, leur principale richeffe, & la population de ces cantons couroit de grands rifques, fi la liberté n'eût été rendue à ce Commerce. Une défenfe pareille dégoutoit les cultivateurs de la plantation des chardons propres à l'apprêt des draps & ouvrages de de Bonneterie. SA MAJESTÉ *confidérant qu'il eft du bien de l'Etat d'animer les laboureurs à cultiver leurs terres, & à y faire des plantations convenables à la nature du terrain, même à les augmenter*, permit la fortie de ces chardons en payant quatre livres de droits par balle de cent cinquante livres pefant. Dans le même principe la fortie des beftiaux de toute forte pour l'étranger fut permife dans la Franche-Comté.

ANNÉE 1716.

L'Etat devoit plufieurs années d'arrérages des gages héréditaires attribués à divers Officiers ; on en a vû quelques parties dans l'état des dettes à raifon des charges affignées fur les Fermes gé-

nérales ; & il étoit dû environ quarante millions fur les charges affignées
fur les Tailles, dont une partie confiftoit également en augmentations de
gages. Il étoit abfolument impoffible,
tant pour le préfent que pour l'avenir,
d'acquitter ces anciens arrérages avec
le courant, fi l'intérêt continuoit d'être
auffi fort. D'ailleurs le Gouvernement
travaillant à réduire les intérêts à quatre pour cent, & ayant fixé à ce taux
ceux qu'il payoit à tous les autres créanciers de l'Etat, il n'étoit ni jufte ni con-
vénable que les pourvûs d'Offices con-
tinuaffent à jouïr d'un emploi plus avantageux de leur argent. On étoit trop
perfuadé que la multiplicité des Officiers inutiles eft un des plus grands
fleaux de l'induftrie & de l'aifance publique, pour protéger ce vice par une
faveur diftinguée. Toutes les augmentations de gages créées depuis 1689
avoient été réduites en 1710 au denier
vingt ; elles furent baiffées au denier
vingt-cinq. Leur capital montoit, fuivant un état général qui ne paroît pas
intéreffant à rapporter, à deux cent
cinq millions trois cent foixante & onze
mille neuf cent foixante & onze livres ;
ainfi le bénéfice fur les charges fe trou-

voit de deux millions cinquante-trois mille sept cent dix-neuf livres.

Les Payeurs & Contrôleurs des gages de toutes les Cours & Compagnies furent aussi tenus de représenter leurs titres, afin de régler leurs gages & taxations dans la même proportion.

On supprima dans le mois de Janvier un grand nombre de Charges inutiles, & dont l'exercice ne laissoit pas d'être onéreux au Public qui en paye les frais. Plusieurs avoient été remboursées à leurs propriétaires en peu d'années par le produit des taxations. Les droits furent réduits à moitié ou aux deux tiers selon les circonstances, & le surplus fut assigné pour payer les Titulaires de leur capital en dix ou onze années, suivant les résultats qui en furent faits : après quoi le Public devoit être libéré de la totalité : sur les seuls Offices créés sur les frais de la Justice, l'Etat se trouvoit libéré par les suppressions de trois cent quarante-quatre mille livres de gages & de trois cent huit minots de sel chaque année : c'est le seul soulagement qu'il fut possible de se procurer alors : car l'argent manquant pour le nécessaire, il étoit mal-aisé de pourvoir au remboursement du capital, &

de

de libérer les Peuples de la dépenſe des gäges héréditaires. C'étoit auſſi gagner du côté de l'emploi des hommes : & par tous ces petits moyens réunis on rappelloit l'aiſance chez les Peuples, d'où elle découle néceſſairement dans le Tréſor public.

Par la ſuppreſſion des priviléges d'un grand nombre d'Offices, la Ferme des francs-fiefs ſe trouva augmentée de plus de cinq cent mille livres de revenu ; & le retranchement des droits attribués à divers Officiers, ſoit dans l'adjudication des bois du Roi, ſoit dans les amendes, ne promettoit pas un moindre bénéfice. La Ferme du Contrôle des Actes fut portée de trois millions à trois millions huit cent mille livres, ſans augmentation de droits ; & par la liquidation de diverſes parties d'aliénations ſur cette Ferme, au lieu de huit cent mille livres la partie du Tréſor Royal devoit être dans trois ans de quinze cent mille livres.

Les tems d'ordre dans les Finances ne reviennent jamais ſans que le Commerce reçoive des faveurs. Une des plus ſignalées fut le rétabliſſement de la liberté du Commerce de Guinée. Ce fut-là enfin qu'aboutirent les monopo-

les qui l'avoient exercé fi foiblement
depuis 1685, dans l'étendue du pays
renfermée entre la riviere de Serre-
lionne & le Cap de Bonne-Efpérance.
« Nous voulons, dit Sa Majefté, affu-
» rer la liberté à ce Commerce, & trai-
» ter favorablement les Négocians qui
» l'entreprendront, pour leur donner
» moyen de le rendre plus confidéra-
» ble qu'il n'a été par le paffé, & pro-
» curer par-là à nos Sujets des Ifles
» Françoifes de l'Amérique le nombre
» de Négres néceffaire pour entretenir
» & augmenter la culture de leurs ter-
» res ».

Ces grandes vûes ont été remplies;
cette année eft proprement l'époque
de nos Colonies & de notre Commerce
de Guinée. Que cette date eft récente,
& cependant quels progrès ! Jamais la
liberté n'a trahi les efpérances du Gouvernement dans aucune branche de
Commerce.

Sa Majefté fe chargea de l'entretien
des Forts & Comptoirs, moyennant
vingt livres par tête de Négres tranf-
portés aux Colonies, & trois livres par
tonneau des vaiffeaux qui iroient fim-
plement à la traite de l'or & du mor-
phil : cette méthode foulageoit & ac-

croiſſoit le Commerce, ſans conſtituer
l'Etat en aucune dépenſe : on ignore
pourquoi elle ne fut pas employée à la
Côte du Sénégal : notre Commerce y
ſeroit vrai-ſemblablement monté comme dans l'autre branche au moins de
un à quinze.

Les denrées prohibées & utiles aux
cargaiſons pour la côte de Guinée joui-
rent de la faculté de l'entrepôt ; celles
de France, d'une franchiſe abſolue à la
ſortie ; & les retours de l'Amérique
pour vente de Négres, de l'exemption
d'une moitié des droits.

Ce ne fut pas avec moins de ſageſſe
que l'on délivra enfin les Négocians de
l'obligation de prendre des paſſeports ;
ce qui les expoſoit à des retards & à
des frais extrêmement préjudiciables.
On ſe ſouvint que la Compagnie des
Indes Occidentales avoit imaginé cette
gêne en 1669 : on reſtraignit la néceſſité des paſſeports aux Commerces non
permis ou interdits.

Pour encourager la pêche, tant ſur
les Côtes de France, que dans celles
du Nord, celles du Canada, l'Iſle Royale & autres Mers éloignées, le droit
impoſé ſur les huiles de baleine, de
morues & autres poiſſons de pêche

françoife, fut abrogé pendant dix années.

Le Commerce intérieur n'attiroit pas moins d'attention : on s'apperçut qu'à la faveur des droits payés fur nos draperies de l'intérieur du Royaume, pour paffer dans les Evêchés de Metz, Toul & Verdun, il s'y en débiroit d'étrangeres par préférence ; ces droits furent fupprimés.

La Régie établie en 1710, pour la perception du droit fur les huiles, étoit telle que ces droits fe payoient quatre ou cinq fois avant qu'elles arrivaffent à leur confommation. Cette mauvaife difpofition troubloit le Commerce, & incommodoit particulierement les manufactures où il fe confomme de l'huile : elle fut changée. Le droit ne fut plus perçu qu'aux entrées du Royaume, pour celles qui venoient des Pays étrangers, & aux fabriques avant leur enlevement pour celles qui fe font en France. Ces Réglemens divers fur la Ferme des huiles n'empêcherent point qu'elle ne fût portée de cinq cent mille livres à fix cent mille.

La liberté du Commerce intérieur & de la fortie des grains fut étendue aux féves, pois & autres légumes fecs, fans payer aucuns droits : c'eft ainfi que fe fertilifent toutes les efpeces de terres.

L'opération du vifa n'ayant pû fe terminer auffi promptement qu'on le defiroit, avoit été prorogée. Les gens d'affaires comprirent, à l'indifférence dont on ufoit envers eux, qu'en fui-vant l'origine des divers effets préfen-tés, on vouloit difcuter les titres des propriétés; & peut-être partager fur les effets négociés le bénéfice de l'agiotage. L'argent du Royaume étoit en grande partie entre leurs mains, & ils s'imagi-nerent qu'ils pouvoient forcer le Gou-vernement à les ménager, foit en jet-tant de la défiance & des foupçons dans les efprits, foit en refferrant encore la circulation. Une infinité de bruits def-avantageux furent femés; en annon-çant des deffeins & des évenemens qui n'eurent jamais lieu, on infpiroit des défiances aux Citoyens les mieux in-tentionnés. Il n'en falloit pas tant pour aigrir contre les auteurs de ces bruits le Confeil déja indigné de l'abandon total, où ces hommes fi rapidement en-richis par l'Etat l'avoient laiffé dans un moment effentiel, tandis que le refte des Citoyens, malgré fon épuifement;

sembloit concourir avec zele à l'utilité publique.

En effet, on remarqua que parmi ce nombre infini de gens d'affaires, au milieu des détresses & des calamités où l'Etat se voyoit plongé, il ne fut offert de secours au Régent que par deux particuliers. Ils prêterent d'eux - mêmes deux millions cinq cent mille livres ; service considérable pour deux personnes, & dans un moment où le Trésor Royal n'avoit pas huit cent mille livres pour répondre à un payement de quarante mille écus par jour pour les rentes seulement. On se croiroit obligé de faire passer à la postérité les noms de ces généreux Citoyens, si l'on avoit pû les recouvrer.

Ces nouveaux sujets de mécontentement hâterent une résolution déja prise il y avoit du tems. Une connoissance fort détaillée du produit des traités, des diverses affaires de Finance, même de manœuvres de place sur les effets royaux, avoit appris que sans entrer dans une discussion rigoureuse, & sans appauvrir personne, le Roi pouvoit acquitter en papiers publics, en rentes ou en charges un capital de trois cent millions. Le produit ne s'en fût pas

éloigné, fi la politique & le bien du
fervice n'euffent engagé le Régent à
accorder des graces à l'importunité ;
quoique fon intention réelle fût d'abord
d'être inébranlable. Un Edit au commencement de Mars 1716 établit une
Chambre de Juftice ; le préambule ex-
plique une partie des motifs.

« Les Rois nos Prédéceffeurs , dit Sa
» Majefté , ont établi en différens tems
» des Chambres de Juftice pour répri-
» mer les abus & réparer les defordres
» commis dans leurs finances ; & cet
» ufage a paru fi utile & fi néceffaire ,
» que par l'Edit du mois de Juin 1625
» il a été expreffément ordonné qu'il
» en feroit établi de dix ans en dix ans ,
» afin que les malverfations des Officiers
» comptables & des gens d'affaires ,
» dans la perception , le maniement &
» la diftribution des deniers publics , ne
» demeuraffent jamais impunies. Le feu
» Roi de glorieufe mémoire notre très-
» honoré Seigneur & bifayeul eut re-
» cours au même remede dans les com-
» mencemens de fon regne. Il érigea
» par fon Edit du mois de Novembre
» 1661 une Chambre de Juftice , pour
» la recherche & la punition de ceux
» qui avoient été les auteurs & les

» complices des abus & des délits com-
» mis dans les Finances de l'Etat, &
» pour donner la restitution des deniers
» qu'ils avoient indûement perçus, exi-
» gés ou détournés. L'épuisement où
» nous avons trouvé notre Royaume,
» & la déprédation qui a été faite des
» deniers publics pendant les deux der-
» nieres guerres, nous obligent de nous
» servir des mêmes moyens, & d'ac-
» corder à nos Peuples la justice qu'ils
» nous demandent contre les traitans
» & gens d'affaires, leurs Commis &
» préposés, qui par leurs exactions les
» ont forcés de payer beaucoup au-de-
» là des sommes que la nécessité des
» tems avoit contraint de leur deman-
» der; contre les Officiers comptables,
» les Munitionnaires & autres, qui par
» le crime de péculat ont détourné la
» plus grande partie des deniers qui de-
» voient être portés au Trésor Royal,
» ou qui en avoient été tirés pour être
» employés suivant leur destination;
» & contre une autre espece de gens
» auparavant inconnus, qui ont exercé
» des usures énormes en faisant un Com-
» merce continuel des assignations, bil-
» lets & rescriptions des Trésoriers,
» Receveurs & Fermiers généraux. Les

» fortunes

» fortunes immenfes & précipitées de
» ceux qui fe font enrichis par ces voies
» criminelles, l'excès de leur luxe & de
» leur fafte, qui femble infulter à la mife-
» re de la plupart de nos autres Sujets,
» font déja par avance une preuve mani-
» fefte de leurs malverfations ; & il
» n'eft pas furprenant qu'ils diffipent
» avec profufion ce qu'ils ont acquis
» avec injuftice. Les richeffes qu'ils
» poffedent font des dépouilles de nos
» Provinces, la fubftance de nos Peu-
» ples & le patrimoine de l'Etat. Bien
» loin qu'ils en foient devenus légiti-
» mes propriétaires, ces manieres de
» s'enrichir font autant de crimes pu-
» blics que les Loix & les Ordonnan-
» ces ont tâché de réprimer dans tous
» les tems. La peine de confifcation de
» corps & de biens a été prononcée
» contre les ufuriers par celles de 1311,
» de 1349, de 1545 & de 1579. Sous
» les Regnes de Philippe-le-Bel, de
» Louis X & de Charles VII, la con-
» cuffion & le péculat ont été punis du
» dernier fupplice ; ces mêmes crimes
» emportent la confifcation de corps &
» de biens par la difpofition de l'Or-
» donnance de François I de 1545 ; &
» la Déclaration du 3 Juin 1601 or-

» donne que les Receveurs, les Tré-
» foriers & autres Prépofés pour le ma-
» niement de nos deniers, qui auront
» employé à leur ufage particulier, ou
» détourné les deniers de leurs Caiſſes,
» feront punis de mort, fans que la
» peine puiſſe être modérée par les Ju-
» ges qui en doivent connoître. L'e-
» xécution de ces Loix & de ces Or-
» donnances n'a jamais été plus néceſ-
» faire que dans un tems où les crimes
» qu'elles condamnent ont été portés
» au dernier excès, & ont cauſé la rui-
» ne preſque entiere de tous les Ordres
» de notre Royaume. C'eſt ce qui nous
» détermine à ordonner l'établiſſement
» d'une nouvelle Chambre de Juſtice,
» compoſée des Officiers de pluſieurs
» de nos Cours, avec pouvoir de con-
» noître des crimes, délits & abus qui
» ont été commis dans les Finances de
» l'Etat, & à l'occaſion des deniers pu-
» blics, par quelques perſonnes, & de
» quelque qualité & condition qu'elles
» foient, & de prononcer à cet égard
» les peines capitales, afflictives & pé-
» cuniaires qu'il appartiendra. Les reſ-
» titutions qui feront ordonnées à notre
» profit, ferviront uniquement à ac-
» quitter les dettes légitimes de notre

» Royaume , & nous mettront en état
» de supprimer bientôt les nouvelles
» impositions, de rouvrir à nos Peuples
» les plus riches sources de l'abondance
» par le rétablissement du Commerce
» & de l'Agriculture , & de les faire
» jouir de tous les fruits de la paix.

Avec quelque appareil que commen-
çât la recherche , l'intention étoit de
la terminer le plus promptement & le
plus efficacement qu'il seroit possible
pour l'Etat. Les déclarations de biens ,
faites par les justiciables mêmes , furent suivies dans les taxes au Conseil ;
parce qu'on espéroit que moins les peines approcheroient de l'extrême sévé-
rité , plus l'exécution en seroit assurée ;
il avoit même été agité , s'il ne conve-
noit pas mieux d'éviter l'éclat & de
taxer par rôles au Conseil d'après le
travail & les recherches qu'on avoit
entreprises avec tant de succès ; mais
il fut représenté que pendant une Régence il étoit plus sûr d'observer les for-
mes consacrées par les Loix du Royaume. Voici l'état abrégé de ces rôles.

Suivant cet état, les biens déclarés
par les justiciables au nombre de quatre mille quatre cent dix , en ce non
compris les parties déchargées ou dé-

clarées non taxables mon-
tent à . . . . 712922688 *liv.*

Sur lesquelles on leur
déduisit leurs Patrimoines,
dots, successions non sus-
ceptibles de taxes , dettes
& partie de leurs gains. . 493444297
ensorte que le total des taxes est de 219478391

Ce qui fait environ deux septiemes
qu'on tiroit de la masse de leurs biens.

Il y avoit encore le rôle des taxes
arbitraires de ceux qui n'avoient pas
fourni leurs déclarations de biens au
22 Mars 1717.

Au mois de Juin 1717 , il avoit déja
été payé soixante-dix millions. On ignore ce qui rentra depuis, mais il paroît
qu'à la fin de 1717 il y avoit encore
une moitié à recevoir.

Les frais de cette Chambre pendant
un an monterent à douze cent mille
livres ; ceux de la Chambre de Justice
de 1661 avoient monté pendant trois
années à près de quinze millions.

Il est constant que , pendant les premiers mois , l'établissement de la Chambre de Justice rendit l'argent extrêmement rare à Paris , parce que beaucoup

de perfonnes s'y trouvoient fujettes.
Tel fera toujours l'effet de quelque incertitude dans les propriétés : mais ce
refferrement dans la circulation ne pouvoit être que d'un paffage très-court
ou même imperceptible, fi la reforme
des monnoies ne l'avoit pas accompa-
gné. C'eft là véritablement ce qui rendoit le mal général, quoi que publiaf-
fent les intéreffés & leurs émiffaires.
Une preuve très-fenfible contre tous
les faux raifonnemens employés au fujet de la recherche des Financiers &
du vifa, c'eft que la Banque générale
fit dès les premiers jours de Juin tomber l'intérêt de l'argent, & foutint nos
changes malgré le billonnage de nos anciennes efpeces : c'eft ce qui s'éclairci-
ra à mefure que les évenemens fe pré-
fenteront.

Auffi le Miniftre, bien affuré des effets que produiroit la Banque générale
déja arrangée en fecret, n'héfita-t-il
point à fuivre fon plan de reforme. La
prudence cependant exigeoit qu'on at-
tendît la fin du vifa, & que la Chambre de Juftice eût commencé fes opérations, afin de ne compromettre en aucune façon un établiffement qui devoit
autant contribuer au rétabliffement de
l'Etat.

Une autre raison particuliere & très-importante obligeoit de montrer de la vigueur. Les funestes effets de la négligence & du desordre dans les comptes & l'administration des Comptables devoient être tout à la fois réparés & prévenus pour l'avenir ; trop d'intérêts favorisoient la confusion, & la foiblesse de l'Etat annonçoit trop de besoins pour espérer des Comptables une docilité convenable au grand projet qui se méditoit, si quelque crainte ne les y réduisoit.

On se souvient que les Receveurs Généraux avoient signé un résultat de deux millions cinq cent mille livres par mois pour la solde des troupes ; l'importance de l'objet avoit engagé à se remettre entre leurs mains sans examen, & même à distinguer en quelque façon, des engagemens d'un ordre commun avec d'autres sur lesquels on comptoit cependant établir une juste discussion. Malgré ce sacrifice, le résultat ne fut point exactement rempli ; le payement des troupes languissoit, & l'Etat étoit menacé de grands malheurs. L'inexactitude des Receveurs Généraux venoit en grande partie de leur impuissance ; tel étoit le cahos de leur administration, qu'eux-mêmes ignoroient leur véritable situation, soit avec l'Etat, soit avec les Receveurs particuliers, & avec leurs créanciers. Quelle qu'en fût la cause, on sentit la nécessité absolue d'en revenir à la premiere idée, & de faire rentrer le Roi dans ses revenus, sans égard aux avances des Receveurs Généraux, comme M. de Sully & M. Colbert l'avoient pratiqué autrefois dans des occasions semblables. Le Ministre fit part de la situation violente des affaires aux sieurs Paris, dont il connoissoit le génie, l'activité, & les connoissances. En effet, indépendamment de plusieurs services que ces quatre freres ont rendus à l'Etat, ils ont les premiers développé parmi nous les grandes vûes de la Finance par l'union de ses maximes à celles du Commerce.

Ces vûes, qui suivant le cours ordinaire des choses devoient être perfectionnées, furent depuis englouties au retour de l'ancien système des Finances.

Bientôt le projet des administrations des recettes fut rédigé. M. le Duc de Noailles saisit l'harmonie du plan, la justesse de ses combinaisons, & ne balança pas à l'adopter. Il chargea le sieur

Paris l'aîné de travailler fans perte de tems aux détails nécessaires à l'exécution.

Pour la préparer, une Déclaration du 24 Mars ordonna que les billets délivrés par les Receveurs Généraux pour le montant des assignations tirées sur eux par anticipation, & les billets de Legendre endossés per eux, seroient visés. « Par notre Déclaration du 12 » Octobre 1715, dit Sa Majesté, nous » avions ordonné aux Receveurs Gé- » néraux de nos Finances d'acquitter » en différens termes & par portions » égales, les refcriptions & les billets » qu'ils avoient faits fous le précédent » Regne, pour le montant des assigna- » tions qui avoient été tirées fur eux » par anticipation ; nous les avions pa- » reillement chargés de payer les bil- » lets du nommé Legendre par eux en- » dossés, même ceux dont ils n'avoient » point reçu la valeur ; & nous les » avions mis en état de fatisfaire avec » exactitude à ces différens engagemens, » au moyen des fonds fixes & certains » que nous leur avions accordés : de » forte que nous avions fujet de croire, » comme ils nous l'avoient eux-mêmes » assuré, que cet arrangement produi-

» roit l'effet que nous en attendions. Ce-
» pendant, nous sommes informés qu'on
» négocie encore leurs billets à des per-
» tes énormes, & que ceux qui en sont
» les porteurs n'en ont tiré aucun avan-
» tage ; ce qui ne peut venir, ou que
» du peu de régularité que plusieurs des-
» dits Receveurs Généraux ont eu à
» payer à leur échéance la premiere
» portion desdits billets, ou de ce qu'ils
» en ont répandu de nouveaux dans le
» Public, peut-être même de ce que
» quelques-uns d'entre eux n'ont pas
» donné toute leur attention pour re-
» mettre lesdits billets en crédit : & com-
» me nous sommes obligés de veiller à
» la libération des charges de notre
» Etat, pour parvenir au but que nous
» nous sommes proposé de proportion-
» ner la recette à la dépense actuelle ,
» & de rétablir un ordre invariable dans
» nos Finances ; nous avons jugé qu'il
» étoit absolument nécessaire de con-
» noître précisément le montant des dif-
» férens billets desdits Receveurs Gé-
» néraux qui sont présentement dans le
» Public, afin d'en faire la comparai-
» son avec les états qui nous ont été
» fournis, & de prendre sur cela les me-
» sures qui nous paroîtront les plus jus-
» tes & les plus convenables.

L'efpace de huit jours conduifit ce travail à fon terme : les effets vifés monterent à foixante-cinq millions trois cent un mille foixante-cinq livres fept fols cinq deniers. Depuis on fit le dépouillement des Regiftres mêmes des Receveurs Généraux, avec une divifion en huit claffes de l'ordre des premiers propriétaires pour fervir au befoin. Comme il étoit impoffible d'ailleurs de diftinguer les égards dûs à chacun de ces divers propriétaires, chaque claffe fe fubdivifa en deux fections cottées A, B, afin de comprendre dans la premiere les parties privilégiées. Pour ne pas revenir fur cet objet, en voici la récapitulation en gros.

RÉCAPITULATION du montant des Billets des Receveurs Généraux des Finances, fuivant les différentes Claffes qui ont été faites de ceux fous le nom defquels ils ont été vifés.

	liv.	f.	d.
Gens d'Eglife....	390812	17	3
Nobleffe & Officiers d'Epée......	6068614	8	1
Gens de Robe de Paris............	3532866	19	7
	9992294	4	11

	liv.	f.	d.
De l'autre part....	9992294	4	11
Gens de Robe de Province........	1024586	8	10
Officiers de la Maison du Roi & des Princes du Sang....	692441	4	9
Tréforiers de France & Secrétaires du Roi..........	1731967	8	6
Comptables & gens d'affaires.....	28707215	11	5
Notaires........	190694	11	9
Banquiers, Agens de Change & Négocians..........	10837967	11	2
Bourgeois, Artifans & gens fans qualité...........	10645028	1	2
Etrangers........	137211	9	4
	63959406	11	10

Comme il n'eft point de petits objets dans l'adminiftration, les regards pénétrans du Confeil embraffoient toutes fortes de détails au milieu des plus importantes réfolutions. En 1706 il avoit été établi un droit d'un fól pour livre fur tous les ballots au-deffus du poids de cinquante livres qui fe voituroient par terre à Paris : ce droit onéreux au Commerce, malgré fa modicité, fut fupprimé, & les Engagiftes obligés de compter du produit.

Les Offices d'Infpecteurs Généraux, de Commiffaires de la Marine & des Galères, de Commiffaires Infpecteurs des vivres, Commiffaires aux Claffes, Officiers des Prévôtés & Archers de la Marine, furent fupprimés, afin de pouvoir récompenfer ou les talens ou les fervices, & que chacun remplît fes devoirs avec cette activité qui manque ordinairement au Titulaire d'un Office. Les Tréforiers, Contrôleurs Généraux, Tréforiers & Contrôleurs particuliers, Commiffaires Général & Provinciaux des Invalides de la Marine qui ne faifoient qu'abforber une partie de la fubftance deftinée à des Sujets autrefois fi utiles, eurent le même fort.

La perception des droits de Courtiers Jaugeurs fatiguoit extraordinairement le Commerce & les Sujets de la Généralité de Tours ; fur leurs repréfentations, le bail fut réfilié ; les avances du Fermier avec les dédommagemens liquidés au Confeil, s'impoferent, fçavoir, un fixieme fur les Eccléfiaftiques & Communautés, tant Séculieres que

Régulieres, à l'exception des Hôpitaux;
& les cinq sixiemes restans au sou la livre de la Capitation sur tous les habitans de la Généralité exempts ou non
exempts.

Le travail des Commissaires du visa
se perfectionnoit de jour en jour; les
Intéressés apprirent leur sort par une
Déclaration du 7 Avril. Aucune des
circonstances de cette opération ne doit
échapper au Lecteur, s'il veut juger
sainement d'une Loi imposée par la nécessité.

« Par notre Déclaration du 7 Dé-
» cembre 1715, nous avons ordonné
» que les promesses de la caisse des em-
» prunts, les billets du nommé Legen-
» dre non endossés par les Receveurs
» Généraux de nos Finances, tous les
» billets de l'extraordinaire des guerres,
» de la Marine & de l'Artillerie, ou
» ceux qui ont été faits en forme de
» billets de Tontine, de Loterie, ou au-
» trement; ensemble les certificats don-
» nés aux Ingénieurs & Entrepreneurs
» des fortifications pour ce qui leur est
» dû, les assignations de toute nature,
» les Ordonnances sur le Trésor Royal
» pour les sommes dûes du passé jus-
» qu'au premier Septembre 1715, se-

» roient rapportés pardevant les Com-
» missaires par nous commis, pour être
» visés par l'un d'eux, après que les
» propriétaires auroient mis au dos de
» leurs billets leur certificat contenant
» qu'ils leur appartenoient. Aussi-tôt
» que ces différens effets ont été visés,
» nous les avions fait liquider après un
» examen scrupuleux de la qualité &
» de la profession de chaque proprié-
» taire, & une discussion exacte de la
» nature de chacun de ces effets, en les
» suivant depuis leur origine, par rap-
» port à la valeur qui en a été fournie,
» à leur destination, au progrès qu'ils
» ont eu dans le Public, & au Com-
» merce qui en a été fait, afin de ren-
» dre autant qu'il est possible la justice
» qui est dûe aux porteurs de chaque
» espece de papiers proportionnément
» aux fonds que nous sommes en état
» de fournir, pour acquitter exactement
» les intérêts des billets de l'Etat qui se-
» ront donnés en échange de tous les
» anciens papiers ; & quoique nous
» nous fussions proposé de réduire le
» montant des billets de l'Etat à deux
» cent millons, parce que nous
» estimions dans le tems de notre Dé-
» claration du sept Décembre dernier

» ne pouvoir prélever fur nos revenus
» au-delà de huit millions par chacun
» an, fans nous expofer à difcontinuer
» le payement des charges les plus né-
» ceffaires & les plus privilégiées ; ce-
» pendant nous nous fommes déterminé
» à en faire figner jufqu'à concurrence
» de deux cent cinquante millions, après
» avoir reconnu que le fuccès des foins
» que nous prenons pour arranger nos
» Finances, nous mettroit en état d'ac-
» quitter régulierement les intérêts de
» ce capital, & même d'éteindre fuc-
» ceffivement une partie des princi-
» paux ; enforte que la réduction, dont
» la fituation préfente de nos affaires
» ne nous a permis d'exempter perfon-
» ne, fe trouvera moins forte à l'égard
» de ceux qui par leur bonne foi, par
» la circonftance des tems ou par la
» qualité de leurs créances nous ont
» paru mériter quelque diftinction. Ce
» qui nous touche le plus dans cette
» réduction, quelque néceffaire qu'elle
» foit, c'eft de voir qu'elle tombe en
» partie fur les Officiers de nos troupes
» tant de terre que de mer, qui ayant
» confumé leurs biens, facrifié leur re-
» pos & répandu leur fang pour le fer-
» vice de l'Etat, ne devroient point

» être expofés à fubir une perte fur ce
» qui leur eft acquis à des titres fi légiti-
» mes, & fur ce qui leur étoit donné pour
» leur fubfiftance ; mais accoutumés à
» fervir leur Patrie avec fidélité & de-
» fintéreffement, nous fommes affurés
» qu'ils fe foumettront avec moins de
» peine aux retranchemens que nous
» fommes obligé dé faire à leur égard,
» que ceux qui, fans avoir rien mérité
» de la chofe publique, ne fe trouvent
» porteurs de papiers de toute efpece,
» que par les négociations qu'ils en ont
» faites, & peut-être même par les ufu-
» res qu'ils ont exercées. A ces caufes,
» de l'avis de notre très-cher & très-
» amé oncle le Duc d'Orléans Régent,
» de notre très-cher & très-amé coufin
» le Duc de Bourbon, de notre très-
» cher & très-amé oncle le Duc du
» Maine, de notre très-cher & très-amé
« oncle le Comte de Touloufe, & au-
» tres Pairs de France, Grands & No-
» tables Perfonnages de notre Royau-
» me, & de notre certaine fcience,
» pleine puiffance & autorité royale,
» nous avons par ces préfentes fignées
» de notre main, dit & déclaré, di-
» fons & déclarons, voulons & nous
» plaît ce qui fuit.

ARTICLE

ARTICLE PREMIER.

» Les billets de l'extraordinaire des
» Guerres, de l'Artillerie, de Loterie
» & de Tontine, qui ont été visés par
» les Commissaires que nous avions à
» ce députés, demeureront distingués
» & divisés, comme nous les distin-
» guons & divisons, en quatre classes
» différentes.

I I.

» Voulons que les billets des Officiers
» Généraux, des Etats Majors des Pla-
» ces, des Officiers des troupes & de
» l'Artillerie, des Ingénieurs & des par-
» ticuliers qui ont prêté de l'argent
» pour la subsistance des troupes, en-
» semble les billets qui proviennent des
» avances faites par les Communautés,
» des indemnités accordées pour per-
» tes, pillages autres considérations
» également favorables & légitimes,
» lesquels billets font entre les mains
» des premiers porteurs à qui ils ont
» été délivrés, composent la premiere
» classe, & ne souffrent la réduction
» que d'un cinquieme.

I I I.

» Les billets de même nature qui ont
» été représentés par différentes per-

» sonnes, qui par leurs emplois & leurs
» professions sont moins favorables, ou
» qui dans les fournitures qu'ils ont fai-
» tes en détail pour le service se sont
» ménagé quelque avantage dans la
» différence desdits billets à l'argent
» comptant, composeront la seconde
» classe, & demeureront réduits aux
» trois cinquiemes.

I V.

» Les billets de même espece repré-
» sentés par différens particuliers de la
» qualité de ceux qui sont dénommés
» dans le précédent article, & qui dans
» leurs professions ou dans les fourni-
» tures qu'ils ont faites se sont encore
» plus prévalu des besoins de l'Etat &
» de la difficulté des tems, composeront
» la troisieme classe, & nous les avons
» réduits aux deux cinquiemes.

V.

» Les billets de même espece qui ont
» passé par différentes mains, & qui
» ont été négociés à toutes sortes de
» prix, composeront la quatrieme clas-
» se, & demeureront réduits à un cin-
» quieme.

Ces articles suffisent pour faire connoître l'esprit de ce travail: on se conten-
tera d'observer qu'on suivit exactement

le même plan à l'égard des billets de la
Marine pour les soldats, matelots,
fournisseurs, Officiers, ordonnances &
assignations données pour cette partie,
excepté qu'en faveur du Commerce les
ordonnances & assignations, représen-
tées par les Marchands & fournisseurs
particuliers, ne souffrirent que la réduction d'un quart : quoiqu'il fût vrai-
semblable qu'ils s'étoient prévalus dans
leurs factures du discrédit de l'Etat &
de ses effets.

L'article des promesses de la caisse
des emprunts, offre diverses considérations.

X V.

» Nous avons pareillement con-
» sidéré sous différentes especes les
» promesses de la caisse des emprunts ;
» & nous avons observé, par l'exa-
» men qui en a été fait, qu'il y en a eu
» une partie dont la valeur entiere
» a été fournie en argent, une autre
» partie moitié en argent & moitié en
» billets de monnoie, que plusieurs ont
» été substituées à la place des bil-
» lets des Fermiers Généraux dits à
» cinq ans, qui avoient été délivrés
» pour pareille somme de billets de
» monnoie, & que ces différentes es-

» peces peuvent composer la moitié du
» total desdites promesses, à l'égard
» desquelles il auroit été juste de faire
» des différences dans les liquidations,
» s'il avoit été possible de les suivre
» depuis leur origine & d'en reconnoî-
» tre sûrement les premiers porteurs ;
» mais comme elles ont été mêlées &
» confondues dans les renouvellemens
» qui ont été faits, nous n'avons pû en
» avoir que des connoissances incer-
» taines ; il ne nous a pas même été
» possible de distinguer clairement la
» plupart de celles qui ont été négo-
» ciées, quoiqu'il soit de notoriété pu-
» blique, qu'il y en a un très-grand nom-
» bre qui ont changé de main ; ensorte
» que pour ne pas faire injustice à quel-
» ques-uns, nous avons pris le parti de
» faire à tous les porteurs de ces an-
» ciennes promesses un traitement éga-
» lement avantageux, & de les mettre
» dans la même classe, à l'exception
» d'un très-petit nombre que nous sça-
» vons par d'autres voies que par l'exa-
» men des registres, avoir été achetées
» des premiers porteurs ; & comme les
» intérêts de toutes ces anciennes pro-
» messes ont été payés pendant plu-
» sieurs années sur le pied de huit &

» dix pour cent ; que fouvent même
» lefdits intérêts en ont été joints au
» principal, nous avons cru que cela
» devoit diminuer quelque chofe de
» leur faveur. A l'égard de l'autre moi-
» tié defdites promeffes, il n'en a été
» reçu aucune valeur, & elles n'ont
» été délivrées en deux tems différens
» que pour être négociées fur le champ
» à des pertes confidérables, ce qui a
» été vérifié par des Regiftres & des
» Journaux des négociations qui en ont
» été faites ; ainfi en nous proportion-
» nant toujours aux befoins de l'Etat &
» à la néceffité publique, nous avons
» cru qu'il étoit jufte de retrancher les
» intérêts qui pourroient être prétendus
» de toutes lefdites promeffes, & au
» furplus de les diftinguer & divifer
» feulement, comme nous les diftin-
» guons & divifons, en trois claffes dif-
» férentes.

C'eft-à-dire, que les anciennes promeffes, dont la valeur avoit été origi-
nairement fournie en argent & l'intérêt payé à huit & dix pour cent, fouf-
frirent la réduction d'un quart, excepté
quelques-unes que l'on fçavoit avoir été
négociées à toutes fortes de prix ; celles-ci furent réduites aux deux cinquie-

mes, ainſi que toutes celles dont on n'a-
voit fourni aucune valeur réelle. Celles
qui avoient été négociées dans les derniers tems à quatre-vingt pour cent de
perte furent réduites à un cinquieme.

ART. XIX.

» A l'égard des billets du nommé Le-
» gendre, quoique nous euſſions pû dif-
» férer d'y pourvoir, juſqu'à ce que ſes
» comptes euſſent été rendus & arrê-
» tés, afin de connoître ſi les ſommes
» dont il eſt redevable ont tourné à
» notre profit ; néanmoins parce que
» leſdits billets ont été reçus ſur l'opi-
» nion publique, & pour ne pas laiſſer
» plus long-tems ceux qui en ſont les
» porteurs dans l'incertitude de leur
» ſort, nous avons bien voulu ſtatuer
» dès-à-préſent ſur les différentes ré-
» ductions qu'ils doivent ſouffrir ; &
» pour cet effet, nous avons diſtingué
» & diviſé ces ſortes de billets, comme
» nous les diſtinguons & diviſons en
» trois différentes claſſes.

Les billets délivrés ſur le pied d'argent comptant ou en payement d'ordonnances & autres dettes de l'Etat ne
furent réduits que d'un cinquieme ; ſur
les billet_t donnés pour valeur moitié
en argen & moitié en papiers, l'inté-

rêt se trouvoit joint au capital : on retrancha le cinquieme de la moitié reçue
en argent, & les deux cinquiemes de
la valeur fournie en papier. Les billets pour valeur en papier seulement,
en promesses de la caisse des emprunts,
en rentes viageres, ou négociés sur
la place, demeurerent réduits à un cinquieme.

Pour acquitter les effets visés, il fut
fait pour deux cent cinquante millions
de billets de l'Etat registrés à la Ville,
& signés par le Receveur de la Ville,
un Député des six Corps des Marchands
& le Prévôt des Marchands.

Indépendamment des fonds assignés
pour le payement des intérêts à quatre
pour cent par les mains des Payeurs des
rentes, & le remboursement du capital ;
par la Déclaration du sept Décembre
1715, il fut ordonné qu'il y seroit employé trois millions à prendre sur les recettes des Pays d'Elections ; & aussi que
les billets de l'Etat seroient brûlés à
l'Hôtel-de-Ville à mesure qu'ils rentreroient, sans qu'il en pût être réservé
aucuns, ou fait de nouveaux.

L'état des effets visés achevera de
faire connoître ce travail, les doubles
emplois, la confusion des comptes.

ETAT des effets & des billets qui ont été vifés depuis le mois de Décembre 1715 jufqu'au 1ᵉʳ de Mai 1716; DES SOMMES auxquelles monte la liquidation, & DU BÉNÉFICE produit par leur converfion en billets de l'Etat, ou par la remife qui en a été faite au Tréfor Royal.

Effets vifés. Liquidations. Bénéfice.

Promeffes des Gabelles.

	liv.	liv.	liv.
Montent fuivant le vifa à la fomme de	147819488		
Ont été acquittées fuivant la liquidation pour		81005280	
Ont produit			66814208

Billets fignés Legendre

montent fuivant le vifa à	32236936		
Ont été acquittés fuivant la liquidation pour		16876810	
Ont produit			15360126

Ordonnances & affignations

liquidées montent fuivant le vifa à	48416923		
Ont été acquittées fuivant la liquidation pour		24825079	
Ont produit			23591844

Ordinaire des guerres & Gendarmerie.

Ordonnances & affitions vifées & non liquidées pour	1307077		
	229780424	122707169	105766178

	liv.	liv.	liv.
De l'autre part...	229780424	122707169	105766178

Il n'y a eu aucuns billets visés ni aucunes Ordonnances remises au Trésor Royal.

Extraordinaire des guerres.

Ordonnances & assignations visées & non liquidées pour 81096664

Billets des Trésoriers, déduction faite des fortifications, visés pour,... 56121084

Ont été acquittés suivant la liquidation pour 38528120

Ont produit 17592964

Lesdits billets ne font ici tirés que pour servir à faire connoître le montant du visa; ils font un double emploi dans les dettes, parce que devant être retirés pour toute leur valeur par les Trésoriers, ils diminuent les Ordonnances & les assignations qu'ils ont fait viser, les Trésoriers ont remis au Trésor Royal des Ordonnances de fonds qui excédoient leur dépense, ci en bénéfice 19163034

Marine & Galeres.

Ordonnances & assignations visées & non liquidées pour 106809325

Billets de la Marine, y compris par estimation

| | 473807497 | 161235289 | 142522176 |

Effets vifés. Liquidations. Bénéfice.

	liv.	liv.	liv.
De l'autre part...	473807497	161235289	142522176

400000 livres qui font
dûs dans les Colonies &
en Canada, montent fui-
vant le vifa à 21969660

Ont été acquittés fui-
vant la liquidation pour
Ont produit 24791992

7177668

Lefdits billets ne font
ici tirés q e pour fervir
à faire connoître le
montant du vifa ; ils
font un double emploi
dans les dettes, parce
que devant être retirés
pour toute leur valeur
par les Tréforiers, ils diminuent les ordonnan-
ces & les affignations
qu'ils ont fait vifer.

Les Tréforiers, déduc-
tion faite fur leurs or-
donnances & affigna-
tions des billets qui ont
été vifés, ont en leurs
mains des Ordonnances
pour la fomme de
8033884 liv. qui exce-
dent leur dépenfe ; ils
doivent remettre au Tré-
for Royal en bénéfice la
fomme de 75000000

Artillerie.

Ordonnances de fonds
& affignations vifées &
non liquidées pour , . . 3081596

Les billets font partie
de ceux de l'extraordi-
naire des guerres avec
lefquels ils ont été vifés.

498059753 176017281 224959844

Effets visés. Liquidations. Bénéfice.

	liv.	liv.	liv.
De l'autre part...	49885975 3	176027281	224699844

Il n'y a point d'Ordonnances à remettre au Trésor Royal.

Fortifications.

Ordonnances & assignations visées & non liquidées pour . . . . . | 7348697

Billets visés pour lad. somme de . . . . | 3516186

Ces billets ont été payés en billets de l'Etat sans diminution; le fonds en a été remis en entier aux Trésoriers, & par conséquent n'ont produit aucun bénéfice.

Les Trésoriers ont remis au Trésor Royal des ordonnances de fonds qui excédoient leur dépense pour . . . . | | | 5475000

Gardes du Corps & Grenadiers à cheval.

Ordonnances & assignations visées & non liquidées pour . . . . . | 1657160

Il n'y a aucuns billets visés ni aucunes ordonnances remises au Trésor Royal.

Chevaux - Legers & Mousquetaires.

Ordonnances & assignations visées & non liquidées pour . . . . . | 485114

Il n'y a eu aucuns bil-

| 511866910 | 1760272.. | 210174844 |

Effets vifés. Liquidations. Bénéfice.

	liv.	liv.	liv.
De l'autre part...	511866910	176017281	230174844

lets vifés ni aucunes or-
donnances remiſes au
Tréſor Royal.

Gardes Françoiſes & Suiſſes.

Ordonnances & aſſi-
gnations viſées & non
liquidées pour   1908016

Il n'y a eu aucuns bil-
lets vifés ni aucunes or-
donnances remiſes au
Tréſor Royal.

Différens Tréſoriers de la Maiſon du Roi.

Ordonnances & aſſi-
gnations viſées & non
liquidées pour   7963286

Ligues Suiſſes.

Ordonnances & aſſi-
gnations viſées & non
liquidées pour   584608

Ponts & Chauſſées & Pavé de Paris.

Ordonnances & aſſi-
gnations viſées & non
liquidées pour la ſomme
de   1508032

Guet de Paris.

Ordonnances viſées &
non liquidées pour. . . .   136335

L'Electeur de Baviere.

Ordonnances viſées &
non liquidées pour   239666

| 524206853 | 176027281 | 230174844 |

	liv.	liv.	liv.
De l'autre part...	52420653	176027281	230174644

L'Electeur de Cologne.
Ordonnances visées &
non liquidées pour . . . 1329271

Monnoie des Médailles.
Ordonnances & affi-
gnations visées & non
liquidées pour 193280

*Nourriture des Pri-
sonniers de la Bastille
& de Vincennes.*
Ordonnances & affi-
gnations visées & non
liquidées pour 185278

*Fournitures faites chez
le Roi par différens
Particuliers.*
Ordonnances & affi-
gnations visées & non
liquidées pour 514752

*Fournitures faites en
Espagne par le
sieur Yon.*
Ordonnances visées &
non liquidées pour. . . . 897453

*Fournitures faites à
Lyon par le sieur
Dupille.*
Ordonnance visée &
non liquidée pour . . . 2051

*Impressions faites par
la veuve Vacquier.*
Ordonnance visée &
non liquidée pour . . . 1271

527330209	176027281	230174644

D d iij

	Effets vifés.	Liquidations.	Bénéfice.
	liv.	l v.	liv.
De l'autre part...	527330209	176027281	230174844

Le Porteur par ordre de S. A. R.

Ordonnances vifées & non liquidées   800000
Payées en billets de l'Etat fans diminution.

Avances faites pour les troupes & autres par différens Parti-culiers.

Affignations vifées & non liquidées pour . . .   6781439

Remifes en Suiffe par le fieur Bourgeois.

Affignations vifées & non liquidées pour . . .   273111

Intéreffés aux traités des Offices de Gar-des-Côtes.

Affignations vifées & non liquidées pour . . .   5194

Intéreffés au traité des Lieutenans de Roi & Majors des Places.

Affignations vifées & non liquidées pour . . .   292987

Affignations en nantiffement apparte-nantes au fieur Chate-lain, vifées & non li-quidéts, pour.   955270

| | 536430310 | 176027281 | 230174844 |

	liv.	liv.	liv.
De l'autre part...	536438310	176027281	230174844

Entrepreneurs.

Etapes.

Ordonnances & affignations visées & non liquidées pour   10957830

Vivres de terre.

Ordonnances & affignations visées & non liquidées pour   14114410

Voitures des Grains.

Ordonnances & affignations visées & non liquidées pour.   217507

Vivres de la Marine.

Affignations visées & non liquidées pour . . .   85742

Billets du fieur Fargès Munitionnaire

Montent fuivant le vifa à   26809415

Ont été acquittés fuivant la liquidation pour   19789822

Ont produit   7019593

Lefdits billets ne font ici tirés que pour fervir à faire connoître le montant du vifa ; ils font un double emploi dans les dettes , parce que devant être retirés pour toute leur valeur par led. fieur Fargès, ils diminuent les ordonnances & affignations qu'il a fait vifer &

586023214	195817103	217194437

Effets vifés. Liquidations. Bénéfice.

	liv.	liv.	liv.
De l'autre part...	588623314	195817103	237194437

qui font comprifes dans les vivres de terre ci-deffus.

Fourrages , le fieur Caftille.

Affignations vifées & non liquidées pour . . .   664011

Chevaux & équipages d'Artillerie.

Ordonnances & affignations vifées & non liquidées pour   2229598

Viande fournie aux armées par le fieur Charpentier.

Affignations vifées & non liquidées pour . . .   2077100

Fournitures de buffles par le Sr Montoir.

Affignations vifées & non liquidées pour . . .   235589

Hôpitaux , les fieurs Sacerdoti.

Affignations vifées & non liquidées pour . . .   650780

Ferme des Poudres & Salpêtres.

Ordonnances & affignations vifées & non liquidées pour   1524167

Habillement des troupes.

Affignations vifées & non liquidées pour . . .   692500

596696959	195817103	237194437

Récapitulation.

Les effets visés compris dans le   liv.
présent état montent à 596696959

Les liquidations à 195817103

Le bénéfice à 237194437

Le total de tous les ef-   liv.
fets visés monte à . . . 596696959
Sur quoi le bénéfice de
la réduction ou les Or-
donnances de fonds que
les Tréforiers avoient de
trop & qu'ils ont remis au
Tréfor Royal, montent
enfemble à 237194437

Refte par conféquent... 359502522

Pour payer cette fomme il a été
délivré en billets de l'Etat jufqu'à
préfent 198359840
De plus il y a un dou-
ble emploi pour l'extra-
ordinaire des guerres &
pour la Marine, en ce que
l'on a vifé leurs Ordon-
nances & les billets délivrés aux Officiers qui ne
doivent opérer qu'une
même dépenfe, fçavoir :
Pour la guerre 56121081
Pour la Marine 21969660

276450581

De l'autre part .. 276450581 liv.

A quoi l'on ajoutera
d'effets connus remis pour
lors par le fieur Chatelain   955270
Par le fieur Rivier ...   2229598
Par le fieur Charpentier   2077100

Total . : . . . 281712549

A quoi il convient d'a-
jouter ce qui refte à dé-
livrer des billets de l'E-
tat montant à 51640160

Ce qui fait en tout. . . 333352709
Lefquels joints aux .... 237194437 de bénéfice;

on peut regarder comme
acquittées. 570547146

liv.
Ainfi de la fomme de 596696959
Otez celle de. 570547146

Refte 26149813

Il reftoit encore des compenfations à
faire avec différens Tréforiers, par quelques ordonnances de trop de fonds par
des payemens faits au Tréfor Royal de
certaines parties en argent.

Un fait affez fingulier doit accompagner
le récit de cette opération : quoique le Régent eût ordonné de recevoir les placets
de tous ceux qui formeroient des plaintes,
il n'y eut que pour quatorze millions de

demandes faites , & fur ces quatorze millions , il ne s'en trouva que pour huit dont les remontrances fuffent fondées.

Quoique le vifa dût rétablir la confiance à l'égard des propriétaires, on ne pouvoit s'attendre à la voir renaître auffi-tôt : outre qu'un crédit perdu ne remonte que par degrés , les circonftances étoient trop agitées. D'un côté une monnoie foible & une monnoie forte , de l'autre l'incertitude du fort des Financiers poffeffeurs d'une grande partie de ces effets , formoient un nouvel obftacle au rétabliffement parfait de la circulation.

M. Du-Tot, Auteur très-intelligent dans la matiere des Changes & des Monnoies , bien intentionné , mais fujet à diverfes erreurs , a avancé que l'opération du vifa étoit fauffe & malfaifante , parce que les effets confervés après la réduction valoient moins qu'auparavant : voici fon calcul.

Après le vifa , les deux cent cinquante millions perdoient quarante pour cent, ainfi la valeur circulante étoit de 150000000

Avant le vifa , les pa-

liv.

De l'autre part... 150000000
piers circulans de la va-
leur de six cent millions
perdoient cinquante pour
cent, ainfi la valeur dans
le Public étoit de 300000000

Donc le Public perdoit
en valeurs réelles. 150000000

Divers faits très-autentiques détruifent ce raifonnement qui n'étoit pas
exempt de paffion. 1°. Les Papiers
royaux perdoient depuis plus de dix-
huit mois de foixante-dix à quatre-
vingt-dix pour cent, & pendant le vifa,
ils n'avoient point de cours : ainfi le
calcul eft déja mal établi dans ce point
capital. 2°. L'établiffement de la Banque fit remonter tous les crédits péu de
femaines après, & à peine donna-t-on
aux billets de l'Etat le tems de revenir au pair, puifqu'ils furent employés.
3°. On vient de voir dans le détail des
effets vifés qu'il fe trouvoit pour plus
de cent millions de fauffes dettes en
doubles emplois, en ordonnances de
trop de fonds : ainfi du principe de M.
Du-Tot partiroit une conféquence tout-
à-fait infoutenable, c'eft-à-dire que l'on

avoit fait tort au Public de cette fomme en la reftituant à l'Etat.

Mais ajoutons un autre fait très-certain & qu'il ignoroit, parce que dans les tems on eut des raifons très-fortes pour le cacher. Des deux cent cinquante millions de billets de l'Etat, il n'y en eut que cent quatre-vingt-quinze millions affectés au payement des effets royaux, des ordonnances & affignations qui fe trouvoient entre les mains des Tréforiers. Les cinquante-cinq autres millions de billets de l'Etat furent diftribués pour confommer plufieurs autres dettes qui n'étoient ni moins juftes ni moins preffantes, quoiqu'elles ne circulaffent point dans le Public. Sçavoir :

1°. Pour acquitter ce qui étoit dû aux Négocians pour les matieres de la Mer du Sud qu'on leur avoit prifes à mefure que les vaiffeaux faifoient des retours.

2°. Pour fatisfaire les créanciers de Fargès, à qui il étoit dû trente-huit millions, & à qui le Public avoit prêté avec une confiance inconcevable.

3°. Pour ce qui étoit dû à d'autres Entrepreneurs dans un cas prefque auffi favorable.

4°. Pour confommer ce qui reftoit dû aux Electeurs de Cologne & de Baviere.

5°. Pour fatisfaire une partie des pourvoyeurs de la Maifon du Roi envers qui on étoit en arriere de plufieurs années.

6°. Pour les appointemens & penfions des Gouverneurs, de plufieurs Seigneurs, Officiers Généraux, les gages & les penfions d'un très-grand nombre d'Officiers des Cours & des Jurifdictions fubalternes.

Enfin pour folder une infinité d'autres payemens. On joignoit aux billets de l'Etat une partie en argent, & par ce moyen on calma prefque tous les créanciers des dettes exigibles. Pour fe donner le tems de faire de ces billets l'ufage que le Régent s'étoit propofé, on prit la précaution de ne pas les délivrer tout d'un coup, mais de les diftribuer par petites parties.

Ainfi 1°. les cinq cent quatre-vingt-feize millions d'effets vifés ou rembourfés en billets de l'Etat ne circuloient pas dans le Public. 2°. Suivant le fyftême de M. Du-Tot même on avoit fait un bien en rendant à la circulation des propriétés dont les titres n'étoient pas négociables.

M. Du-Tot avoit fait fon idole du fyftême; toutes fes idées fur la circulation en partoient; & il a donné dans fon ouvrage plus d'une marque d'humeur contre les opérations de ceux qui avoient fçu diftinguer la Banque générale de la Banque royale. Il eft certain que retirer tout d'un coup de la circulation une grande fomme de valeurs réelles, c'eft lui caufer une révolution : mais des effets qui perdent foixante-dix à quatre-vingt-dix pour cent font-ils des valeurs propres à foutenir le crédit ? non affurément : & plus la fomme de ces papiers perdans fur la place fera forte, plus toutes les autres valeurs apportées dans le Commerce fouffriront de diminution : car un effet qui perd quatre-vingt pour cent fur la place eft réputé très-rifquable dans fa totalité, & plus un particulier en poffede, plus fa pofition paroît chancelante. Si beaucoup de perfonnes fe trouvent chargées de ces effets, s'ils font fort répandus & multipliés, l'incertitude des propriétés eft générale, le difcrédit s'étend fur toutes les négociations.

Lorfque des profits énormes dans le maniement des revenus publics ont en quelque façon concentré les richeffes

dans un petit nombre de familles ; lorfqu'une longue habitude de défiance a
refferré l'argent & les denrées ; que diverfes altérations des monnoies ont
éloigné les Négocians étrangers d'un
Pays, & rendu le fort de l'homme in-
duftrieux plus fâcheux que celui de toute autre condition ; enfin dans le cas
d'un épuifement total du Corps Politique, il eft certain que la feule reffource confifte à préfenter aux hommes un
crédit neuf & volontaire qui devien-
ne une efpece de centre de réunion.
Les banques marchandes & reftreintes
font l'expédient le plus heureux & le
plus naturel qui ait encore été imaginé.
Le fonds capital dont elles font com-
pofées commence par faire fortir de
leur retraite une fomme confidérable
de valeurs : les ftipulations font faites
en efpeces, dont le titre & le poids eft
fixé invariablement ; ainfi l'affurance
où l'on eft du payement donne une préférence évidente & générale aux billets de la Banque fur tous les autres qui
s'apportent dans le Commerce. Celui
qui veut tranfporter au loin une fomme
d'argent & qui n'ofoit prendre aucune
lettre de change ni fe réfoudre à la dépenfe ou aux rifques du tranfport,

échange

échange fon argent contre les billets qui feront reçus par-tout avec la même confiance. Sur cette confiance générale, perfonne ne fe hâte de demander le rembourfement d'un pareil effet ; il parcourt une immenfité de pays où l'argent ne pourra fe tranfporter qu'à grands frais & avec des longueurs infinies. Ceux d'entre les Négocians dont le papier paroît folide à la Banque y trouvent à efcompter leurs lettres de change à un intérêt leger ; ils y reçoivent en payement des billets qui trouvent plus de crédit fur la place que les leurs mêmes : & lorfqu'on les voit porteurs d'un grand nombre de ces effets réputés folides, un plus grand nombre de bourfes leur eft ouvert.

Comme d'ailleurs le titre & le poids de la monnoie de banque font invariables, il s'enfuit que chaque particulier eft plus fûr de fon argent dans la Caiffe de la Banque, que dans la fienne ; & que toutes les ventes fe ftipulent dans cette monnoie. Les billets de la banque deviennent donc en un moment, par un accord unanime entre les hommes, le moyen terme le plus propre à faciliter les échanges. Dès que toutes les valeurs renfermées ont un motif pour rentrer dans la circulation , il eſt de l'intérêt de chaque propriétaire de les y apporter ; l'induſtrie & le travail re- naiſſent , le nombre des prêteurs aug- mente, l'argent tombe de prix. Tel eſt l'effet général de toute Banque , mais on en pourroit diſtinguer trois ſortes dans l'exécution.

Si les billets que donne la Banque étoient ſans ceſſe compenſés par une valeur numéraire toujours exiſtante dans la Caiſſe , ils animeroient & ſoutiendroient la circulation ſans aug- menter le prix des denrées ; puiſqu'ils ſeroient ſimplement la repréſentation & non une multiplication de l'argent. Ce qui forme une eſpece de Banque reſ- treinte.

Mais toutes font valoir leur crédit ; elles en donnent un aux particuliers , ſoit ſur des gages , ſoit ſur leur répu- tation ; enfin elles font valoir l'argent dépoſé , & leurs billets dans le Com- merce excedent la quantité d'argent exiſtante dans la Caiſſe. Elles ne ſe contentent pas d'eſcompter les lettres de change des Négocians , elles leur prêtent ſur leurs billets. Alors il eſt clair qu'elles multiplient l'argent ou le ſigne des denrées , qu'elles renchériſſent

le prix de toutes chofes. Dans le cas
d'un épuifement total, d'un anéantif-
fement de la circulation, elles font un
très-grand bien, en ce que l'inconvénient du furhauffement des prix n'eft
pas fenfible ; il ne peut nuire au Commerce étranger, puifqu'il eft perdu ;
au contraire, il le fait revivre en agi-
tant l'induftrie engourdie dans un fom-
meil léthargique.

Une troifieme efpece de Banque eft
en même tems commerçante & politique, c'eft-à-dire qu'elle fert tout-à-la
fois de dépôt ou de garant aux valeurs
que l'on veut mettre dans le Commerce, & qu'elle fournit des fecours à l'E-
tat : alors une partie des dettes que
contracte le Gouvernement fe trouve
circuler comme feroit une fomme d'argent introduite par le Commerce étranger : elle a les mêmes effets au dedans ;
d'un côté, elle anime l'induftrie à fon
premier paffage ; de l'autre, elle ren-
chérit le falaire de l'induftrie. Comme d'ailleurs il eft difficile de ne pas
abufer de l'extrême facilité de dépen-
fer, l'Etat multiplie fans ceffe fes obligations avec la Banque, fans jamais
fonger à les acquitter. La fituation des
affaires paroît heureufe & tranquille,

jusqu'à ce que la fermentation des humeurs accumulées dans le Corps Politique le suffoque. Peu s'en est fallu que l'Europe n'en ait vû depuis peu d'années deux exemples frappans ; & vraisemblablement un demi-siecle ne se passera pas encore sans quelque grand évenement dans ce genre.

Il est très-important de bien distinguer ces trois sortes de Banques , afin de sentir la différence de celle qui fut établie le 2 Mai 1716, sous le titre de Banque générale , de la Banque royale. Le préambule des Lettres-Patentes nous instruit de la difficulté qu'avoit éprouvée le projet de la Banque royale , & montre clairement que le sieur Law ne parvint à faire goûter son systême au Régent que par une espece de séduction Il prit avantage de son premier succès dans un établissement moins parfait selon lui.

« Les avantages que les Banques pu-
» bliques ont procuré à plusieurs Etats
» de l'Europe, dont elles ont soutenu
» le crédit, rétabli le Commerce, &
» entretenu les manufactures, nous ont
» persuadé de l'utilité que nos Peuples
» retireroient d'un pareil établissement.
» Le sieur Law nous ayant proposé il

» y a quelques mois d'en former une
» dont le fonds feroit fait de nos de-
» niers, & qui feroit adminiftrée en no-
» tre nom & fous notre autorité ; le
» projet en fut examiné dans notre Con-
» feil de Finances, où plufieurs Ban-
» quiers , Négocians & Députés des
» Villes de Commerce ayant été ap-
» pellés pour avoir leur avis , ils con-
» vinrent tous que rien ne pouvoit être
» plus avantageux à notre Royaume qui,
» pour fa fituation & fa fertilité jointes
» à l'induftrie de fes habitans, n'avoit
» befoin que d'un crédit folide pour y
» attirer le Commerce le plus floriffant:
» ils crurent néanmoins que les con-
» jonctures du tems n'étoient pas favo-
» rables , & qu'il conviendroit mieux
» qu'un tel établiffement fût fait fur
» le compte d'une Compagnie. Ces rai-
» fons jointes à quelques conditions par-
» ticulieres du projet nous détermine-
» rent à le refufer ; mais ledit fieur
» Law nous a fupplié de vouloir lui ac-
» corder la faculté d'établir une autre
» efpece de Banque , dont il offre de
» faire le fonds , tant de fes deniers que
» de ceux de fa Compagnie ; & par le
» moyen de laquelle il fe propofe d'aug-
» menter la circulation de l'argent ,
» faire ceffer l'ufure, fuppléer aux voi-

» tures des efpeces entre Paris & les
» Provinces, donner aux étrangers le
» moyen de faire des fonds avec fûreté
» dans notre Royaume, & faciliter à
» nos Peuples le débit de leurs denrées,
» & le payement de leurs impofitions.
» La grace qu'il nous demande, c'eft
» de lui donner un privilége pendant
» l'efpace de vingt années, & de lui
» permettre de ftipuler en écus de ban-
» que, qui étant toujours du même
» poids & du même titre ne pourront
» être fujets à aucune variation ; con-
» dition effentielle & abfolument né-
» ceffaire pour procurer & conferver
» la confiance de nos Sujets & celle des
» étrangers ; nous fuppliant en même
» tems de vouloir nommer des perfon-
» nes d'une probité & d'une intelligen-
» ce connues, pour avoir infpection
» fur la Banque, vifer les billets, co-
» ter & parapher les livres, afin que le
» Public foit pleinement perfuadé de
» l'exactitude & de la fidélité qui y fe-
» ront obfervées. Et comme il nous
» paroît que cet établiffement, de la
» maniere dont il eft propofé, ne peut
» caufer aucun inconvénient ; qu'il y
» a au contraire tout fujet d'efpérer qu'il
» aura un fuccès prompt & favorable,
» & qu'il produira des effets avanta-

» geux, à l'exemple de ce qui fe paffe
» dans les Etats voifins : nous avons
» cru devoir accorder audit fieur Law ,
» dont l'expérience, les lumieres & la
» capacité nous font connues, le pri-
» vilége qu'il nous demande pour lui &
» fa Compagnie ; & notre très-cher &
» très-amé oncle le Duc d'Orleans Ré-
» gent du Royaume, attentif à tout ce
» qui peut apporter du foulagement à
» nos Peuples, & procurer le bien de
» notre Etat, a cru qu'il n'étoit point
» indigne de fon rang & de fa naiffance
» d'en être déclaré le Protecteur.

Le fonds de la Banque fut compofé
de douze cent Actions de mille écus de
banque chacune, ou fix millions cou-
rans : tout Commerce par mer ou par
terre, de commiffions & d'affurances
lui fut interdit : mais il lui fut permis
d'efcompter les billets & lettres de change ; tous fes billets durent être payables à vûe & non à terme , avec défenfe d'emprunter à intérêt fous aucun
prétexte.

Chacun étoit libre d'y dépofer fon
argent. La banque fe chargeoit de la
Caiffe des particuliers, tant en recette
qu'en dépenfe ; s'obligeant de faire à
leur choix les payemens comptant ou

en viremens de parties, moyennant cinq fols de banque par mille écus.

Par les délibérations de la Banque, le fonds capital fut payé les trois quarts en billets de l'Etat & un quart en argent. Les Directeurs des Monnoies dans les Provinces furent chargés de la correfpondance ; acquittant ceux des billets dont l'endoffement le portoit, & fourniffant aux Demandeurs des billets qui fe payoient dans les principales places de l'Europe, comme une lettre de change au cours où fe trouvoit le change lors du payement. Ils en donnoient auffi d'une Monnoie fur une autre jufqu'à la concurrence des fommes prefcrites.

On ne délivroit point de billets qu'à profit, & on le diminuoit en faveur du Commerce, à mefure que le crédit de la Banque augmentoit : mais furtout on avoit une grande attention de proportionner la quantité des engagemens aux fonds de la Caiffe.

L'influence d'un établiffement fi fage & fi néceffaire fe fit fentir prefque dès les premiers jours. La fituation de l'Etat étoit violente, chacun cherchoit à s'en tirer, & faifit cette nouvelle iffue. Lorfque les étrangers purent compter fur la

nature

nature du payement qu'ils avoient à
faire, ils consommerent nos denrées
valeur en banque; le change remonta
à notre avantage, & s'y soutint par les
habiles opérations du Directeur. Les
Négocians, trouvant à cinq pour cent
l'avance de leurs lettres de change en
effets qui équivaloient à l'argent, re-
commencerent leurs spéculations; les
manufactures travaillerent, les consommations reprirent leur cours; ceux
qui apportoient de l'argent dans le Commerce furent obligés de suivre le taux
de l'intérêt dont la Banque se conten-
toit, l'usure cessa, il se trouva plus de
profit à apporter des denrées dans le
Commerce.

Tandis que le Conseil s'occupoit si
efficacement du rétablissement de la confiance, il continuoit de travailler à l'appurement de tous les comptes des Comptables, à la suppression d'une infinité
de Charges onéreuses & dont les fonctions étoient inutiles. Les dettes des
Communautés d'arts & métiers attirerent son attention : & cet objet d'une
discussion très-étendue est de la plus
grande importance, soit pour le Commerce, soit pour la tranquillité des particuliers. Les sommes qui se levent pour

payer les intérêts des emprunts font
un impôt réel fur les marchandifes &
fur le Public ; leur maniement eft une
fource d'abus , de pillages , de nouvelles difcuffions. Prefque tous les emprunts font le fruit des procédures à
l'occafion des droits ou prérogatives
chimériques, dont chacun de ces Corps
fe croit ridiculement revêtu. Des pro-
cès fi nombreux détournent les Artiftes
de leur travail , entretiennent l'efprit
de difcorde entre les familles & les divers arts : comme fi ce n'étoit point
affez déja d'avoir retranché par le mo-
nopole toute émulation entre les hommes , toute idée de perfection dans les
ouvrages , & l'efpérance même de vendre à bon marché aux étrangers. Si ces
funeftes droits paroiffent devoir être
maintenus , au moins la gêne devroit-
elle être employée pour corriger les effets de la gêne. Une Communauté d'habitans n'a point le droit de plaider fans
l'attache de l'Intendant ; elle ne peut
emprunter fans fa permiffion , fans fixer un terme pour le remboursement ,
fans préfenter les moyens d'y pourvoir. Pourquoi une Communauté d'Artiftes a-t-elle plus de liberté ?

　Tandis que ces divers travaux fem-

bloient occuper le Confeil, le jour ap-
prochoit qui devoit rétablir l'ordre
dans les recettes, & porter dans les Finances une lumiere nouvelle. Des Ordonnances très-anciennes & toujours
mal exécutées avoient à diverfes fois
impofé aux Receveurs des deniers publics l'obligation de tenir des Livres
Journaux très-circonftanciés. M. de
Sully particulierement, & M. Colbert
avoient regardé cet article comme le
fondement de l'ordre, & le premier
principe dans la partie de la diftribution
des Finances. On avoit même propofé
au premier, ainfi que nous l'avons remarqué dans le tems, de perfectionner
cet ordre par l'union des parties doubles à la Finance : mais ce projet ne
put alors arriver à fon exécution.

Il n'eft point inutile, avant de rendre
compte de ce qui fe paffa en cette occafion, d'infifter fur la différence qu'il
y a entre l'adminiftration en parties
doubles & les autres livres ordinaires
des Finances.

Dans l'ancienne méthode l'on tient
deux regiftres, l'un pour la Recette,
l'autre pour la Dépenfe : les vérifica-
tions font renvoyées à l'appurement
des comptes : jufques-là ces Regiftres

ne font point clos. La multiplicité & la variété des parties, foit de recette, foit de dépenfe, produifent néceffairement un embarras confidérable, lorfqu'on veut en connoître la nature en détail. L'erreur & la furprife marchent fourdement fur les pas de la confufion.

L'ordre des parties doubles diftingue une recette d'une autre recette, une dépenfe d'une autre dépenfe, l'argent des autres effets, la nature & le fort de ces divers effets. Chaque article dans les parties doubles opere tout-à-la-fois recette & dépenfe; c'eft d'où elles prennent leur nom : ainfi il porte avec foi fa vérification, fa balance. Quelque étendue que l'on fuppofe à un compte général, on peut en un inftant, d'un clin d'œil, former le compte particulier du plus leger article, en fuivant fon iffue : compte qui fera lumineux fans couter d'efforts & de recherches pénibles. Dès-lors il feroit poffible chaque jour de compter d'une caiffe où tout l'argent du Royaume entreroit. Les Italiens ont imaginé ce bel ordre; ils s'en fervent même généralement dans le détail des biens de campagne qu'ils font valoir : & fi l'on y prenoit garde, par-tout où il fe fait de grandes con-

fommations , quelque immenfe qu'en
fût le détail , il feroit facile de fe procurer une connoiffance intime & jour-
naliere de chaque emploi.

Pendant long-tems les Négocians furent les feuls à adopter cet ufage, parce
qu'il leur importe de connoître à chaque heure du jour leur fituation véritable : ils feroient bien-tôt ruinés fi leurs
Caiffiers ou comptables fe trouvoient
chargés de debets inconnus ou faire
valoir à leur infçû quelque fomme jufqu'au moment de la reddition des comptes. « Cette même exactitude , difoit
» en 1607 Simon Stevin de Bruges à
» M. de Sully , n'eft pas moins inté-
» reffante pour un Prince & pour le
» foulagement de fes Sujets ».

Ce furent les motifs qui firent ad-
mettre en 1716 le projet d'adminiftration dans les Recettes générales. Pour
y parvenir il falloit commencer par établir un ordre très-exact dans les Journaux foit des Receveurs particuliers,
foit des Receveurs généraux ; afin que
les uns fuffent le contrôle des autres.
Un fecret profond & une précifion finguliere, foit dans les ordres , foit dans
les mefures prifes pour l'exécution ,
pouvoient feuls en affurer le fruit qu'on

le promettoit : tout fut combiné de maniere que dans le même jour les procès-
verbaux de la situation des Caisses, le
paraphe des Regiftres, & l'inventaire
de toutes les pieces furent faits chez
tous les Receveurs généraux & particuliers des impofitions. Ceux des Généralités des pays d'Etats furent feuls
exceptés dans cet établiffement.

Ce fut dès le 4 Juin que M. le Duc
de Noailles écrivit aux Intendans de
faire parapher & vifer par leurs Subdélégués tous les Regiftres des Receveurs des Tailles & des Commis à la
Recette générale dans l'état où ils fe
trouveroient, tant Regiftres Journaux
que livres de dépouillement pour toute
efpece d'impofition, foit de l'année
courante, foit des années antérieures.

Les quittances comptables ou fina-
les, les récépiffés à compte, les refcriptions ou traités qui fe trouverent,
furent vifés ; & il en fut dreffé des états
certifiés année par année.

On en ufa de même pour les quittances ou récépiffés à compte des parties
prenantes.

Par ce moyen le Confeil fut en état
de faire compter tous les Receveurs de
ce qui avoit précédé, fans qu'il fût poff-

fible , foit de déguifer les faits , foit de détourner les fonds.

En même tems parut l'Edit du mois de Juin 1716 , qui en prefcrivant la tenue & la forme des Regiftres Journaux, pofa les fondemens de la nouvelle adminiftration. Il eft plus convenable de tranfcrire les principaux articles d'une Loi fi intéreffante que de l'extraire.

« L'inexécution des anciennes Or-
» donnances & des Reglemens faits
» par les Rois nos Prédéceffeurs tou-
» chant l'ordre qui doit être gardé dans
» la perception, le maniement & la dif-
» tribution des Finances de l'Etat, ayant
» été la fource d'une infinité de fraudes
» & d'abus, nous ne devons pas diffé-
» rer à faire revivre ces Loix, dont l'ob-
» fervation n'a rien de gênant pour ceux
» qui aiment à exercer leurs emplois
» avec honneur, & ne contraindra que
» les dépofitaires infideles qui croyent
» avoir intérêt de vivre dans la confu-
» fion. Quelque defir que nous ayons
» de faire renaître la confiance publi-
» que & de foulager nos Peuples, nous
» aurions peine à y parvenir fi nous ne
» prenions pas les précautions conve-
» nables pour empêcher à l'avenir la
» diffipation, le divertiffement & la ré-

F f iiij

» tention des deniers qui doivent être
» portés dans nos coffres ou diftribués
» fuivant leur deftination : & ce n'eft
» qu'en rétabliffant le bon ordre dans
» les Recettes, & en affurant le produit
» des recouvremens, que nous pouvons
» fixer le montant des impofitions pour
» les proportionner aux dépenfes de
» l'Etat & au payement des dettes légi-
» times. Depuis que les Officiers comp-
» tables ont difcontinué de tenir les Re-
» giftres Journaux, fuivant l'injonction
» qui en avoit été faite à la plûpart
» d'entre eux par les Edits des mois de
» Mars 1600 article 36, Avril 1634
» article 54, Juillet 1643 article 16,
» par les articles 13 & 14 de l'Edit
» donné en forme de Reglement pour
» nos Chambres des Comptes au mois
» d'Août 1669, & par plufieurs Arrêts
» de notre Confeil & de nos Cours des
» Aides, il n'a pas été poffible de dé-
» mêler fur le champ l'état & la nature
» de leurs Recettes, & il leur a été fa-
» cile de perfuader qu'ils étoient dans
» de grandes avances, pendant qu'ils
» étoient débiteurs de fommes confidé-
» rables ; d'où quelques-uns ont pris
» occafion de payer en papier ce qu'ils
» avoient touché en argent, de decré-

» diter leurs propres billets pour les ra-
» cheter à vil prix, de faire languir un
» grand nombre d'Officiers employés
» dans les états, & d'exercer des ufu-
» res énormes en exigeant l'intérêt des
» fommes mêmes dont ils devoient le
» capital. Pour faire ceffer toutes ces
» efpeces de malverfations qui ont été
» fi onéreufes à l'Etat & aux particu-
» liers, nous eftimons que rien n'eft
» plus utile que de commencer par ré-
» tablir l'ufage des Regiftres Journaux,
» & en y ajoutant les nouvelles précau-
» tions que nous infpire la connoiffance
» des defordres paffés, d'en faire une
» Loi générale pour tous les Compta-
» bles, Tréforiers, Receveurs, Caif-
» fiers, Commis comptables de nos Fi-
» nances & de nos Fermes, & dépofi-
» taires des deniers publics; en forte
» que nous foyons toujours à portée
» de connoître l'état de leurs Caiffes,
» d'en fuivre l'emploi conformément à
» fa deftination, & de faire punir fur le
» champ & fuivant la rigueur des Or-
» donnances les prévaricateurs, dont
» l'exemple contiendra dans le devoir
» ceux qui auroient de la difpofition à
» s'écarter des regles qui leur feront
» prefcrites : au moyen de quoi nous

» ne ferons plus dans la trifte néceffité
» d'avoir recours à des recherches gé-
» nérales, & nous remettrons en hon-
» neur la profeffion de ceux qui font
» chargés de la recette de nos droits &
» du maniement de nos deniers, parce
» que leur conduite pourra toujours
» être approfondie dans le moment mê-
» me qu'ils feront foupçonnés, & qu'ils
» ne feront plus fujets au reproche d'a-
» voir fait des gains illégitimes dans
» leurs emplois. A CES CAUSES, &c.

Article I.

» Qu'à l'avenir & à commencer trois
» jours après la publication du préfent
» Édit, tous nos Officiers comptables,
» de quelque qualité qu'ils puiffent être,
» les Gardes de notre Tréfor Royal, le
» Tréforier général de nos parties ca-
» fuelles, les Receveurs généraux de
» nos Finances, Domaines & Bois, les
» Tréforiers des pays d'Etats, les Re-
» ceveurs des Octrois & deniers pu-
» blics, les Tréforiers de l'extraordi-
» naire des guerres, & tous les autres
» Tréforiers, même ceux qui ont le
» maniment des deniers deftinés pour
» toutes les différentes dépenfes de no-
» tre Maifon, enfemble tous leurs Caif-
» fiers & Commis comptables, comme

» auffi tous Caiffiers & Commis comp-
» tables de nos Fermiers & Sous-Fer-
» miers, foit en titre ou par commif-
» fion, les Entrepreneurs des vivres de
» terre & de mer, fourrages, étapes,
» hôpitaux & fortifications, leurs Caif-
» fiers & Commis comptables en de-
» niers ou effets, & tous ceux fans au-
» cune exception qui font chargés de
» la recette, recouvrement & manie-
» ment de nos deniers de toute efpece,
» foient tenus d'avoir un Regiftre
» Journal dans lequel ils écriront jour
» par jour de fuite & fans aucun blanc
» ni tranfpofition toutes les parties tant
» de recette que de dépenfe qu'ils fe-
» ront dans l'exercice de leurs Charges,
» Emplois & Commiffions.

I I.

» Les Regiftres Journaux feront re-
» liés, cotés & enfuite fignés fur le
» premier & dernier feuillet, & tous
» les feuillets cotés par premier & der-
» nier paraphés.

V.

» Chacun defdits Comptables, Caif-
» fiers, Commis ou Receveurs des Fer-
» miers, Sous-Fermiers ou Compta-
» bles, fera tenu d'énoncer dans cha-
» que article qu'il écrira dans ledit Re-

» giftre Journal le jour du mois & l'an-
» née , le nom du particulier de qui il
» recevra , ou à qui il payera , le mon-
» tant de la fomme en toutes lettres &
» fans chiffres dans le texte , & la caufe
» du payement qu'il fera ou qui lui fera
» fait , fi le payement fait ou reçû eft
» en argent comptant , lettres , billets
» ou autres effets.

V I.

» Et à l'égard des Receveurs géné-
» raux & particuliers des Tailles , Tré-
» foriers & Receveurs des Provinces
» & pays d'Etats , & généralement
» tous autres chargés du recouvrement
» des impofitions de toute nature , leurs
» Caiffiers & Commis ayant manie-
» ment : comme auffi les Caiffiers &
» Commis comptables des Fermiers ,
» Sous-Fermiers de nos droits de quel-
» que efpece que ce foit , & autres Re-
» ceveurs en titre ou par commiffion :
» nous avons ordonné & ordonnons
» qu'ils foient de plus tenus de diftin-
» guer les différentes fommes qu'ils re-
» cevront fur chacune nature d'impo-
» fitions ou de droits , tant de l'année
» courante que des reftes des années
» précédentes , & d'ajouter à la fin de
» chacun defdits articles un bordereau

» des différentes eſpeces , ſoit d'or ou
» d'argent , réformées ou non réfor-
» mées, qu'ils auront reçûes ou payées ;
» & en cas que le tout ou partie de cette
» valeur ait été fournie en effets, la
» qualité deſdits effets & le terme au-
» quel ils feront payables, feront auſſi
» expliqués ».

L'Edit que l'on vient de lire fut ac-
compagné d'une Déclaration du Roi
du dix du même mois , portant reglement pour les Receveurs généraux des
Finances, & pour les Receveurs des
Tailles. Les motifs ſont ſi propres à rappeller la néceſſité des conjonctures, &
la diſpoſition eſt ſi ſage, qu'il eſt utile
de la tranſcrire ici.

« Lun de nos premiers ſoins après
» notre avénement à la Couronne a été
» de nous faire rendre compte de l'état
» de nos revenus & des différens enga-
» gemens que les Receveurs généraux
» de nos Finances avoient contractés
» pour le ſervice de l'Etat , au moyen
» des aſſignations qui avoient été tirées
» ſur eux par anticipation, afin d'aſſu-
» rer ſur le produit de leurs recettes
» une ſomme fixe payable de mois en
» mois pour la ſubſiſtance de nos trou-
» pes , & de leur deſtiner enſuite des

» fonds certains pour acquitter les
» charges affignées fur les états de nos
» Finances, & les refcriptions & billets
» qu'ils avoient fignés ou endoffés.
» Quoiqu'ils fe fuffent foumis à l'exé-
» cution d'un réfultat qui contenoit cet
» arrangement équitable, & que nous
» euffions donné le 12 Octobre dernier
» une Déclaration qui regle les termes
» du payement de leurs billets ; cepen-
» dant quelques-uns d'entre eux ont eu
» fi peu d'exactitude à remplir leurs en-
» gagemens , que non - feulement les
» charges affignées fur nos états , &
» une partie confidérable de leurs bil-
» lets n'ont point été acquittés , mais
» que nous avons même été obligés de
» pourvoir d'ailleurs à la folde & à la
» fubfiftance de nos troupes. Et comme
» rien n'eft plus important que d'affurer
» le payement de ces dépenfes privilé-
» giées , & de rétablir le bon ordre
» dans cette partie de nos Finances,
» nous croyons ne le pouvoir faire d'une
» maniere plus folide, qu'en ordonnant
» que lefdits Receveurs généraux au-
» ront à l'avenir une Caiffe commune
» & générale d'adminiftration, qui fera
» tenue dans le Bureau même où ils font
» leurs affemblées , & dans laquelle ils

» feront tenus de remettre directement
» le total du produit, tant des impofi-
» tions courantes des vingt Généralités
» de nos pays d'Elections, que de ce
» qui en eft dû de refte des années pré-
» cédentes ; nous avons jugé en même
» tems devoir choifir & commettre une
» partie defdits Receveurs généraux
» de nos Finances, pour avoir la régie
» & l'adminiftration de cette Caiffe,
» veiller au recouvrement des impofi-
» tions, empêcher qu'il en foit fait au-
» cun divertiffement, foit par les Rece-
» veurs des Tailles, les Commis aux
» recettes générales & particulieres,
» ou par les autres perfonnes qui y font
» employées, & pour faire diftribuer
» exactement les fommes qui feront
» portées à la Caiffe, conformément
» aux ordres qu'ils recevront de notre
» Confeil de Finances, & aux états par-
» ticuliers qui y feront arrêtés ; au
» moyen de quoi & par le concours de
» leurs foins & de leur travail, les re-
» couvremens feront fuivis dans le mê-
» me efprit & fur les mêmes principes,
» & tout ce qui en proviendra fera em-
» ployé fuivant fa deftination. Nous
» prendrons en même tems & fans rien
» déranger, une connoiffance exacte

» de la fituation actuelle de tous les Re-
» ceveurs généraux & particuliers,
» tant par rapport à leur recette & dé-
» penfe effective, qu'aux avances qu'ils
» peuvent avoir faites pour le fervice
» de l'Etat, foit de leurs deniers, ou de
» ceux du Public, en les faifant comp-
» ter de tous leurs manimens depuis le
» dernier compte par eux rendu, afin
» d'éviter toute efpece de confufion,
» & de faire rendre la juftice qui eft
» dûe aux particuliers porteurs de leurs
» billets. A CES CAUSES, &c.

Article I.

» Que les Receveurs généraux de
» nos Finances des vingt Généralités
» des pays d'Elections ayent à l'avenir
» une Caiffe commune & générale d'ad-
» miniftration qui fera tenue dans leur
» Bureau en notre bonne Ville de Paris,
» à laquelle Caiffe feront directement
» portés à leur diligence tous les deniers
» qui proviendront, tant des impofi-
» tions courantes de toute nature def-
» dites Généralités, que des reftes qui
» en font dûs des années précédentes ;
» lefquels deniers nous avons entant
» que befoin affectés & affectons au
» payement de la partie revenante à

» notre

» notre Tréfor Royal , de celle des
» charges & dépenfes affignées fur les
» états de nos Finances , & au paye-
» ment des billets faits & endoffés par
» lefdits Receveurs généraux de nos Fi-
» nances , conformément à notre Décla-
» ration du 12 Octobre dernier. Voulons
» qu'en cas qu'il fe trouve quelqu'un
» defd. Receveurs généraux qui ait fait
» des billets pour une plus grande fomme
» qu'il ne juftifiéra lui être par nous
» dûe , il foit contraint , même par
» corps , d'en remettre la valeur à la-
» dite Caiffe générale , afin que tous
» lefdits billets y puiffent être régulie-
» rement acquittés.

I I.

» Sera ladite Caiffe générale régie &
» adminiftrée par ceux des Receveurs
» Généraux de nos Finances que nous
» choifirons & commettrons à cet effet,
» lefquels demeureront folidairement
» refponfables des deniers qui y feront
» rémis, & recevront les ordres de no-
» tre Confeil de Finances pour la diftri-
» bution & le payement defdits fonds
» fuivant leur deftination , le tout con-
» formément aux états particuliers de
» diftribution qui en feront arrêtés par

» les Commiſſaires de notre Conſeil ».

Comme le principal objet de ce nouvel arrangement étoit de rétablir le bon ordre dans les Finances, & qu'on ne pouvoit y parvenir ſans connoître la ſituation actuelle des Receveurs Généraux, tant par rapport à la recette & à la dépenſe qu'à leurs engagemens ; il leur étoit enjoint de compter inceſſamment par-devant les Commiſſaires du Conſeil par bref état & repréſentation de pieces juſtificatives depuis le dernier compte rendu par chacun d'eux à la Chambre.

En procédant à l'arrêté de ces comptes il devoit être pourvû à la liquidation des ſommes qui leur ſeroient légitimement dûes, ſans qu'ils puſſent cependant ſe diſpenſer de porter les fonds actuellement libres entre leurs mains à la Caiſſe commune ſous prétexte de compenſation.

Le Reglement ſur les livres journaux & la maniere de les tenir étoit renouvellé.

V I I.

« Et afin d'empêcher l'abus qui ſe » peut commettre par le moyen des ré- » cépiſſés des ſommes payées à comp-

» te, tant par les Collecteurs aux Re-
» ceveurs particuliers, que par les Re-
» ceveurs particuliers aux Receveurs
» généraux, lesquels récépissés se con-
» vertissent ensuite en quittances fina-
» les ou comptables ; nous ordonnons
» que pour conserver l'ordre invariable
» du Registre Journal, chacun desdits
» Receveurs généraux & particuliers,
» leurs Caissiers & Commis, sera tenu
» non-seulement d'y enregistrer lesdits
» récépissés jour par jour, mais encore
» de faire un article au long de la som-
» me portée par la quittance finale ou
» comptable qu'il délivrera, & par une
» explication dans la suite, d'y faire
» mention des récépissés particuliers
» qui auront été reçûs ou donnés pour
» valeur de ladite quittance, date par
» date & somme par somme, même de
» rappeller le *foilà* du Registre Journal
» où lesdits récépissés auront été pré-
» cédemment enregistrés ; ensorte que
» dans tous les cas l'on puisse trouver
» sur ce Registre Journal les faits rap-
» portés & écrits simplement & since-
» rement tels qu'ils sont.

VIII.

» Enjoignons aux Receveurs géné-

» raux de nos Finances & Commis aux
» recettes générales, aux Receveurs
» des Tailles, leurs Caiſſiers & Com-
» mis, d'envoyer exactement tous les
» quinzieme & dernier jour de chaque
» mois à notre Conſeil de Finances une
» copie au long, fidelle & bien écrite
» de leur Regiſtre Journal contenant
» toute leur recette & dépenſe faite
» pendant les quinze jours précédens,
» laquelle copie après avoir été colla-
» tionnée ſur leſdits Regiſtres ſera par
» eux certifiée & affirmée véritable;
» ordonnons pareillement aux Rece-
» veurs des Tailles de faire parapher
» tous les quinzieme & dernier de cha-
» que mois le dernier article de leur li-
» vre journal par le Préſident ou par le
» plus ancien des Officiers des Elec-
» tions.

I X.

» Et pour aſſurer de plus en plus l'e-
» xécution des précédens articles, il
» ſera par nous commis & inceſſam-
» ment envoyé dans chacune des vingt
» Généralités de nos pays d'Elections,
» un Inſpecteur, lequel ſera tenu de vé-
» rifier toute la recette & dépenſe qui
» ſera faite tant par les Commis à la re-
» cette générale, que par les Receveurs

» des Tailles, de tenir un Regiſtre Jour-
» nal ſemblable à celui dudit Commis
» à la recette générale, & d'en envoyer
» tous les quinze jours à notre Conſeil
» de Finances une copie d'eux colla-
» tionnée & certifiée véritable ».

Les Inſpecteurs devoient prêter ſer-
ment devant les Tréſoriers de France
de la Généralité où ils ſeroient employés, recevoir les ordres des Intendans, rendre compte au Conſeil de
toutes les omiſſions ou des faux emplois
qu'ils découvriroient, enfin des contra-
ventions au Réglement. Ils étoient auſſi
aſtreints à faire un dépouillement exact
des frais que chaque Receveur des Tailles auroit faits dans le cours de l'année
précédente, afin de l'envoyer au Conſeil.

X I I.

« Comme notre intention eſt d'épar-
» gner autant qu'il ſe pourra les frais
» aux redevables, ſans cependant retar-
» der les recouvremens, parce que rien
» n'eſt plus préjudiciable à nos Sujets
» que de leur laiſſer accumuler des im-
» poſitions; voulons que ceux des Re-
» ceveurs qui feront le moins de frais
» & qui accéléreront davantage les re-
» couvremens, reçoivent tous les ans

» des gratifications proportionnées à
» leur bonne conduite, vigilance, &
» au fuccés de leurs foins ; & en fuivant
» le même efprit de juftice à l'égard de
» ceux qui par inapplication ou mau-
» vaife volonté, ou par chagrin de ce
» que le bon ordre que nous voulons
» remettre dans nos Finances leur ôte
» les moyens de faire un mauvais ufage
» de nos deniers, viendroient à négli-
» ger les recouvremens, nous ordon-
» nons qu'il fera commis fur le champ
» à leur exercice, & même procédé
» juridiquement à leur dépoffeffion,
» pour être enfuite par nous pourvû à
» leurs Offices, de fujets capables que
» nous aurons agréés pour les acquérir
» fur le pied qui fera par nous réglé.

X. I. I I.

» Défendons aux Receveurs des
» Tailles de tirer des mandemens fur
» les Collecteurs & de fe payer des im-
» pofitions en denrées, à peine de con-
» cuffion. Défendons auffi fous la mê-
» me peine aux Collecteurs de compen-
» fer les fommes dont ils font redeva-
» bles aux particuliers, avec les fom-
» mes que les particuliers doivent pour
» les impofitions ».

Enfin il étoit enjoint aux Receveurs

des Tailles de compter inceffamment
devant leur Infpecteur par bref état depuis le dernier compte rendu par eux
à la Chambre. Il leur fut défendu de retenir par leurs mains aucun fonds du
produit effectif & journalier des recouvremens fous aucun prétexte. Ils ne
purent même retenir leurs émolumens
que de mois en mois fur les états de diftribution arrêtés au Confeil.

Les fonds de la partie du Tréfor
Royal durent y être portés directement
de la Caiffe commune, pour être enfuite
expédié des décharges aux Receveurs
généraux.

Les dix Receveurs généraux Adminiftrateurs firent leur foumiffion au
Greffe du Confeil, par laquelle ils s'o-
bligerent folidairement à l'exécution du
réfultat; mais le Miniftre porta fa pré-
voyance encore plus loin; & pour affurer le payement des dépenfes de la
guerre affignées fur les Recettes géné-
nérales, il exigea que les Adminiftrateurs fiffent une avance d'un million
par mois à commencer du mois de Juillet 1716 : c'étoit une fûreté en attendant le fuccès de l'adminiftration, qui
fut fi grand dès l'établiffement même,

que les Adminiftrateurs furent bientôt
libérés de cet engagement.

Leur travail fut diftribué en quatre
départemens; il y eut deux Receveurs
Généraux pour la Caiffe générale, deux
pour les Livres & Regiftres, quatre
pour la correfpondance, & deux pour
les états des reftes.

Le fieur Geoffroy fut commis par
Arrêt du Confeil pour Caiffier de la
Caiffe commune : tous les deniers des
recouvremens, tant de l'année courante que des années antérieures, furent
portés régulierement à cette Caiffe au
moyen du Contrôle exact qui fut établi fur les copies de Journaux envoyées
tous les quinze jours, & il n'en fortit jamais aucun fonds qu'en vertu des états
de diftribution fignés de M. le Duc
d'Orléans.

Le Caiffier rendit compte chaque
jour du montant de fa recette & de
fa dépenfe, par un état certifié de lui,
où l'argent & le papier étoient diftingués l'un de l'autre, de forte que le Miniftre voyoit chaque jour ce qui avoit
été reçu & dépenfé tant en efpeces qu'en
effets, & ce qui reftoit en Caiffe.

Comme il ne fuffit pas d'ordonner

avec

avec précifion, & que l'on doit encore
établir un ordre pour en vérifier l'exécution abfolue, les Commiffaires du
Confeil chargés du département de la
Caiffe commune pointoient & véri-
fioient tous les quinze jours les états
de diftribution fur le Regiftre même de
la Caiffe & fur les pieces préfentées
article par article, & en faifoient l'arrêté au bas; de forte qu'il ne reftoit pas
le moindre lieu de douter que les ordres du Gouvernement n'euffent été
remplis avec la plus grande exactitude.

Enfin la Caiffe commune n'étant
qu'une caiffe d'ordre & de dépôt de
tous les fonds des recouvremens, elle
ne produifit jamais aucun compte à rendre, fi ce n'eft du Caiffier au Receveur
Général, parce que les fonds étant portés réellement ou fictivement au Tréfor Royal, le Caiffier de la Caiffe commune en retiroit les décharges, qu'il
remettoit enfuite pour valeur de fes récépiffés à chacun des Receveurs Généraux : ce qui opéroit toujours entre
eux un appurement abfolu & un compte final & foldé.

Les Infpecteurs, qui devoient être é-
tablis en exécution de la Déclaration du

10 Juin 1716, furent nommés par le Conseil; on remit à chaque Inspecteur une instruction pour lui servir de regle dans toutes les opérations. On leur délivra des modeles des états qu'ils devoient dresser & envoyer pour constater ce qu'il y avoit de restes à recouvrer dans chaque Election & de charges à payer.

Les Commis chargés du recouvrement particulier du dixieme, & de la Capitation des Villes & de la Noblesse, furent assujettis à la même Loi.

Tous les comptes furent rendus successivement aux Inspecteurs, qui en envoyerent au Conseil des doubles en bonne forme; & les différentes opérations que l'on fit sur ces pieces, firent rentrer à la Caisse commune les sommes dont les Comptables étoient débiteurs, & liquider par les Commissaires du Conseil celles dont ils étoient en avance.

Les états des restes à recouvrer servirent à prendre des moyens proportionnés aux connoissances locales pour en accélerer le recouvrement; & quant aux états des charges qui restoient à payer pour les années où les états du Roi avoient été dressés & envoyés dans les Provinces, le Conseil, qui connut par ce moyen l'objet des arrérages, indiqua des tems fixes pour les payer, sans préjudicier aux dépenses les plus intéressantes pour la conservation du Royaume.

Pour le dire en passant, une partie du desordre venoit de ce que les états du Roi n'avoient point été expédiés depuis cinq à six ans. Comme on n'avoit pas le moyen d'acquitter les charges employées dans ces états, & que les fonds destinés à les acquitter étoient divertis à d'autres usages plus pressans, on vouloit donner une excuse aux Fermiers & Receveurs pour se dispenser de satisfaire les parties prenantes. Cependant chacun, suivant le degré de son crédit, s'étoit fait payer des à-comptes sur des ordres particuliers. Cela forma depuis une infinité de doubles emplois, & jetta un embarras considérable dans la connoissance de la nature & du montant des arrérages dûs à la mort du feu Roi. On en vint à bout cependant par un travail long & pénible; au lieu que si la loi dictée par les nécessités de l'Etat eût été également observée pour tous, on n'eût éprouvé ni injustice ni desordre. Les sommes accordées aux uns pour le payement entier ou de majeure partie de leurs arrérages, étant reparties entre tous, chacun fe feroit trouvé foulagé ; l'ordre fe rétabliffant, les payemens euffent moins langui.

Par les états des frais de pourfuites faites aux contribuables, le Gouvernement vit en quels lieux il y avoit négligence ou vexation, & donna les ordres néceffaires pour contenir la violence des Receveurs ou pour réveiller leur activité.

Les Receveurs généraux compterent de toute leur recette & dépenfe antérieure au premier Juillet ; & leurs avances réelles ainfi connues furent liquidées.

Cette methode conduifit à établir des comptes d'ordre fur les livres du Bureau d'adminiftration, par le rapport que l'on y fit de chaque nature de recette & de dépenfe contenue dans les comptes de tems, afin qu'en y ajoutant les autres articles de pareille nature, qui feroient employés enfuite dans les copies de Journaux, on eût le compte entier, non-feulement de chaque Receveur général & particulier, mais encore de chaque efpece de recette & de dépenfe pour chaque exercice. C'eft ce qui fut exécuté par les opérations qui procéderent des copies de Journaux, que les Comptables envoyerent d'abord tous les quinze jours & enfuite tous les mois.

Comme les Receveurs des tailles & les Commis aux recettes générales n'étoient pas encore bien verfés dans la maniere de tenir exactement leurs Regiftres Journaux, ils furent obligés de rendre tous les fix mois des comptes de tems aux Infpecteurs dans la forme prefcrite.

L'attention ne fe bornoit pas à la concordance des Joürnaux avec les livres, elle embraffoit toutes les parties, & furtout la fuite des fonds; auffi les Infpecteurs vérifierent-ils fi le produit de la recette de chaque Receveur des tailles avoit été remis régulierement à la recette générale, & l'on examina fi le Commis à cette recette en avoit fait la remife au Réceveur général, & celui-ci à la Caiffe commune.

On leur faifoit vérifier auffi dans les Paroiffes, fi les Receveurs des tailles avoient employé fur leurs Journaux toutes les fommes qui leur avoient été payées par les Collecteurs, ce qu'il étoit facile d'exécuter par la compa-

raifon du montant des quittances données aux Collecteurs avec les articles
de recette couchés fur le Journal du
Receveur.

La conduite des Collecteurs n'étoit
pas moins éclairée. On établit des Contrôleurs particuliers dans quelques Elections qui étoient le moins en régle , &
leur principale fonction fut de comparer les fommes déchargées fur les rôles
des impofitions avec les quittances des
Receveurs, pour connoître fi les Collecteurs avoient remis tous les deniers
de leur collecte. Les Contrôleurs indi-
quóient auffi aux Receveurs en quelles
Paroiffes ou Communautés les Huiffiers des tailles feroient envoyés ; &
l'on n'obmit aucune des précautions
néceffaires pour empêcher que les Receveurs généraux & particuliers ne tra-
verfaffent les recouvremens.

Il reftoit au premier Juillet 1716 la
fomme de fix millions cinq cent mille
livres à payer du contingent des Receveurs généraux , fur quinze millions
à quoi il avoit été fixé pour les fix premiers mois de la même année. Cependant malgré la difficulté du tems , la
recette effective des impofitions des
vingt Généralités pendant les fix der-

E *du Produit du Contingent fur le pied du réfultat du moi.* :ctif *des recouvremens par l'adminiſtration pendant les ſix*

S.	Répartition des trente millions.	Contingent d'un mois.	Contingent de ſix mois.	Produit de l'admi tration pour ſix m
	liv.	liv.	liv.	liv. f.
• •	2702668	225223	1351334	2449961 12
• •	928852	77406	464426	807553 13
• •	1174860	97905	587430	1406930 14
• •	1033064	86089	516532	913492
• •	2165866	180489	1082933	1877419 11
• •	1739198	144933	869599	1255716 2
• •	1528290	127357	764145	1207602 4
• •	1897604	158135	948802	1514483 12
• •	579398	48283	289699	452488 11
• •	766766	63897	383383	638616 10
• •	2668188	222349	1334094	2171272
• •	1793850	149487	896925	1353957 16
• •	914940	76245	457470	980445 9
• •	2714250	226187	1357125	2212374 2
• •	2479880	206656	1239940	2433254 1
• •	857700	71475	428850	639637
• •	1799444	149953	899722	1175770 6
• •	1177304	98108	588652	1013892
• •	1077878	89823	538939	1145302 4
	30000000	2500000	15000000	25650169 18

niers mois de 1716 fut de vingt-cinq
millions fix cent cinquante mille cent
foixante-neuf livres treize fols huit deniers, comme on le voit par la récapitulation ci-jointe. (*)

Si le crédit confifte dans l'affurance
du payement, voilà de ces opérations
qui y conduifent fûrement un Etat,
dans quelque délabrement que les affaires paroiffent tombées.

Trop de gens étoient intéreffés cependant à décrier l'ordre pour que cet établiffement n'effuyât point des contradictions & des murmures. En pareil cas,
c'eft une chofe furprenante, que la facilité avec laquelle chacun fe prête aux
plaintes d'autrui, & les répete fans en
examiner le fond; le tems diffipe enfuite ces clameurs inconfidérées, & l'on
vient à s'étonner de fang froid que la
perfection même d'un projet ait contribué à le renverfer. Parmi les objections
frivoles qui furent faites alors contre
les adminiftrations, nous n'en remar-
querons qu'une feule, non pas que fa
folidité mérite cette diftinction, mais

---

* Il eft jufte d'avertir que la plus grande partie de
ce détail important eft tirée d'un Manufcrit fur les
adminiftrations, dont on ignore l'auteur, mais qui
paroît fait de main de maitre.

parce que l'efprit d'intérêt qui lui donna naiffance, l'a protégée jufqu'ici. On
dit que les adminiftrations nuifoient au
Commerce, en ce qu'elles faifoient fortir l'argent des Provinces beaucoup plutôt qu'il n'auroit fait. La réponfe eft
bien fimple, il y rentroit plus vîte : dès-
lors cela revient abfolument au même
quant à la circulation; mais ajoutons
qu'il en fortoit moins : car le Roi ne
paye point d'intérêts d'avance fans
en impofer fur les Peuples l'équivalent :
& puifque cette régie difpenfoit de re-
courir à ces avances coûteufes, l'impofition étoit moindre ; le Peuple & le
Commerce étoient foulagés. Il en ré-
fultoit encore un autre bien ; les Receveurs obligés de remettre tous les quinze jours ou tous les mois, n'exigeoient
plus d'efcompte fur les lettres de change
des Négocians, trop heureux d'en trouver pour gagner la voiture. On repli-
quera fans doute que les lettres de change à deux ufances ne pouvoient plus fe
négocier : mais cette efpece d'inconvénient ne pouvoit durer que pendant le
premier mois; & affurément il n'eft pas
comparable au bien général qui en ré-
fultoit. Le Négociant s'arrangeoit là-
deffus pour la fuite; & alors il avoit de

plus la facilité d'efcompter fes lettres
de change à la Banque.

Si les autres économies employées
dans toutes les parties de dépenfes ne
ramenoient pas encore l'aifance, elles
prometttoient du moins que les engagemens pris feroient foutenus avec fidélité, & qu'on feroit même bientôt en
état de commencer à éteindre des capitaux. Il fut remis aux Payeurs des rentes trois millions cinq cent quatre-vingt
cinq mille livres, pour acquitter les fix
premiers mois d'intérêts des billets de
l'Etat, qui devoient écheoir au premier
de Juillet. Pour commencer à en retirer
quelques-uns du Commerce, il fut depuis reglé que dans les ventes de meubles faites en exécution des Arrêts de
la Chambre de Juftice, les meubles au-
deffus de trois cent livres pourroient
être payés les trois quarts en billets de
l'Etat.

La Police intérieure de l'Etat fe perfectionnoit de jour en jour, foit par la
prolongation de la permiffion de fortir
des grains, en attendant que les circon-
tances permiffent d'adopter un plan fixe
& invariable pour la fûreté de ce commerce, foit en reffufcitant les bons principes étouffés par de longs préjugés fur

toutes les parties économiques. Le commerce des laines, par exemple, se trouvoit anéanti par les gênes imposées en 1699 ; il étoit défendu à toutes personnes qui n'étoient marchands de laine & fabriquans d'étoffes, d'acheter des laines pour les revendre & en faire trafic, à peine de mille livres d'amende, & de punition corporelle. Pareille prohibition empêchoit l'achat des laines avant que les moutons eussent été tondus. De ces Ordonnances décernées par un bon motif, mais peu éclairé, il résultoit que les laboureurs & les Fermiers ne trouvant plus la même concurrence d'acheteurs, ne vendoient plus leur laine au même prix. Le desavantage d'une partie si précieuse de l'agriculture en avoit dégoûté le cultivateur ; mais tandis que celui-ci vendoit sa laine à bas prix ; le Public la payoit plus cher, parce que la quantité de la denrée étoit diminuée, ainsi que le nombre des vendeurs. De la défense d'arrher les laines avant qu'elles fussent tondues, naissoit un abus destructif des manufactures & de la qualité des ouvrages : car le cultivateur pressé d'argent tondoit ses moutons avant que les chaleurs eussent donné à leur toison le

nerf & la longueur suffisante. Un fabri-
quant intelligent, qui auroit arrhé &
payé cette laine, à condition que la
tonte en seroit différée jusqu'à la mi-
Juin, terme prescrit par les Ordonnances de M. Colbert, auroit encouru des
peines graves en faisant une action très-
utile à l'Etat. Plusieurs le pratiquent,
& leur argent gagne plus de dix pour
cent dans l'espace de deux mois. La liberté des achats & des ventes fut rendue ; *parce que*, dit l'Arrêt, *si les Réglemens de 1699 étoient exécutés, ils
mettroient une grande contrainte dans le
Commerce des laines, dont il est important pour le bien public que les ventes &
les achats soient libres.* Il défendit cependant d'enarrher les laines sur les moutons avant le mois de Mai. Peut-être
eût-il été desirable que le terme de l'Ordonnance de M. Colbert eût été renouvellé.

Un grand nombre de François de
toutes professions étoit passé en Italie
pendant les tems malheureux ; & la plupart dans le dessein de revenir s'étoient
rendus à Livourne sans avoir les moyens
de payer leur passage ; le Gouvernement obligea les Capitaines de navires
de les prendre à bord, & fit la dépense
de leur embarquement.

Il fut pourvû à la durée des deuils ; dont l'exceffive longueur faifoit tort au travail des manufactures de couleur.

Diverfes fuppreffions de charges oné-reufes au Commerce furent accordées au foulagement des Peuples ; on ne leur donne point place ici, pour éviter la féchereffe annexée à de pareils détails. On fe contente d'obferver en général qu'il fe fit pendant tout ce tems des travaux confidérables pour éteindre & liquider les charges & taxations qui fub-fiftoient encore des créations depuis 1689. Entre ces Offices, les plus oné-reux fans contredit étoient ceux de Tréforiers ; ils avoient été multipliés fans néceffité jufqu'au nombre de foi-xante-onze. Ils furent réduits à dix-neuf : par cet arrangement, Sa Majefté fut libérée de la fomme de onze mil-lions neuf cent foixante-huit mille deux cent quatre-vingt-huit livres de Finan-ce, & d'une dépenfe annuelle de huit cent quarante mille huit cent douze li-vres. Les taxations créées en 1713 pour être levées au denier douze par les Officiers des bureaux des Finances, des Elections & autres, formoient une dé-penfe annuelle de feize cent trente mil-

le huit cent trente-une livres ; elles furent fupprimées , & l'on prit des arrangemens avec les Receveurs des tailles
chargés du recouvrement pour le rembourfement de leurs avances. On n'em-
ploya pas moins d'activité pour l'appurement des comptes de tous les Comptables qui fe trouvoient arriérés de
plufieurs années , parce que le retard
des recouvremens avoit empêché que
les états ne fuffent arrêtés.

Le billonnage continuoit toujours cependant ; le mal fut reconnu , & le feul
remede efficace étoit d'abandonner le
bénéfice de la réforme ; mais dans une
détreffe auffi grande , ce facrifice parut
difficile à remplacer : la Banque générale foutenoit les changes ; on crut devoir épuifer tous les expédiens avant
de renoncer à un argent fi précieux &
fi rare. Dès le premier d'Août 1716 ,
on nomma des Commiffaires pour la
recherche des faux réformateurs & des
faux monnoyeurs. Elle fut inutile parce
que la plus grande partie des reformes
fe faifoit dans l'étranger , ou entre des
perfonnes également intéreffées au fecret. Le 29 Août l'entrée dans le Royaume de toutes efpeces fous l'empreinte
fixée par l'Edit du 15 Décembre 1715

fut prohibée. C'est ce qu'on pouvoit
faire de mieux dans le système embras-
sé ; mais cela n'apporta que de la gêne
& non une interruption dans le billonnage : les especes reformées rentroient
de toutes parts par petites parties : le
profit sur l'or, comme le plus considérable, tenoit davantage les faux réformateurs ; & la plus grande facilité du
transport favorisoit leur industrie. Aussi
se détermina-t-on au mois de Novembre
à une fabrique de louis d'or nouveaux
du titre de vingt-deux carats, du poids
de neuf deniers quatorze grains & deux
cinquiemes de grain, à la taille de vingt
au marc, au remede de poids de vingt-
quatre grains par marc & de dix trente-
deuxiemes de fin, & qui devoient avoir
cours pour trente livres; la bonté & la
perfection de ces especes n'empêchoit
pas qu'il n'y eût un profit de vingt-cinq
pour cent à les contrefaire, si on le
vouloit.

On évita cependant dans cette reforme deux grands abus qui prirent naissance en 1709, & qui depuis causerent
un grand desordre dans les monnoies ;
c'est-à-dire que cette fois-ci il n'y eut
point d'augmentation sur le remede de
loi, & que pendant ces deux années il

ne fut accordé aucun furachat.

Les remedes en fait de monnoie font des diminutions permifes aux fabriquans de la monnoie fur le titre & le poids annoncés de l'efpece, en faveur de l'imperfection de l'art, qui ne pourra jamais atteindre une certaine précifion tant qu'il fera groffier, abandonné à la routine, & qu'on ne travaillera point aux moyens de le rendre plus exact. Quoi qu'il en foit, ce qui étoit reputé une néceffité eft devenu la matiere d'un bénéfice pour le Prince : & cela ne pouvoit être autrement, parce que cette diminution du titre & du poids annoncé ne devoit en aucune maniere refter entre les mains du fabricateur, que fon intérêt auroit continuellement engagé à étendre les remedes, ou du moins à les employer en entier. Si en effet on n'eût jamais fait de ces remifes imprudentes fous divers prétextes frivoles, il eft à préfumer que jamais les remedes ne fe fuffent accrus en auffi peu de tems & à un tel excès : car ç'a toujours été un principe reçu, que ces remedes devoient être épargnés le plus qu'il étoit poffible, & jamais ils n'ont eu pour objet direct le bénéfice du Prince, qui l'a regardé comme accidentel,

Anciennement ce remede étoit de quatre trente-deuxiemes fur l'or ; en 1655
il monta à huit trente-deuxiemes , fous
prétexte qu'il avoit été excédé dans les
fabrications précédentes , qu'il fe trouvoit de fauffes fabrications dans le Public trop difficiles à reconnoître. En
1709 fous les mêmes prétextes ce remede fut porté à dix trente-deuxiemes ;
depuis il l'a été à douze trente-deuxiemes. Ce feroit une difcuffion trop longue que de faire voir que plufieurs de
ces motifs n'étoient d'aucun poids, à
les examiner férieufement en eux-mêmes : mais il étoit vrai que la foibleffe
qu'on avoit eue en diverfes occafions
de faire remife aux fabricateurs de ce
qu'ils devoient au Roi à raifon de l'emploi des remedes , les avoit engagés de
plus en plus à les chatouiller. Ainfi cet
accroiffement de remedes étoit devenu
néceffaire par le relâchement de la régie. Il n'en eft pas moins évident qu'il
en a refulté une empirance fucceffive
dans les monnoies depuis 1655 jufqu'en
1726 ; & que, fous le prétexte de l'incertitude des titres des anciennes efpeces, chaque refonte auroit produit
en fureté de gros bénéfices aux dépens
du Public à ceux des fabricateurs qui
ne

ne fe feroient pas piqués d'exactitude ;
car une fois le principe admis qu'il eft
des efpeces anciennes plus foibles en
titre que les autres, chacun auroit pû
prétendre que toutes celles apportées
à fon change étoient de ces foibles : &
il eût été impoffible de prouver le contraire. L'expédient dont on fe fert aujourd'hui, en veillant à ce que les remedes ne foient jamais employés en
entier, corrige en partie le vice des
anciennes difpofitions. La matiere des
monnoies fi fimple en elle-même a été
revêtue d'un appareil fi ténebreux,
qu'il eft peu furprenant que des Miniftres ayent pû condefcendre à des arrangemens qu'ils n'auroient pas approu-
vés s'ils les euffent entendus : & cette
difcuffion fervira à développer un vice
de plus attaché aux refontes des monnoies.

Le fecond abus dont on fe garantit
fut celui des furachats. On appelle furachat la remife que des particuliers
fçavent fe procurer du bénéfice que fait
le Roi fur fa monnoie, ou de partie de
ce bénéfice, fur une quantité de marcs
qu'ils fe chargent de faire venir de l'é-
tranger. Nul homme au fait des principes politiques de l'adminiftration, ne

doute qu'il ne soit avantageux de payer
au Commerce les matieres qu'il apporte
suivant leur valeur entiere, c'est-à-dire
de rendre poids pour poids & titre pour
titre : car si le Prince retient un bénéfice sur sa monnoie, il délivre en monnoie une moindre quantité de grains
pesant de métal pur pour une plus grande qui lui est apportée. Ainsi il est évident qu'une telle retenue est une imposition sur le Commerce avec les
Etrangers : or le Commerce avec les
Etrangers est la seule voie de faire entrer l'argent dans le Royaume : d'où il
est aisé de conclure que toute remise
générale des droits du Prince sur la fa-
brication de la monnoie, est un encouragement accordé à la culture &
aux manufactures, puisque le Négociant est en état au moyen de cette remise ou de payer mieux la marchandise
qu'il exporte, ou de procurer à l'Etat
une exportation plus abondante en faisant meilleur marché aux Etrangers,
unique moyen de se procurer la préférence des ventes & dès-lors du travail.
Cette police occasionne encore des en-
trepôts de matieres pour le compte des
autres Nations : or tout entrepôt est
utile à celui qui entrepose. On se contente d'exposer les principes évidens,

qui suffisent pour détruire les sophismes que peuvent suggérer sur cette matiere de petites vûes intéressées. Dans ces matieres il n'est qu'un intérêt à considérer, c'est celui des hommes qui produisent, c'est-à-dire du cultivateur, du manufacturier, de l'armateur. Mais lorsque l'Etat n'est point dans une situation qui lui permette de faire cette gratification entiere au Commerce, il est dangereux qu'il l'accorde à des particuliers qui s'offrent de faire venir de grandes sommes dans le Royaume : prétexte ridicule aux yeux de ceux qui font quelque usage de leurs réflexions. Nous ne pouvons recevoir d'argent que par la solde du Commerce, lorsqu'il rend les Etrangers nos débiteurs. Si nous en recevons d'eux qu'ils ne nous doivent pas, il est clair que nous dévenons leurs débiteurs : ainsi ils auront plus de lettres de change sur nous, que nous n'en aurons sur eux : par conséquent le change sera contre nous, & c'est le Commerce total du Royaume qui en porte la perte : c'est-à-dire que pendant que durera ce desavantage, le Commerce du Royaume recevra moins de valeur de ses denrées qu'il ne devoit en recevoir, & sa dette à l'Etranger lui coûtera plus cher à acquitter. Pour faire cesser cette perte, il n'y aura qu'un seul moyen, c'est de solder notre dette en envoyant des marchandises, ou en envoyant de l'argent.

Si l'Etranger n'a pas besoin de nos marchandises, ou bien elles y resteront invendues, ce qui ne le rendra pas notre débiteur; ou bien elles y seront vendues à perte, ce qui est toujours fâcheux. Si l'Etranger a besoin de nos marchandises, il est clair qu'il les auroit également achetées, quand même nous n'aurions pas commencé par tirer son argent ; & il est également évident qu'ayant été payés avant d'avoir livré, nous aurons payé l'intérêt de cet argent par le change, & dès-lors que nos denrées ne nous auront pas rapporté ce qu'elles nous auroient valu si nous ne nous étions pas rendus débiteurs de l'Etranger par des surachats de matieres.

Si enfin nous faisons sortir notre dette en nature pour faire cesser le desavantage du change, il est clair que l'entrée de cet argent n'aura été d'aucune utilité à l'Etat, & qu'elle aura troublé le cours du Commerce général pour favoriser un particulier. Tel sera toujours l'effet de toute importation forcée de l'argent dans les monnoies. Il doit & ne doit entrer que par les bénéfices du Commerce avec les Etrangers, & non par les emprunts du Commerce à l'Etranger.

Dans le cas enfin où l'Etranger se trouveroit notre débiteur, il est clair que tout surachat est un privilége accordé à un particulier pour faire son Commerce avec plus d'avantage que les autres, ce qui renverse toute égalité, toute concurrence : enfin ce particulier pouvant au moyen du bénéfice du surachat payer les matieres plus cher que les autres, on le rend maître du cours du change ; & c'est positivement lever à son profit un impôt sur la totalité du Commerce national, dèslors sur la culture, les manufactures & la navigation. Voilà au juste le fruit de ces sortes d'opérations, où les proposans font leurs efforts pour ne faire envisager aux Ministres qu'une grande introduction d'argent, & une grace particuliere qui ne coûte rien au Prince. On leur cache que le Commerce perd réellement tout ce qu'ils gagnent, & bien au-delà. Peut-on dire sérieusement qu'il n'en coûte rien au Prince quand ses Sujets perdent ?

Comme l'intérêt particulier ne s'occupe qu'à répandre des ténebres sur la raison, on se rejette sur le prétendu mystere du change, & à la faveur de ses combinaisons on cherche alors à déguiser la vérité vis-à-vis de ceux qui n'ont pas la clef de ce jargon. Mais cet étalage, qu'on n'auroit garde de compromettre avec des gens instruits, est hors de la question : elle roule uniquement sur ces deux points-ci ; doit-on ? est-il dû ? si l'on doit, que la dette passe par cinq ou six mains, cela revient au même, il faut l'acquitter : s'il est dû, que la créance passe par cinq ou six mains au lieu d'une, cette circulation n'empêchera pas qu'on ne soit payé. Les matieres du change sont aussi simples que toutes celles qui n'ont besoin que du sens commun le plus borné : il n'y a que l'expression d'obscure, parce qu'on l'a voulu ainsi.

Le marc d'or fin devoit être réduit au premier Janvier 1717 à cinq cent dix-neuf livres neuf sols un denier, & un onzieme de denier, & le marc des anciens louis d'or fabriqués avant la publication de l'Edit du mois de Décembre, à quatre cent soixante-douze livres dix sols le marc. Les louis d'or réformés continuerent d'être reçûs aux Hôtels des Monnoies fur le pied de vingt livres, en attendant que les autres fuffent fabriqués en quantité fuffifante.

Pour faire fortir les anciennes efpeces on annonça encore d'autres réductions ; mais les propriétaires des efpeces, accoutumés par une expérience de vingt-fept ans à voir fouvent arriver en fait de monnoie le contraire des événemens annoncés, refuferent obftinément de recevoir le bénéfice qui leur étoit offert.

Enfin au 15 Janvier 1717, l'impoffibilité qui fe trouva à empêcher l'entrée des louis d'or fauffement réformés, obligea le Roi de les décrier, même ceux fabriqués en vertu de l'Edit de Décembre 1715, ordonnant cependant qu'ils continueroient d'être reçûs fur le pied de vingt livres dans les Hôtels des Monnoies jufqu'au 15 Mars 1717 ; mais ce terme fut prorogé de mois en mois jufqu'au 3 Mars 1718.

Au milieu des divers foins dont le Gouvernement étoit occupé pour rétablir la population, l'agriculture, le Commerce & le crédit, pour diminuer les charges de l'Etat, rappeller l'ordre dans l'administration & le maniement des finances, assurer l'état de ses créanciers, il ne falloit pas une application moins pénible pour satisfaire au courant des dépenses, en attendant que les revenus se ressentissent de l'effet de bons réglemens; divers petits droits fatiguans pour le peuple avoient été supprimés; cependant on a vû en 1715 combien la dépense excédoit la recette. Pour remplacer une partie du vuide que formoient les droits supprimés, les deux fols pour livre de la capitation avoient été imposés, & ils furent continués pour l'année 1717. Le renouvellement du prêt & de l'annuel fournit quelque soulagement, en ce que les Officiers auxquels il étoit dû des gages furent reçûs à les diminuer sur la somme qu'ils devoient payer.

Les impôts déja trop forts, eu égard à la situation des Peuples, ne laissant presque aucune espérance d'amélioration, ce fut sur les états de dépenses que s'exerça l'œconomie. Voici l'état de comparaison de celles de 1715 & de 1716.

On voit que les dépenses de 1715 montoient

PROJET des Revenus du Roi de l'année 1716.

	Prix des baux.	Charges & diminutions.	Parties du Trésor Royal.
	liv.	liv.	liv.
Fermes unies	48000000	. . . . . .	. . . . . .
Rentes . . . . 36000000 ⎰	. . . . . .	48000000	. . . . . .
Charges . . . . 12000000 ⎱			
Gabelles de Metz & Domaines d'Alsace	1020000	675078	344922
Tabac	1625000	18206	1606794
Postes	3100000	400000	1700000
Tiers-sur-taux & Quarantieme de Lyon	360000	254400	105600
Contrôle des actes	3000000	3000000	
Greffes réunis	235000		235000
Cartes	70000	4160	230840
Amortissemens	70000	. . . . . .	70000
Contrôles des Présentations & Affirmations des Greffes	120000		120000
Domaine de Flandre	50000		50000
Domaine de Longwy	700000		700000
Trois sols par contrôle d'exploits	20000		20000
Droits attribués aux Tréforiers de la Bourse commune des Huissiers en Bretagne	570000	236900	333100
Domaine d'Occident	20000	. . . . . .	20000
Courtiers-Jaugeurs de vin	420000	212719	207281
Recettes des Pays d'Elections	300000	300000	
Recettes des Pays d'Etats	41165896	30861122	10304774
Capitations des Pays d'Elections	4344453	2905773	1438680
Capitations des Pays d'Etats	13541000	1456212	12084788
Autres Capitations	8833284	2157407	6675877
Dons gratuits	2920015		2920015
Secondes Parties	6248183	135514	6112669
Etapes	2148781	. . . .	2148781
Bois	1210000		1210000
Revenus casuels	2179542	922276	1257266
Dixieme des biens des Pays d'Elections	1700000	. . . . . .	1700000
Dixieme des biens des Pays d'Etats	13798459	. . . . . .	13798459
Autres Dixiemes	4708366	120000	4588366
	4830200	. . . . . .	4830200
Totaux	167238179	91659767	75578412

RECAPITULATION de l'état des RESTES le 14 Décembre 1716.

	Montant des Impositions.			Restes jusque & compris 1712.			Restes de 1713, 1714 & 1715.			Total des restes au premier Juillet.			Restes de 1716.			Total général desdits Restes.		
	liv.	f.	d.	liv.	f.	d.	liv.	f.	d.	liv.	f.	d.	liv.	f.	d.	liv.	f.	d.
Paris	6805619	8		673509	17	9	5064415	15		5737925	12	9	3983459	18	10	9721385	11	7
Soissons . . .	2178646	10	8	18432	12	6	679425	16	3	697858	8	9	1770921	18	2	2468780	6	11
Amiens. . . .	2254555	4	5	49240	6	9	626250	16		675491	2	9	1262109	10	10	1937600	13	7
Châlons . . .	3413458	16	2	1311262	3	9	2462288	5	6	3773550	9	3	1869051	8	7	5642601	17	10
Rouen	5123016	17	9	36202	13	4	775084	12	6	811287	5	10	3197066	12	4	4008353	18	2
Caën	3623162	7	3	157901	2	11	1328982	4	1	1486883	7		2431376	4	6	3918259	11	6
Alençon . . .	3165264	17	3	85214	11	4	1198844	16	5	1284059	7	9	2313603		10	3597662	8	7
Orléans . . .	4027494	12	11	125324	11	3	1909644	15	10	2034969	7	1	2825249	15	7	4860219	2	8
Tours	5859562			341146	2	8	2217417	12	1	2558563	14	9	4517437	11	6	7076001	6	3
Poitiers. . . .	3725877	11	1	163344	10	8	1333368	16	10	1496713	7	6	2748442	13	10	4245156	1	4
Limoges . . .	2152077	3	1	674114	6	1	2458949	7	1	3133063	13	2	1800017	14	2	4933081	7	4
La Rochelle .	1971552	13	5	219821	12	2	720218	3	11	940039	16	1	1248482	15	8	2188522	11	9
Bordeaux . .	4977658	7	3	155807	16	7	1236987	9	3	1392795	5	10	2805500	12	4	4198295	18	2
Montauban. .	3499216	13	10	138826	10	9	1475628	19	1	1614455	9	10	1884537	7	11	3498992	17	9
Auch.	2945445	1	1	271868	15	9	1835260	6	7	2107129	2	4	2168916	3	1	4376045	5	5
Grenoble. . .	2828231	5	2	80275	27	7	633555	15	8	713831	13	3	1939843	7	5	2653675		8
Lyon	2724004	8		903747	8	7	1843789	1	6	2747536	10	1	2020641	12	8	4768178	2	9
Riom.	3962930	8	9	1462130	2	8	4421367	19	6	5883498	2	2	2562755	17	6	8446253	19	8
Moulins . . .	2246217	1	6	539679	15	4	1779680	8	2	2319360	3	6	1848069	17	3	4167430		9
Bourges . . .	1379038	6	2	25467	1	1	464810	7	7	490277	8	8	1017487	3	7	1507764	12	3
	68863029	13	9	7433317	19	6	34465971	8	10	41899289	8	4	46314971	6	7	88214260	14	11

COMPARAISON des Dépenses de 1716 avec celles de 1715.

	Dépenses de 1715.	Dépenses de 1716.
	liv.	liv.
Comptant du Roi .	924000	156000
Aumônes .	268050	200000
Maison du Roi .	574905	575000
Récompenses .	149490	150000
Chambre aux Deniers .	1636442	1400000
Argenterie, garde-meuble & achat de pierreries .	371776	230000
Menus .	240093	270000
Ecuries, compris l'achat des chevaux .	920701	550000
Cent Suisses .	53094	53997
Prevôté de l'Hôtel .	62039	61575
Venerie & Fauconnerie .	346573	325000
Louveterie .	35073	34000
Bâtimens .	2978304	1200000
Gardes du Corps, compris leurs Pensions .	2141747	970972
Chevaux-Legers & Mousquetaires, compris leurs Pensions .	868825	708425
Gendarmerie, compris leurs Pensions .	919837	571500
Régiment des Gardes, compris leurs Pensions .	2029250	1850000
Maison de Madame la Duchesse de Berry .	580000	620000
Maison de Madame .	300000	300000
Maison de Monseigneur le Duc d'Orléans .	660000	660000
Maison de Madame la Duchesse d'Orléans .	250000	250000
Dépense de la Reine d'Angleterre .	600000	600000
Pension de Monseigneur le Duc de Chartres .	150000	150000
de Madame la Duchesse Douairiere .	190000	230000
de M. le Duc .	110000	110000
de M. le Comte de Charolois .	. . . . . .	60000
de Madame la Princesse de Conty .	100000	100000
de Madame la Princesse de Conty seconde Douairiere .	60000	60000
de M. le Prince de Conty .	70000	70000
de M. le Duc du Maine .	100000	112000
de M. le Comte de Touloufe .	90000	90000
Gages du Conseil .	2532510	600000
Conseil de Régence .	. . . . . .	120000
Conseil Privé .	. . . . . .	136500
Conseil de Conscience .		

... g..... .... de pierreries	371770	230000
Menus	371770	230000
Ecuries, compris l'achat des chevaux	240093	270000
Cent Suisses	920701	550000
Prevôté de l'Hôtel	53094	53997
Venerie & Fauconnerie	62039	61575
Louveterie	346573	325000
Bâtimens	35073	34000
Gardes du Corps, compris leurs Pensions	2978304	1200000
Chevaux-Legers & Mousquetaires, compris leurs Pensions	2141747	970972
Gendarmerie, compris leurs Pensions	868825	708425
Régiment des Gardes, compris leurs Pensions	919837	571500
Maison de Madame la Duchesse de Berry	2029250	1850000
Maison de Madame	580000	620000
Maison de Monseigneur le Duc d'Orléans	300000	300000
Maison de Madame la Duchesse d'Orléans	660000	660000
Dépense de la Reine d'Angleterre	250000	250000
Pension de Monseigneur le Duc de Chartres	600000	600000
de Madame la Duchesse Douairiere	150000	150000
de M. le Duc	190000	230000
de M. le Comte de Charolois	110000	110000
de Madame la Princesse de Conty	. . . . . .	60000
de Madame la Princesse de Conty seconde Douairiere	100000	100000
de M. le Prince de Conty	60000	60000
de M. le Duc du Maine	70000	70000
de M. le Comte de Toulouse	100000	112000
Gages du Conseil	90000	90000
Conseil de Régence	2532510	600000
Conseil Privé	. . . . .	120000
Conseil de Conscience	. . . . .	136500
Conseil des Affaires étrangeres	. . . . .	60000
Conseil de Guerre	. . . . .	93700
Conseil de Finance	. . . . .	242000
Conseil de Marine	. . . . .	264800
Conseil des Affaires du dedans du Royaume	. . . . .	180600
Conseil de Commerce	. . . . .	132000
Acquits Patens	. . . . .	62700
Appointemens des Maréchaux de France	220000	112000
Appointemens des Grands Officiers de la Couronne	134000	117000
Ambassadeurs	396940	400000
Subsides étrangers	1000000	800000
Pensions secretes . . . . . . }	6858000	3000000
Ligues Suisses	. . . . .	250000
Extraordinaire de Guerre	1181558	600000
Garnisons ordinaires	39091606	30000000
Artillerie	2467235	2400000
Etapes	1330000	1800000
Fortifications	3000000	3000000
Pensions des Officiers de guerre	1679139	1300000
Marine	2561000	1800000
Galeres	15166000	6000000
Pensions des Officiers	2810500	2000000
Haras	200000	200000
Ponts & Chaussées	. . . . .	60000
Pavé de Paris	120000	1040000
Guet & Brigades	154600	154600
Prisonniers	169426	300000
Dépenses extraordinaires & imprévues	136765	100000
Intérêts d'avances & remises de Traités	15000000	3000000
Voyages & vacations	15000000	. . . . .
Pensions	300000	250000
Pensions	3540700	3500000
Remboursemens	14000000	4000000
	146830178	80794369

RECAPITULATION des Dépenses du Trésor Royal en 1716.

	Quatre derniers mois de 1715.	1716, & tems antérieurs.	Total.
	liv.	liv.	liv.
Comptant du Roi	54000	156000	210000
Offrandes & Aumônes	14000	92893	106893
Maison du Roi	36854	728130	764984
Cent Suisses	7154	72875	80029
Prévôté de l'Hôtel		86613	86613
Venerie & Fauconnerie		191609	191609
Louveterie		22199	22199
Récompenses	259300	216553	216553
Chambre aux Deniers	59270	1537798	1797098
Menus & Argenterie	7354	862671	921941
Gardes-meubles.	23676	41519	48873
Ecuries	152400	931062	954738
Bâtimens.	200000	1524086	1676486
Gardes du Corps & Grenadiers à cheval.	151750	1381911	1581911
Chevaux-Legers & Mousquetaires	56475	812870	964620
Gendarmerie	298000	635320	691795
Régiment des Gardes Françoises & Suisses	181600	1721949	2019949
Maison de Madame la Duchesse de Berry	50000	1065142	1246742
Maison de Madame	105000	577000	627000
Maison de Monseigneur le Duc d'Orléans	35000	1425000	1530000
Maison de Madame la Duchesse d'Orléans	50000	569000	604000
Dépense de la Reine d'Angleterre		600000	650000
Pension de M. le Duc de Chartres		257500	257500
de Madame la Duchesse de Bourbon Douairiere.		81000	81000
de M. le Duc de Bourbon	99000	30000	129000
de M. le Comte de Charolois.		54000	54000
de Madame la Princesse de Conty premiere Douairiere	90000	90000	180000
de M. le Duc du Maine		50000	50000
de Madame la Princesse de Conty seconde Douairiere & M. le Prince de Conty		397467	397467
de M. le Comte de Toulouse		147330	147330
Gages du Conseil & quartier retranché	155190	1960594	2115784
Appointemens du Conseil de Régence & autres.		825262	825262
Appointemens des Commissaires de différens Bureaux	21000	68150	89150
Appointemens & gages du Conseil des Grands Officiers de la Couronne & des Maréchaux de France		246600	246600
Acquits Patens.	9564	134750	144314
Appointemens & Pensions des Ambassadeurs	152554	1532107	1684661
Pensions secretes			

Vénerie & Fauconnerie	. . . . . .	19009	19009
Louveterie	. . . . . .	22199	22199
Récompenses	. . . . . .	216553	216553
Chambre aux Deniers	259300	1537798	1797098
Menus & Argenterie	59270	862671	921941
Gardes-meubles	7354	41519	48873
Ecuries	23676	931062	954738
Bâtimens	152400	1524086	1676486
Gardes du Corps & Grenadiers à cheval .	200000	1381911	1581911
Chevaux-Legers & Mousquetaires . . .	151750	812870	964620
Gendarmerie	56475	635320	691795
Régiment des Gardes Françoises & Suisses	298000	1721949	2019949
Maison de Madame la Duchesse de Berry . . .	181600	1065142	1246742
Maison de Madame	50000	577000	627000
Maison de Monseigneur le Duc d'Orléans .	105000	1425000	1530000
Maison de Madame la Duchesse d'Orléans .	35000	569000	604000
Dépense de la Reine d'Angleterre . . .	50000	600000	650000
Pension de M. le Duc de Chartres	. . . . . .	257500	257500
de Madame la Duchesse de Bourbon Douairiere . . .		81000	81000
de M. le Duc de Bourbon	99000	30000	129000
de M. le Comte de Charolois		54000	54000
de Madame la Princesse de Conty premiere Douairiere	90000	90000	180000
de M. le Duc du Maine		50000	50000
de Madame la Princesse de Conty seconde Douairiere			
& M. le Prince de Conty		397467	397467
de M. le Comte de Touloufe		147330	147330
Gages du Conseil & quartier retranché	155190	1960594	2115784
Appointemens du Conseil de Régence & autres .		825262	825262
Appointemens des Commissaires de différens Bureaux . . .	21000	68150	89150
Appointemens & gages du Conseil des Grands Officiers de la			
Couronne & des Maréchaux de France . . .		246600	246600
Acquits Patens	9564	134750	144314
Appointemens & Pensions des Ambassadeurs	152554	1532107	1684661
Pensions secretes	35000	135000	170000
Ligues Suisses	30000	764259	794259
Extraordinaire des Guerres	7541574	30309859	37851433
Garnisons		1461370	1461370
Artillerie		1121326	1121326
Poudre		140000	140000
Étapes	152083	780448	932531
Fortifications	6000	1063825	1069825
Ordre de Saint Louis		273554	273554
Invalides		30000	30000
Vaisseaux	112000	5563204	5675204
Galeres	117000	1699231	1816231
Fortifications de la Marine		199500	199500
Colonies		240000	240000
Haras		115000	115000
Ponts & Chaussées		787821	787821
Pavé de Paris		275918	275918
Guet de Paris	21918	249051	270979
Brigades de la Maréchaussée		37331	37331
La Bastille	24977	200369	225346
Dépenses extraordinaires & imprévûes . . .	297759	2244081	2541840
Gages des Cours & autres assignés sur les Fermes		4972144	4972144
Remboursemens	30473	2475808	2506281
Voyages	30473	76686	107159
Affaires secretes	5400	1970143	1975543
Pensions	67950	1591823	1659773
Payemens d'assignations		2053978	2053978
Payemens de parties de billets de l'Etat . . .		1860960	1860960
	10741758	83819649	94561407

liv.

montoient à 146830178
Celles de 1716 à. . . . 80794369
Les diminutions font de 69095158
Les augmentations qu'il convint de faire en 1716, furent de. 3059349
Ainfi au total les dépenfes de 1716 furent moins fortes de. 66035809
Mais il y avoit de plus à payer les intérêts des billets de l'Etat. 10000000
reftent. 56035809

Voici le projet des revenus de l'année 1716.

Mais pour donner au Lecteur une idée plus nette & plus jufte de la situation des affaires, on mettra fous fes yeux l'état des payemens faits au feul Tréfor Royal depuis le premier Septembre 1715, jufqu'au dernier Décembre 1716, tant à compte des dépenfes préfentes, que de celles des années précédentes.

La récapitulation des reftes achevera de faire connoître les reffources des finances pour les années fuivantes.

Fin du Tome cinquieme.

Tome V. K k

❀❀❀❀❀❀❀❀❀❀❀❀❀❀

TABLE

DES MATIERES

Contenues dans le cinquieme Volume.

A

mort de M. Colbert, 129. l'Angleterre s'est trouvée plus riche en especes qu'on ne croyoit, 130. on propose en France de les augmenter, 263. on défend l'entrée de certaines especes pour empêcher le billonage, 373, 374.

Excifes, ce qui s'en paye en Angleterre, 159. avantages qu'il y auroit eu d'y avoir recours d'abord, *ibid.* néceffité de les augmenter, 160. & fur quoi, *ibid.* objection & réponfe, 161 & *fuiv.*

F

Fermes, comment régies & adjugées, 231. Charges affignées fur elles, 233.

Fermiers généraux, on renouvelle leur bail en obtenant d'eux quatre millions, 231.

Finances, leur état en 1662, *page* 66. en 1683, *p.* 70 & *fuiv.* on prend plufieurs arrangemens enfuite de la paix, 6 & *fuiv.* compte qu'en rend M. Defmarets au Roi à la fin de 1714. *p.* 64 & *fuiv.* leur état en 1714. *page* 77 & *fuiv.* projets de M. Defmarets, 80. impofitions à faire, 84. leur defordre à la mort de Louis XIV, 190 & *fuiv.* embarras du Miniftere pour pourvoir au payement des troupes & des rentes, 226. leur état au premier Septembre 1715. avec les charges, 208 & *fuiv.* ordre qu'on y met, 358 & *fuiv.* fources du defordre, 363. on critique l'ordre qu'on y veut mettre ; réponfes aux objections, 364, 365. on établit les parties doubles dans toutes les parties des Finances, 340.

Fonds de l'année 1713, *p.* 17. fonds pour les années 1714 & 1715. *p.* 55 & *fuiv.*

France, fon revenu général pendant la paix fuivant Davenant, 94. en 1697. *p.* 99. ce qu'il pourra devenir, 102. revenu de l'Etat en 1695. *p.* 94 & *fuiv.* & avant Louis XIV, 97. maniere dont l'argent s'y leve, 96. les dettes en 1688. *p.* 97. les dépenfes, *ibid.* ce qu'on a dû lever pendant la guerre, 98 & *fuiv.* comment, 98, 99. proportion de ce qu'on a dû lever avec le revenu général du Royaume, 98. de combien les charges auront augmenté, 100. de combien la dépenfe excédera les revenus, 101. capital des dettes, *ibid.* tems qu'il faudra pour en rembourfer la moitié, en levant chaque année fur le Peuple le fixieme du revenu général, 102, 103. conféquencces tirées de ce que deffus, 103 & *fuiv.* comparaifon de fon revenu général avant & depuis la guerre, des revenus publics & des dettes pu-

Fin de la Table du cinquieme Tome.

www.ingramcontent.com/pod-product-compliance
Lightning Source LLC
Chambersburg PA
CBHW072004270326
41928CB00009B/1540